高等职业院校教学改革教材

分销渠道开发与维护

郭宇环　主　编
江国全　主　审

化学工业出版社
·北京·

本教材是基于理实一体课程的教学理念编写而成，在内容安排上设置了两个项目"分销渠道的开发"和"分销渠道的维护管理"，同时以任务为载体下设了8个任务——分销渠道认知、构建开发、费用及账款管理、绩效评估管理、激励管理、冲突管理、经销商的选择与维护管理、终端的维护管理，通过任务的完成使学生在"做"中"学"，学会了理论知识的同时也获得了分析问题、解决问题的能力，最终使学生的实战能力得到提升。

图书在版编目（CIP）数据

分销渠道开发与维护/郭宇环主编．—北京：化学工业出版社，2015.8（2024.2重印）
ISBN 978-7-122-24463-5

Ⅰ.①分… Ⅱ.①郭… Ⅲ.①分销-购销渠道-高等职业教育-教材 Ⅳ.①F713.1

中国版本图书馆 CIP 数据核字（2015）第 143272 号

责任编辑：王 可 蔡洪伟 于 卉　　　　　装帧设计：尹琳琳
责任校对：蒋 宇

出版发行：化学工业出版社（北京市东城区青年湖南街13号　邮政编码100011）
印　　装：北京科印技术咨询服务有限公司数码印刷分部
787mm×1092mm　1/16　印张11¼　字数269千字　2024年2月北京第1版第5次印刷

购书咨询：010-64518888　　　　　　　　售后服务：010-64518899
网　　址：http://www.cip.com.cn
凡购买本书，如有缺损质量问题，本社销售中心负责调换。

定　价：28.00元　　　　　　　　　　　　　　　　版权所有　违者必究

前言

在产品高度同质化的今天，唯有"传播"和"渠道"才能创造真正差异化的竞争优势。分销渠道的开发与维护是现代企业在高度竞争的体系下，亟须扎实展开的工作。渠道建设越来越受到企业的重视，作为市场营销专业的学生，必须掌握关于渠道建设的相关知识，并能将理论知识灵活地运用到实践中进行操作。

"分销渠道开发与维护"课程正是在上述市场需求的基础上，根据教育部高等职业学校财经大类专业教学标准（试行）的教学要求，融入营销师国家职业标准而开设的课程。

本教材的编写是为了便于学生能够较为系统地对分销渠道进行理论学习，并能通过设置的实训环节强化其动手操作的能力，努力做到理论联系实际，学以致用。

本教材在编写上贯彻理实一体课程的理念，在内容上设置了2个项目——分销渠道的开发、分销渠道的维护管理，为了完成项目又以任务为载体下设了8个任务——分销渠道认知、构建开发、费用及账款管理、绩效评估管理、激励管理、冲突管理、经销商的选择与维护管理、终端的维护管理，通过任务中设计实训环节使学生在"做"中"学"，培养学生分析问题、解决问题的能力，使学生实战能力得到提升。

本教材由吉林工业职业技术学院郭宇环主编，吉林市远威润德实业有限公司张志义参编，编写分工为郭宇环负责教材的编写工作，张志义参与教材内容的选取工作，并在教材编写过程中给予了中肯的建议及意见，使本教材更接近于企业实际的渠道管理及终端维护。全书由吉林工业职业技术学院江国全主审。此外，教材在编写时也借鉴了营销渠道管理较为前沿的理论和实践，供学生在学习的过程中提升自己对渠道管理的认知。

限于作者的水平，书中难免会有疏漏和不妥之处，敬请批评指正。

编者
2015年2月

目录

项目一 分销渠道的开发 ………………………………………………………… 1

任务 1 分销渠道认知 ……………………………………………………………… 2
　1.1 分销渠道概述 ……………………………………………………………… 2
　1.2 分销渠道成员构成 ………………………………………………………… 6
　1.3 三种典型零售模式 ………………………………………………………… 13
　课后小结 ………………………………………………………………………… 17
　思考与分析 ……………………………………………………………………… 17
　实训操作 ………………………………………………………………………… 18

任务 2 分销渠道的构建开发 …………………………………………………… 18
　2.1 分销渠道构建原则及影响因素 …………………………………………… 20
　2.2 分销渠道成员关系的构建与管理 ………………………………………… 24
　2.3 分销渠道构建开发 ………………………………………………………… 33
　课后小结 ………………………………………………………………………… 47
　思考与分析 ……………………………………………………………………… 47
　实训操作 ………………………………………………………………………… 47

项目二 分销渠道的维护管理 …………………………………………………… 49

任务 1 分销渠道的费用及账款管理 …………………………………………… 50
　1.1 分销渠道的费用管理 ……………………………………………………… 51
　1.2 分销渠道的账款管理 ……………………………………………………… 54
　课后小结 ………………………………………………………………………… 65
　思考与分析 ……………………………………………………………………… 65
　动动脑 动动手——资料查询 ………………………………………………… 66

任务 2 分销渠道绩效评估管理 ………………………………………………… 66
　2.1 分销渠道评估内容 ………………………………………………………… 67
　2.2 分销渠道调整与完善 ……………………………………………………… 79
　课后小结 ………………………………………………………………………… 84
　思考与分析 ……………………………………………………………………… 84
　实训操作 ………………………………………………………………………… 84

任务 3 分销渠道的激励管理 …………………………………………………… 85
　3.1 分销渠道激励概述 ………………………………………………………… 86
　3.2 分销渠道激励的内容 ……………………………………………………… 90

课后小结 ………………………………………………………………… 104
　　思考与分析 ……………………………………………………………… 104
　　实训操作 ………………………………………………………………… 104
任务 4　分销渠道的冲突管理 ……………………………………………… 105
　4.1　分销渠道冲突分析 ………………………………………………… 106
　4.2　分销渠道冲突的处理 ……………………………………………… 112
　4.3　分销渠道的窜货管理 ……………………………………………… 116
　　课后小结 ………………………………………………………………… 122
　　思考与分析 ……………………………………………………………… 123
　　实训操作 ………………………………………………………………… 123
任务 5　分销渠道经销商的选择与维护管理 ……………………………… 123
　5.1　经销商的选择 ……………………………………………………… 124
　5.2　招商工作的组织实施 ……………………………………………… 129
　5.3　经销商的管理 ……………………………………………………… 138
　　课后小结 ………………………………………………………………… 145
　　思考与分析 ……………………………………………………………… 145
　　实训操作 ………………………………………………………………… 145
任务 6　分销渠道终端的维护管理 ………………………………………… 146
　6.1　终端认知与选址 …………………………………………………… 147
　6.2　终端的铺货 ………………………………………………………… 155
　6.3　良好终端关系的维护 ……………………………………………… 163
　　课后小结 ………………………………………………………………… 171
　　思考与分析 ……………………………………………………………… 171
　　实训操作 ………………………………………………………………… 172

参考文献 …………………………………………………………………… 173

项目一
分销渠道的开发

项目一认识

项目一分销渠道的开发包括两个任务,其一是对分销渠道的认识,其二是分销渠道的构建开发。对分销渠道的认识使学生了解什么是分销渠道,在此基础上对一些基本概念和理论有所认识。任务2则是通过分销渠道在构建中影响因素的分析等,使学生掌握构建开发分销渠道的方法。

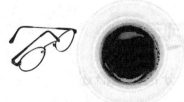

任务 1　分销渠道认知

学习目标

【知识目标】

了解什么是分销渠道，理解分销渠道的基本功能和任务，认识分销渠道中的成员构成。

【技能目标】

能界定分销渠道，能明白分销渠道的流程，会理顺渠道成员的关系。

【素质目标】

通过对分销渠道的基本认识，培养学生对企业分销渠道的兴趣，并在学习与实践过程中提升科学文化素养，为后续内容的学习奠定基础。

案例导入

渠道为企业赢得市场

今天的企业比任何时候都明白一个道理："渠道为王"，渠道的建设是赢取市场的关键！

20 世纪 90 年代，中国市场热闹非凡，大部分企业津津乐道于包装广告明星，对消费者大搞促销抽奖，并热衷于价格大战，某饮品公司是其中典型案例。为了获取竞争优势，某饮品公司不惜斥巨资开展一系列大型公共活动。但不久发现其主打产品的铺市率不足 16%，消费者在大部分的零售终端根本看不到其产品，广告轰炸的效果极其有限。

同时，可口可乐、百事可乐等一大批外资企业，成立了两支庞大的 WAT（批发协助员）和 DSD（直销员）队伍，对百货商店、大型超市、货仓式平价商店、杂货店、卡拉 OK 娱乐场所，甚至机关、学校、部队等事业单位进行全方位的抢占。批发协助员开发和帮助经销商进行终端销售，直销员则帮助一些大卖场进行销售。他们每天骑着摩托车，至少拜访多达 50 家卖场，出货、理货、陈列，给终端送去 POP 广告和礼品，提供冷饮机、凉棚，并进行销售监控、货架布置、箱体收回、库存补货、POP 摆放等。因而，他们产品的市场铺市率均超过了 90%。当国内一个个广告"标王"倒下时，可口可乐和百事可乐的产品在市场上占据了最有利的位置。（资料来源：卢泰宏. 营销在中国. 广州：广州出版社，2001.）

案例提示：看过了"渠道为企业赢得市场"这个案例，我们可以清晰地看到任何企业仅凭广告宣传就想拥有铺货率是极其被动的行为，相反积极主动地构建一个完善的分销渠道，使产品在畅通的渠道中转移到终端直至消费者手中才是最重要的。

知识链接

1.1　分销渠道概述

"分销渠道"源自英文"Channels of Distribution"或"Distribution Channels"。所以有

人也将其翻译为"分销通道"、"流通渠道"、"销售通路"等。

1.1.1 分销渠道的定义

由于分销渠道的形成和运作受到多方面的影响和制约，所以人们会从不同的视角来理解和认识分销渠道，对于分销渠道的定义，也就产生了不同的看法。

1.1.1.1 组织结构说

美国市场营销协会（AMA）1960年为分销渠道所下定义为："公司内部单位以及公司外部代理商和经销商（批发商和零售商）的组织结构，通过这些组织，商品（产品或劳务）才得以上市行销。"该定义着重强调分销渠道的组织结构，但没有反映商品从生产者流向最终顾客的流通结构。

1.1.1.2 分销过程说

美国营销学者爱德华·肯迪夫和理查德·斯蒂尔则认为，分销渠道是指"当产品从生产者向最终消费者和产业用户移动时，直接或间接转移所有权所经过的途径"。该定义着重强调产品从生产者转移至最终顾客的分销过程，并以此为基础来说明渠道的流通性，但对中间商等组织机构的强调不够。

1.1.1.3 分销主体说

美国著名市场营销专家菲利普·科特勒认为，"分销通路是指某种产品或服务从生产者向消费者转移时取得这种产品或服务的所有权，或帮助转移其所有权的所有企业和个人"。这一定义着重强调分销过程涉及的各类主体，并突出了"分销渠道主要包括商业中间商（因为他们取得所有权）和代理中间商（因为他们帮助转移所有权）"。

综上所述，我们将分销渠道的定义界定为：产品或服务从生产者流向消费者（用户）所经过的各类相关组织机构的集合。这些组织机构共同构成了一个通道，他们发挥各自职能、通力合作，使产品或服务最终流向了消费者，有效地满足了市场的需求。这个通道由制造商、经销商、代理商、批发商、零售商及其他辅助机构组成，这个通道的起点是厂家，终点是消费者。良好的分销渠道不仅要通过在合适的地点以合适的质量、数量和价格供应产品或服务来满足需求，而且要通过渠道成员的各种营销努力来刺激需求。

同时，作为连接生产者与顾客的纽带通路，渠道可直接可间接，可长可短，可宽可窄，视具体企业、具体商品的不同而不同。

1.1.2 分销渠道的特征

分销渠道是促使产品（服务）顺利地经由市场交换过程转移给消费者（用户）使用或消费的一整套相互依存的组织。它具有如下特征。

（1）分销渠道反映某一特定产品或服务价值实现的全过程。其一端连着生产，另一端连接消费者，使产品通过交换不断进入消费领域，满足用户需求。

（2）分销渠道是由一系列相互依存的组织，按一定目标结合起来的网络系统。其组织成员通常包括生产者、批发商、零售商和消费者，以及一些支持分销的机构，如运输公司、独立仓库、银行和市场研究公司、广告公司等。这些组织为实现其共同目标发挥各自的营销功能，因共同利益而合作，也会因不同利益和其他原因发生矛盾和冲突，需要协调和管理。

（3）分销渠道的核心业务是购销。产品在渠道中通过一次或多次购销转移所有权或使用权而流向消费者（用户）。购销次数的多寡，决定了渠道层次和参与渠道的组织的多少，形成或长或短的渠道。渠道的长短通常由比较利益决定。

（4）分销渠道是一个多功能系统。它不仅要发挥调研、融资、购销、储运等多种职能，在适当的地点、以适当的质量、数量和价格供应产品或服务，满足目标市场需求，而且要通过各渠道成员的营销努力，开拓市场，刺激需求。在系统之间，面对竞争渠道，分销系统还需要有自我调节与创新功能，以便建立与细分市场之间的更精确有效的联系。

1.1.3 分销渠道的根本任务

分销渠道的根本任务：把生产制造商与消费者（用户）联系起来，使生产制造商生产的产品或提供的服务能够在适当的时间、适当的地点、以适当的形式出售给适当的人。因此，它的起点是生产制造商，终点是消费者或用户，中间还经过一系列的中介机构，包括中间商和其他一些帮助转移所有权的组织，如银行、广告商、市场调研机构、物流企业等。

1.1.4 分销渠道的功能与流程

1.1.4.1 分销渠道的功能

分销渠道的主要功能是将产品（服务）分销给消费者。在这一过程中，需要各方共同努力，完成产品的一系列价值创造活动，在该活动过程中形成一个功能集，包括调研、寻求、分类、促销、洽谈、物流、财务和风险。这些功能构成了分销渠道的功能集，最终完成产品分销，这些功能在分销过程中不可或缺，必须全部被执行。问题的焦点是由谁来执行。制造商可以承担全部功能，也可以将其中一部分甚至全部功能转给中间商执行。

制造商对渠道成员及其功能的选择，必须遵循3个重要原则：一是分销渠道的所有功能不能增加或减少；二是分销渠道的成员可以增减或被替代；三是渠道成员增减或被替代，其承担的功能必须在渠道中向前或向后转移，交由其他成员来承担。

1.1.4.2 分销渠道的流程

分销渠道的各种功能在实际运作中表现为各种流程。使用"流"的概念是强调"流动性"。这些功能流由不同的渠道成员在不同的时间里完成。所以也可以说分销渠道的流程是描述各成员的活动或业务的概念。图1-1-1体现了9种渠道流程。这些流程将所有的渠道成员联系起来。

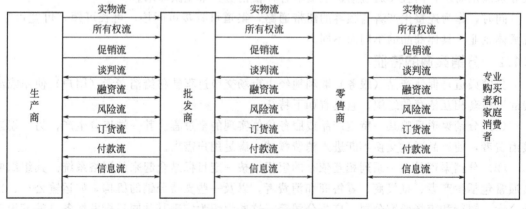

图1-1-1 9种渠道流程

（1）实物流 亦称物流，是产品实体在渠道中的运动。其主要部分是产品运输和储存。

（2）所有权流 产品所有权或持有权从一个渠道成员转到另一成员手中的流转过程。这一流程通常是伴随购销环节在渠道中向前移动。

（3）促销流　渠道成员的促销活动流程。促销流从制造商流向中间商是贸易促销，直接流向最终消费者是最终使用者促销。所有渠道成员都有对顾客的促销责任。

（4）谈判（洽谈）流　贯穿于整个渠道。产品实体和所有权在各成员间每转移一次，就要进行一次洽谈。

（5）融资流　渠道成员之间的融通资金的过程。分销渠道融资流包括前向融资和后向融资。前向融资的例子：某汽车制造商设立专门机构，为持有其汽车存货的经销商融资；后向融资的例子：某百货商店承诺预付一定数额的款项大量订购某种款式的时装。

（6）风险流　分销渠道成员之间分担或转移风险的流程。渠道中存在的风险，比如交易过程中的产品过时、丢失、返修等，还比如存货量过大会影响资金周转等。

（7）订货流　渠道成员定期或不定期向供货机构发出的订货决定。订货流通常是由用户向零售商，零售商向批发商，批发商向制造商的后向流程。

（8）付款（支付）流　货款在渠道各成员间的流动。比如，客户通过银行账户向代理商支付货款账单，代理商扣除佣金后再付给制造商，并支付运费和仓储费。

（9）信息流　各成员相互传递信息的流程。这个流程在渠道的每一环节均必不可少。

某可乐的卖场促销策略

某可乐公司非常重视在售点上开展促销活动，其目的就是吸引消费者对产品的注意力，使消费者能够轻而易举地看到产品并产生购买的欲望。围绕这一目的，该可乐公司在卖场主要做三方面的工作。

（1）售点广告　广告张贴于商店显眼的位置上，如视平线或进门处；及时更新；不同时出现两个新旧广告攻势的广告品。

（2）货架陈列　产品尽量摆放在客流量最大、顾客最先见到的位置上；有明显的价格牌；陈列在货架上的产品应严格按照该品牌可乐、该品牌饮料1、该品牌饮料2的次序排列，该可乐品牌的产品至少占50％的排面；同一包装水平陈列，同一品牌垂直陈列；向商店主动提供活动货架；商品摆放在主要饮料区之前，在主要陈列区末端，靠近相关产品；存货量多可采用落地陈列。价格促销时，使用特别价格标示；每一品牌或包装至少占两个排面。

（3）存货　注意补货，经常循环产品。

问题：

（1）某可乐的卖场促销实现了哪些流程？哪些功能？

（2）结合实际，描述该可乐在我国的分销策略。

关于消费品与工业品

（1）消费品

定义：消费品是用来满足人们物质和文化生活需要的那部分社会产品。也可以称作"消费资料"或者"生活资料"。

分类：根据消费者的购买行为和购买习惯，消费品可以分为便利品、选购品、特殊品和非渴求品四类。

（2）工业品

定义：工业品是指那些购买者购买后以社会再生产为目的的产品，包括商品和服务。如柴油机、零部件等。

1.2 分销渠道成员构成

每个渠道成员都是企业价值链的一个组成部分。因此，厂商、代理商、经销商及用户都是渠道成员，而且是基本渠道成员，因为他们拥有企业产品或服务的所有权并相应地承担实质性的风险。在渠道中除了基本成员外，像广告公司、公关公司、市场研究机构、运输公司等，它们并不拥有企业产品或服务的所有权，也不承担相应的市场风险，但它们对企业产品或服务从厂商转移到用户手中这个过程具有促进作用，因此这类渠道成员被归属为特殊渠道成员。相对于特殊渠道成员来说，基本渠道成员对产业链系统的良性发展起着更为关键的作用。因此，渠道的基本成员也成了我们关注的对象，下面就对其进行分析。

1.2.1 制造商

制造商在渠道成员中具有举足轻重的作用，是整个分销渠道价值链中的第一个环节，产品使用价值的大小和质量的好坏是由制造商生产出来的。

（1）制造商在渠道中的地位　制造商（生产企业）是销售渠道的起点，销售渠道的存在是为了实现生产企业的分销目标。在整个渠道体系中，生产企业处于规划和控制地位，在渠道权力的分配中发挥着主导作用。实现对渠道其他成员的控制也是生产企业所追求的目标。

（2）制造商（生产企业）管理渠道的内容

① 对经销商实施供货管理，保证供货及时，在此基础上帮助经销商建立并理顺销售子网，分散销售及库存压力，加快商品的流通速度。

② 加强对经销商广告、促销的支持，减少商品流通阻力；提高商品的销售力，促进销售；提高资金利用率，使之成为经销商的重要利润源。

③ 对经销商负责，在保证供应的基础上，对经销商提供产品服务支持。妥善处理销售过程中出现的产品损坏变质、顾客投诉、顾客退货等问题，切实保障经销商的利益不受无谓的损害。

④ 加强对经销商的订货处理管理，减少因订货处理环节中出现的失误而引起发货不畅。

⑤ 加强对经销商订货的结算管理，规避结算风险，保障制造商的利益。同时避免经销商利用结算便利制造市场混乱。

⑥ 其他管理工作，包括对经销商进行培训，增强经销商对公司理念、价值观的认同以及对产品知识的了解。还要负责协调制造商与经销商之间、经销商与经销商之间的关系，尤其对于一些突发事件，如价格涨落、产品竞争、产品滞销以及周边市场冲击或低价倾销等扰乱市场的问题，要以协作、协商的方式为主，以理服人，及时帮助经销商消除顾虑，平衡心态，引导和支持经销商向有利于产品营销的方向转变。

(3) 制造商（生产企业）控制渠道的方法　生产厂家可以对其分销渠道实行两种不同程度的控制，即高度控制和低度控制。

① 高度控制（绝对控制）。生产企业能够选择负责其产品销售的营销中介类型、数目和地理分布，并且能够支配这些营销中介的销售政策和价格政策，这样的控制称为高度控制。

绝对控制对某些类型的生产企业有着很大的益处，对特种商品来说，利用绝对控制维持高价格可以维护产品的优良品质形象，因为如果产品价格过低，会使消费者怀疑产品品质低劣或即将淘汰。另外，即使对一般产品，绝对控制也可以防止价格竞争，保证良好的经济效益。

② 低度控制。如果生产企业无力或不需要对整个渠道进行绝对控制，企业往往可以通过对中间商提供具体支持协助来影响营销中介，这种控制的程度是较低的，大多数企业的控制属于这种方式。

低度控制又可称为影响控制。这种控制包括如下一些内容。

向中间商派驻代表：大型企业一般都派驻代表到经营其产品的营销中介中去亲自监督商品销售。生产企业人员也会给渠道成员提供一些具体帮助，如帮助中间商训练销售人员、组织销售活动和设计广告等，通过这些活动来掌握他们的销售动态。生产企业也可以直接派人支援中间商，比如目前流行的厂家专柜销售、店中店等形式，多数是由企业派人开设的。

与中间商多方式合作：企业可以利用多种方法激励营销中介成员宣传商品，如与中介成员联合进行广告宣传，并由生产企业负担部分费用；支持中介成员开展营业推广、公关活动；对业绩突出的中介成员给予价格、交易条件上的优惠，向中间商传授推销、存货销售管理知识，提高其经营水平。通过这些办法，调动营销中介成员推销产品的积极性，达到控制网络的目的。

与中间商多方式合作要求制造商必须在整个市场上塑造自己产品的形象，提高品牌的知名度，也就是必须对分销商提供强大的服务、广告支持。另外，分销商在自己区域内执行制造商的服务、广告策略时，制造商还应给予支持，为分销商提供各种补贴措施，比如，焦点广告补贴、存货补贴，以换取他们的支持与合作，达成利益的统一体。这一点很重要，制造商必须制定详细的措施，因地制宜地实施各种策略，争取分销商的广泛参与、积极协作。这既提高了自身品牌的知名度，又帮助分销商赚取利润，激发他们的热情，引导他们正当竞争，从而减少各种冲突，实现制造商与分销商的双赢。

1.2.2 中间商

中间商是指在制造商与消费者之间作为"商品交换专门媒介"的经济组织或个人。按其直接销售对象，可划分为批发商和零售商；按其在交易过程中是否拥有产品所有权，可划分为经销商和代理商。

中间商的职能与作用体现在以下方面。

① 中间商使制造商与消费者之间的交换变得简单，提高了商品的流通效率。中间商的存在使交换活动变得简单，如图1-1-2所示。从图中可以看到，中间商的中介地位可以降低交易次数，减少厂家直接销售的流通费用，同时也降低了消费者的购货成本。

② 实现规模效应。中间商可以根据顾客的需要集中采购，扩大一次购买数量，顾客也可以一次从中间商那里买到多种需要的产品，使一次交易的规模比没有中间商的时候大大提

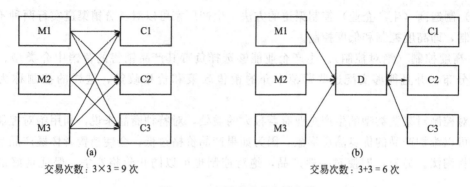

图 1-1-2 中间商减少交易次数

M—制造商（Manufacturer）；D—分销商（Distribution）；C—顾客（Customer）

高。交易规模扩大，产品的运输、仓储、装卸等方面的规模优势也会体现出来，从而获得规模效应。

③ 创造了时间、空间效应，有利于解决产销之间在时空上的矛盾。产销之间在时间、空间上都会存在一定的距离。而中间商为了使其商品供应不至于中断，就必须保持必要的储备，连续稳定地供应市场，组织地区间的商品平衡供应，调剂品种，调剂商品。

④ 为企业承担相应的营销职能。中间商承担了企业部分的营销职能，使企业能以更多的精力从事于生产领域，而且有的营销活动企业难以自己去实施，通过中间商实施起来就较为方便。

中间商种类介绍如下。

(1) 批发商

① 概念

批发是指那些将产品卖给零售商和其他商人或行业机构、商业用户，但不向最终消费者出售商品的人或企业的相关活动。批发的基本特征是其销售服务的对象是中间性消费用户。这意味着任何组织或个人所从事的交易，除了对最终消费者之外的所有销售活动都属于批发。

批发商是指主要功能是提供批发服务的组织机构或个人。批发商一般不向最终消费者大批量出售商品。

② 批发商的类型

批发商的种类很多，批发商的规模、占有市场情况、资金实力、提供服务、经营思路等都有很大差异。

a. 商业批发商。商业批发商是指具有独立投资，独自大量购进商品，再批量销给各种组织用户，专门从事批发经销活动的企业或个人。

b. 企业的销售机构和销售办事处。企业的销售机构和销售办事处是为生产企业所有，专门经营该企业产品批发销售业务的独立商业机构。这种类型的批发商是批发商的主要类型之一，在西方国家比较发达的批发商体系中居于相当重要的地位。

c. 代理批发商（介绍代理商时介绍）。代理批发商是指不取得商品所有权的批发商类型。它与商业批发商的主要区别是，代理商不拥有其经营商品的所有权，只促成交易、赚取佣金。

(2) 零售商

① 概念

零售是指把商品和服务卖给最终消费者用于个人消费的一系列的活动。所谓零售商即凡是以从事零售经营活动为主营业务的企业和个人。零售商是将商品送达个体消费者手中的商品分销渠道的出口，零售商即终端的主体，也可将其直接称为终端零售商。

② 零售商的行业特点

a. 终端服务。零售商直接面对的是最终消费者，而最终消费者的购买特点是每次购买的数量少，品种可能较多，这就决定了零售商少量进货、低库存和重视现场促销服务等经营特点。

b. 业态多元。零售业态是指零售企业为满足不同的消费需求而形成的不同的经营形态。零售业态的分类主要依据零售业的选址、规模、目标顾客、商品结构、店堂设施、经营方式、服务功能等确定。为满足消费者的多样化需求，零售业态呈现多元化的特点。零售业的主要业态有：百货店、超级市场、大型综合超市、便利店、仓储式商场、专业店、专卖店、购物中心等。

c. 销售地域范围小。与批发销售相比，零售商的主要顾客是营业点附近的居民和流动人口。因此，零售经营地点的选择就成为决定经营成败的关键。

d. 竞争激烈。与其他行业相比，零售业者之间的竞争显得更为直接、剧烈，手法也更加多样化。如为了适应顾客的随意性购买及零售市场的竞争，零售商千方百计设计和装饰销售现场及周边环境，加强商店整体设计和形象宣传，强化特色定位等各项服务。中国加入世界贸易组织后，国有企业面临更为激烈的竞争压力，比如说，外资零售业进入中国市场虽然数量不多，但实际质量提高了，目前我国市场上比较活跃的几乎无一例外均为国际上的零售业巨头，包括家乐福、欧尚、沃尔玛等。

(3) 经销商

① 概念

经销商是指将购入的产品以批发销售的形式通过自己拥有的分销渠道向零售商或批发商进行销售的独立或连锁的商业机构。经销商的定义很多，但其本质是一致的，即产品从厂商的手中传至消费者手中通常经过的中间商。经销商是中间商的一种，他们自己不制造产品，不创造产品的使用价值。

② 经销商的形式

根据经销商与厂家合作方式的不同，经销商有独家经销商和非独家经销商两种主要的经销模式。

a. 独家经销商是指在一定时期、一定区域，经销商对厂家特定的产品具有独家购买权利和销售权。这种经销方式适合于流通性较强，或品牌知名度较高，或销售量较大，或价值较低的产品。

b. 非独家经销商是指厂商的特定产品在一定时期、一定区域，由几家经销商共同经销。这种经销方式适合流通性较差，或品牌知名度较低，或销售量不大，或价值较高的产品。

(4) 代理商

① 概念

代理商是指不拥有商品的所有权，只是替委托人批量推销或采购商品的商业机构。他们执行某些分销渠道职能，并作为其他公司的代理以委托人的名义进行交易或谈判。代理商的收益是以佣金或手续费等形式取得的，通常收取的佣金为出售价格的2%～6%。

② 代理商的优势

代理商在分销渠道方面具有以下优势。

a. 对区域市场比较熟悉。由于代理商对其代理区域的市场比较熟悉，有现成的客户群，制造商可利用这一优势"借鸡下蛋"快速抢占市场。

b. 规避经销风险。对不熟悉的经销环境，制造商如果贸然进入，会面临很大的风险，不如利用对当地市场熟悉的代理商代理，以降低风险。

c. 运作成本较低。由于代理商的主要收入是佣金，相对于制造商自建分销网络来说可以节省很多投资。

③ 代理的形式

a. 独家代理与多家代理

独家代理是指厂商授予代理商在某一市场（可能以地域、产品、消费者群等区分）的独家权利，厂商的某种特定的商品全部由该代理商代理销售。以地区划分的独家代理是指代理商在某地区有独家代理权，这一地区的销售事务由其负责。以产品划分，独家代理是指代理商拥有厂商的某种或某几种产品的独家代理权。

采用独家代理的优点是：一是厂商可以得到代理商的充分合作，立场容易协调一致，双方都易获得对方的支持。二是独家代理商乐意承担在代理区域内的广告宣传和售后服务。三是独家代理下，厂商对代理商易于控制。

采用独家代理的缺点在于：厂商易于受到代理商的要挟。

多家代理是指厂商不授予代理商在某一地区、产品上的独家代理权，代理商之间也无代理区域划分，都为厂商搜集订单，无所谓"越区代理"，厂家也可在各地直销或批发商品。

采用多家代理的优点：一是有利于厂家开发更广阔的市场。由于不同的代理商有不同的销售网络，厂商同时运用数家代理商便意味着同时拥有更多的营销网络。二是代理商之间相互竞争、相互牵制，厂家居于主动地位。一个代理商不积极或业绩不佳时，厂商可依靠其他代理商，因而代理商之间的竞争比较激烈。

采用多家代理的缺点：一是易于造成代理商之间的恶性竞争。特别是在同一市场内搜集订单时，往往采用降价的竞争手段，因而导致厂商的产品价格螺旋式下降，价格下降导致代理商节省各项开支，售后服务不到位，影响厂家产品的形象。二是代理商之间推卸广告宣传与售后服务的责任。由于多家代理商共同拥有同一市场，某一代理商进行广告宣传与售后服务大家都受益，利益共享，从而导致各个代理商都不愿意进行此项工作。三是与独家代理商比较，多家代理商的士气与积极性要明显低很多。

独家代理与多家代理各有利弊，厂家应根据产品不同生命周期、市场潜力及现有代理商的能力等综合分析并加以选择。

b. 总代理与分代理

所谓总代理是指该代理商统一代理某厂家某产品在某地区的销售事务，同时有权指定分代理商，有权代表厂商处理事先与厂家约定的各种事务。总代理商必须是独家代理商，但是独家代理商不一定是总代理商。总代理制度下，代理层次更多、更复杂，因而，常常称总代理商为一级代理商，分代理商为二级代理商或三级代理商。分代理商也有由厂家直接指定的，但大多数分代理商由总代理商选择，并上报给厂家批准或备案，分代理商要按照总代理商的指令行事。

④ 经销商与代理商业务流程比较见图 1-1-3。

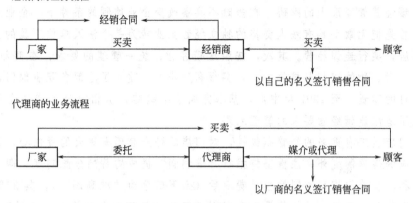

图 1-1-3　经销商与代理商业务流程

1.2.3　辅助商

商品在分销过程中，通常需要运输公司承担商品实体的空间移动职能，仓储公司承担商品实体的储存与保管职能，保险公司承担商品保险职能，银行承担货款结算与资金流转职能。此外，还需要市场调研公司提供市场信息与决策参考意见，需要广告公司宣传企业形象和产品信息等。这些成员通常称之为辅助商。这些成员在分销渠道中分担了物流或后勤工作，有效地提高了商品的流通效率和效益。

辅助商和中间商都是独立于生产商的市场经营主体，在分销渠道中起着帮助把生产者生产的产品销售给最终顾客的作用。两者的主要区别在于，中间商直接参与或帮助商品所有权的转移，而辅助商则不直接参与商品所有权的转移，只是为商品交换提供方便（见图 1-1-4）。

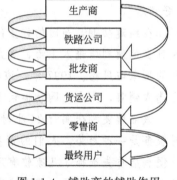

图 1-1-4　辅助商的辅助作用

1.2.4　最终顾客

任何分销渠道都必须包括最终顾客。最终顾客是分销渠道的目标，也是商品价值和使用价值的实现者。最终用户对每条分销渠道起着导向作用，整个系统的运作最终要根据最终用户的需要组织。

由生产商、中间商、辅助商和最终顾客联合起来，共同完成生产商的商品从生产领域向消费领域转移，实现商品价值和使用价值。同时，通过各个合作者发挥的应有作用，分销渠道系统才能行使商品所有权流程、商品实体流程、货物流程、市场信息流程和促销、信息流程等职能。

某便利店经营模式

上海某品牌便利店有限公司于 1996 年正式成立，目前，公司店铺规模已拓展至上海、无锡、常州、扬州、广州等 21 个大中城市，是一家集直营、合伙合作承包和加盟三种经营模式于一体的专业便利店，总数达1200余家。

1995年末，该食品公司建立时，原有的几十家小企业经营种类繁多，规模小而分散。这是实行连锁经营管理最大的障碍。在当时不具备改变企业体制的条件下，企业从改变组织形式入手，首先把无数个具有法人资格的独立经营企业转为一个法人单位下属的无数个非独立核算的门店，实行连锁经营。其次，按照连锁经营、统一管理的要求，在商品的进、销、调、存和人、财、物的控制与核算方面，实行高度集中，建立了总部各职能部门，明确了总部与门店各自的职责，至1997年中期，基本完成了组织结构从相对分散到高度集中的转型任务，形成了适应连锁经营要求的管理雏形。

为了使门店员工有更多的经营积极性，对门店的资产管理有更大的责任心，该公司除制订一系列相应的规章制度外，注重坚持推行"准利润"提成的薪酬分配制度。即门店每月实现的销售毛利，扣除门店可控制的当月费用后（余下部分为"准利润"），其30%作为该门店当月的工资收入。这样，就能使员工意识到"门店的每笔业务都为自己而做"，提高了经营积极性，并且更注重高毛利商品的销售和降低门店费用。

便利店顾名思义为"便利"，其生命力也在于能否为顾客提供更多的商品销售和服务便利。该便利店的经营定位就是不断追求"便利性"的服务，成为人们生活的伙伴，人们的"好邻居"。

在组建初期，当时的许多门店都是柜台式销售，显然是一种传统模式。这时，正好有一家日资的便利店进入上海，真是送上门的好事，该品牌便利店就近学习与模仿，逐步形成自己的形象与风格。1997年，该品牌便利店基本完成了对原有门店的改造，全部实行了开架自选式销售，为市民购物提供了方便。

该品牌便利店实行24小时全年无休经营，也经过了逐步推行的过程。便利店实行24小时服务是一种趋势，人们的消费习惯，可以通过创造与培养形成。于是在1997年春节前，该便利店首先选择了几家较有可能成功的门店试行。起初效果不是很明显，下半夜的销售额只有几十元、上百元、情况确实很叫人担心。但该便利店一直坚持，相信随着经济的增长、人们消费习惯的变化，市场需求一定会出现。果然，没过一年，当该便利商店的大多数门店都实行了24小时营业时，夜间销售需求有了明显增长。

到了1998年中期，该品牌的门店数不断增加，应用新的信息技术、提升企业的经营管理水平成为迫在眉睫的任务。用怎样的方案来达到目的，就成为新的问题。便利店的特点是店小，门店多，布点散，又是24小时营业，管理难度很大。员工基本为社会再就业人员，对电脑技术的理解和应用较弱，所以必须要求后台（总部）控制与处理问题能力较强，而前台（门店）操作简单，商品销售与核算的全过程都由电脑代替人脑来控制与操作。该品牌于是就采用了以单品为基础的自动补货、自动配货、自动核算、自动付款的信息技术应用系统。

当配送仓库的库存低于基本警戒线时，系统就会产生对供应商的订货单，而且规定了基本的进货量、进货价格、进货时间。每家供应商每周进货一至二次，保证有序进货。门店每只单品的销售量低于规定的下限时，总部收集其销售信息同时开出该门店的配货单。配送频率为每天一次。间隔时间为8小时～16小时。

各门店的进、销、调、存都由电脑记录，商品的毛利都由电脑核算到每个单品。各门店的月度核算与经营分析全由电脑进行。

当供应商的供货发票转入电脑后，按双方约定的付款周期自动导出该笔货款的付款日期，再加上银行的信贷汇票方法的应用，整个付款行为完全简单化了。企业采用了"四自动"的运行方式，把大量业务工作程序化、规范化、简单化；紧接着利用信息系统在门店的商品库存盘点和货款解缴等方面加以管理，基本保证了经营活动都是在可控的状态下运行，取得了较好的效果，树立了良好的企业形象。

消费者的成熟和日新月异的现代化进程将赋予便利业更多发展契机，该品牌便利店将在未来，以2500家门店的规模（加盟店数占总数的50%以上）和超过40亿元的营业总额，成为中国便利店行业中集规模和管理、技术和服务于一体的领先企业，并努力为社会及认同和钟爱它的投资者和顾客创造更大的价值。

思考题：
(1) 该品牌便利店的经营定位是什么？便利店与超市的差异在哪里？
(2) 你认为目前便利店在我国城市有发展前景吗？为什么？
(3) 观察你所能接触到的便利店，分析影响便利店成功的因素。

进驻中国的全球知名跨国零售企业

家乐福，法国，大型超市，1959年成立。1963年在巴黎开设第一家大型超市。1973年在西班牙开设第一家分店，开始了跨国经营历程。集团以三种主要经营业态引领市场：大型超市、超市以及折扣店。目前在世界零售业中排名第二，在全球拥有11000多家零售单位。1995年进入中国，至今有60家门店。

沃尔玛，美国，零售企业巨头。1950年山姆·沃尔顿开设了第一家特价商店。1962年沃尔顿以"Wal-Mart"为名在阿肯色州拉杰斯市开办了第一家沃尔玛平价商店。1993年在英、法、德等欧洲国家已拥有330家零售商店，其海外营业额已占总营业额的27.6%。1999年员工总数达到114万人，成为全球最大的私有雇主。沃尔玛1996年进入中国，在深圳开设了第一家沃尔玛购物广场和山姆会员商店，经过十年的发展，目前已经在包括深圳、东莞、昆明、大连、沈阳、厦门、哈尔滨、长春、长沙、北京、南昌、济南、青岛、天津、南京、上海、岳阳、烟台、金华、嘉兴、漳州、成都、无锡、宁波和衢州等36个城市开设了73家商场，包括沃尔玛购物广场、山姆会员商店、沃尔玛社区店三种业态。

1.3 三种典型零售模式

1.3.1 无店铺零售

无店铺零售又称无固定地点销售，它是指没有固定的营业场所或营业场地，生产者和经销商不通过商店，而直接向消费者提供商品或服务的一种现代营销方式。从这个意义上来说，无店铺零售的历史可谓源远流长。最古老的无店铺销售方式是古已有之的走街串巷的小商贩。无店铺零售的风潮源自19世纪70年代的美国，20世纪60、70年代，无店铺零售在欧美、日本等先进发达国家进一步发展，在20世纪90年代中期被引入国内，但直到2004年10月我国零售业才正式承认无店铺零售这种营销方式。

掌握无店铺零售的特点、种类和运作方式，对于渠道创新具有深刻的意义。无店铺营销的显著特点表现在以下几个方面。

第一，不通过商店销售——零渠道运作。这也是与传统零售方式最显著的区别。传统零售方式更多的是制造商通过批发商、零售商到消费者的两层渠道运作。

第二，降低成本——为消费者省钱。通过无店铺零售，减少了流通环节，降低了成本，所以，产品的售价比较便宜，为消费者省钱。

第三，送货上门——方便消费者。负责安装，介绍性能，协助调试。

第四，主动销售——扩大销量。通过无店铺零售商的营销技巧，主动向消费者推介，以刺激其购买欲望，而且由于是零渠道，商品周转快，一手交钱、一手交货，资金回收迅速，有利于扩大销售。

第五，现代科技——销售推进器。通过现代通信技术、物流技术、大众传媒、电脑网络技术等设计精美的画面和丰富的语言，刺激消费者的感官，激发其购买欲望。

其中，第一、第四、第五的特点是针对制造商的；第二、第三的特点是针对顾客的。

美国学者将无店铺零售划为以下四种类型：直复营销、直接推销、自动售货和购买服务。

1.3.2 连锁经营

1.3.2.1 什么是连锁经营

连锁经营是一种商业组织形式和经营制度，是指经营同类商品或服务的若干个企业，以一定的形式组成一个联合体，在整体规划下进行专业化分工，并在分工基础上实施集中化管理，把独立的经营活动组合成整体的规模经营，从而实现规模效益。

1.3.2.2 连锁经营的特征

连锁经营具有以下基本特征：连锁经营是一种授权人与被授权人之间的合同关系，也就是说，授权人与被授权人的关系是依赖于双方合同而存在和维系的；连锁经营中授权人与被授权人之间不存在有形资产关系，而是相互独立的法律主体，由各自独立承担对外的法律责任；授权人对双方合同涉及的授权事项拥有所有权及（或）专用权，而被授权人通过合同获得使用权（或利用权）及基于该使用权的收益权；连锁经营中的授权是指包括知识产权在内的无形资产使用权（或利用），而非有形资产或其使用权；被授权人有根据双方合同向授权人交纳费用的义务；被授权人应维护授权人在合同中所要求的统一性。

1.3.2.3 连锁经营的三种形式

(1) 特许连锁 FC（Franchise Chain）/加盟连锁、合同连锁和契约连锁　即由拥有技术和管理经验的总部指导传授加盟店各项经营的技术经验，并收取一定比例的权利金及指导费，此种契约关系即为特许加盟。特许加盟总部必须拥有一套完整有效的运作技术优势，从而转移指导，让加盟店能很快地运作，同时从中获取利益，加盟网络才能日益壮大。因此，经营技术如何传承是特许经营的关键所在。

(2) 直营连锁 RC（Regular Chain）/公司连锁　就是指总公司直接经营的连锁店，即由公司本部直接经营投资管理各个零售点的经营形态，此连锁形态并无加盟店的存在。总部采取纵深式的管理方式，直接下令掌管所有的零售点，零售点也毫无疑问地必须完全接受总部的指挥。直接连锁的主要任务在"渠道经营",意思指透过经营渠道的拓展从消费者手中获取利润。因此直营连锁实际上是一种"管理产业"。

(3) 自愿加盟 VC（Voluntary Chain）/自由连锁　即自愿加入连锁体系的商店。这种商店由于是原已存在,而非加盟店的开店伊始就由连锁总公司辅导创立,所以在名称上自应有别于加盟店。自愿加盟体系中,商品所有权是属于加盟主所有,而运作技术及商店品牌则归总部持有。一方面,自愿加盟体系的运作维系在各个加盟店对"命运共同体"认同所产生的团结力量上,兼顾"生命共同体"合作发展的前提,另一方面则要同时保持对加盟店自主性的运作。所以自愿加盟实际可称为"思想的产业"。意义即着重于二者间的沟通,以达到观念一致为首要合作目标。

1.3.3 特许经营

1.3.3.1 特许经营概念及特征

特许经营是指特许经营权拥有者以合同约定的形式,允许被特许经营者有偿使用其名称、商标、专有技术、产品及运作管理经验等从事经营活动的商业经营模式。

特许经营一词译自英文 franchising,目前国内对 franchising 这个词的翻译和理解大致有两种:一种译为特许经营。把特许经营组织与连锁店、自由连锁、合作社等并列,属于所有权不同的商店的范畴。这种译法与西方市场营销学的界定是一样的,是一种常用的翻译方法。

另一种译为特许连锁。认为特许连锁是连锁店的一种组织形式,与公司连锁、自由连锁并列为连锁的三种类型。在我国,商务部 2004 年第 25 号颁布的《商业特许经营管理办法》第二条定义为:商业特许经营是指通过签订合同,特许人将有权授予他人使用的商标、商号、经营模式等经营资源,授予被特许人使用,被特许人按照合同约定在统一经营体系下从事经营活动,并向特许人支付经营费。

虽然不同国家、不同组织对特许经营有不同的定义,但一般而言,特许经营有如下特征:第一,特许经营是特许人和受许人之间的契约关系;第二,特许人将允许受许人使用自己的商号和（或）商标和（或）服务标记、经营诀窍、商业和技术方法、持续体系及其他工业和（或）知识产权;第三,受许人自己对其业务进行投资,并拥有其业务;第四,受许人需向特许人支付费用;第五,特许经营是一种持续性关系。

1.3.3.2 特许经营特许人和被特许人应该具备的条件

2005 年 2 月 1 日开始实施的《商业特许经营管理办法》是商务部对国内特许经营进行的重新规范。该办法有如下规定。

(1) 特许人应该具备的条件

①依法设立的企业或者其他经济组织;②拥有有权许可他人使用的商标、商号和经营模式等经营资源;③具备向被特许人提供长期经营指导和培训服务的能力;④在中国境内拥有至少两家经营一年以上的直营店或者由其子公司、控股公司建立的直营店;⑤需特许人提供货物供应的特许经营,特许人应当具有稳定的、能够保证品质的货物供应系统,并能提供相关的服务;⑥具有良好信誉,有不以特许经营方式从事欺诈活动的记录。

(2) 被特许人应该具备的条件

①依法设立的企业或者其他经济组织;②拥有与特许经营相适应的资金、固定场所、人员等。

特许经营成功发展的一个原因就是准确定位。准确定位，使企业目标市场选择准确，能围绕目标市场进行营销策略组合，并能及时了解目标市场的变化，使企业的产品和服务走在时代前列。

案例思考

麦当劳公司特许制度

麦当劳公司可以说是世界上最成功的特许经营组织之一。麦当劳公司在全球有1万多家分支店，大约每隔15小时，麦当劳公司就要开一家新的分店。

第一，分店的建立。每开一家分店，麦当劳总部都自行派人员选择地址，组织安排店铺的建筑、设备安装和内外装潢。第二，特许费。受许人一旦与公司签订合同，必须先付2.25万美元的首期特许费，其中一半用现金支付，另一半以后上交。此后，每年交一笔特许权使用费（年金）和房产租金，前者为年销售额的3%，后者为8.5%。第三，合同契约。特许合同的期限为20年。公司对受许人负以下责任：在公司的汉堡包大学培训员工、进行管理咨询、广告宣传、公共关系和财务咨询，提供人员培训所需的各种资料、教具和设备，向特许分店供货时提供优惠。第四，货物分销。麦当劳公司不是直接向特许店提供餐具、食品原料，而是与专业供应商签订合同，再由它们向各个分店直接送货。

麦当劳的基本政策有七大要素。

(1) QSCV　Quality 质量，Service 服务，Cleaness 卫生，Value 价值，此条也是麦当劳公司的最高政策，它不仅对快餐业，甚至对其他行业也产生了深远的影响。

(2) TLC　Tender 细心，Loving 爱心，Care 关心。

(3) Customer is First　顾客永远第一。

(4) Dynamic，Young，Exciting　活力、年轻、刺激。

(5) Right Now and No Excuse Business　立即动手，做事没有借口。

(6) Keep Professional Attitude　保持专业态度。

(7) Up to You　一切由你。

这七条不仅是企业理念，而且是麦当劳集团的行为规范，更可以说是麦当劳企业的战略。具体地说，这些是判断的基准，期望一线的店铺，从业主到工作人员，能够自始至终将这些标准作为一致行动的范本，但是这仍需有默契的配合。在麦当劳的经营中有一些很重要的字眼，例如：保持新鲜，质量和数量，快速、微笑和充满生机，清洁、清洁再清洁，卫生、充满快乐的地方，亲切好客，家庭式餐厅，不断变动。这些字充分补全了经营手册的不足，提高了手册的执行水平，更使这些观念不断深入员工，同时成为所有顾客对麦当劳形象的认同。总而言之，麦当劳的营运体系至少已达到了下面几项。

①在整个公司中建立了共同的价值观。②强化了分支店独立的特性。③提高了受许人的工作意愿。④在短时间内训练好员工，降低他们的流动率。⑤对多样化的市场及质量的变化极为敏感。⑥对培养中层经理人员相当有效。⑦养成工作人员能及时作出正确决定的习惯。⑧促进组织及人才活动。

麦当劳在处理总部与分店的关系上也相当成功。

首先，麦当劳公司收取的首期特许费和年金都较低，大大减轻了分支店的负担。

其次，在采购方面，总部始终坚持让利的原则，即把采购中得到的优惠直接转让给各特许分店。这是其增进受许人的团结、鼓舞士气、加强总部与分店合作的一个重要方式。

最后，麦当劳总部不通过向受许人出售设备及产品牟取暴利。而许多其他的特许组织都通过强卖产品的方式获得主要利润，这就造成了总部与分店之间的利益冲突。

（资料来源：刘凤军．特许经营特色．企业管理．2000．）

思考题

（1）如果你是麦当劳负责特许连锁扩张的部门经理，你如何在一个老城区和新城区发展你的业务？

（2）如果你想加入麦当劳的连锁店，需要考虑哪些因素？

中国特许经营你应该知道的几个第一

（1）第一家进入中国的国外特许人企业：肯德基，1987年11月12日，在北京前门开店。

（2）中国本土的第一家实施特许经营体系构建的企业：李宁服装公司，1993年开始特许经营。

（3）第一批特许经营专著书籍：1994年的《从一到无限》、《商业连锁经营指南》、派力营销策划公司编著的《派力营销思想库》第二辑中的《特许经营》、国家经贸委市场司向欣、孟扬编著的《特许经营——商业发展的国际化潮流》。

（4）第一个国家领导人对连锁发展的批示：1995年，国务院总理李鹏在八届人大三次会议政府工作报告中正式明确指出，"要积极发展商业连锁经营"。

（5）第一份明确提出特许经营的官方文件：1997年3月，原国内贸易部发布了《连锁店经营管理规范意见》，规定了特许经营的定义和特许合同的基本内容。

（6）第一部特许经营办法：1997年11月14日，原国内贸易部发布了《商业特许经营管理办法（试行）》，该办法于2005年2月1日"转正"。

课后小结 ▶▶▶

在任务1分销渠道的认知中，我们通过3个方面的学习，了解和掌握了以下内容：

_____

_____

_____

思考与分析 ▶▶▶

1. 什么是分销渠道？如何界定分销渠道？

2. 分销渠道具有哪些功能？试分析分销渠道的主要功能与渠道流程的关系。

3. 如果在无人售货机旁边有一家零售商店，商品种类都一样，但商店是有人为你服务的。你是愿意在无人售货机上购买还是愿意在零售商店购买？说说你的理由。

4. 广告公司和金融机构应当被当成渠道成员吗？为什么？

5. 农民说："我们全家一年到头辛辛苦苦生产出上好的玉米，但是卖不出好价钱。可是，当我看见在超级市场内人们购买玉米和所有玉米产品要支付这样高的价格时，我简直不敢相信，而我却只能卖到非常低的价格，所以有人在其中赚了大笔的钱。"那么，我们能抛弃中间商吗？

6. 什么是批发商，什么是零售？其包含哪些类型？二者有何联系？

7. 特许合同哪些方面可以激励被特许者与特许者进行合作？从被特许者的角度看，这些合同各有哪些积极的方面？哪些消极方面？从特许者的角度来看呢？特许合同在哪些方面可以激励特许者公平对待被特许者？

实训操作

【实训操作名称】
模拟创建公司。

【实训操作目的】
通过创建公司确定生产经营的具体产品，为后续该课程的实训操作提供依据。

【实训操作要求】

1. 2~3人为一组，组员商定创建公司的名称（该公司是一家生产商），确定具体生产的产品。

2. 要完成公司的简介、公司经营理念、公司的规模等相关信息。

3. 明确产品的相关信息（例如：产品特点、定位、定价、时尚性、等内容，为后续渠道的开发提供产品信息）。

4. 上述相关内容资料整理采用Word文档形式、汇报呈现以PPT形式，并由组员进行详细讲解及说明。

【实训评分标准】
任务1实训成绩100分
＝操作表现40分（第1项）＋汇报20分（第2项）＋内容40分（第3项）
第1项：规定时间内，各组员在实训操作中的表现，即团队合作密切程度（40%）。
第2项：组员PPT汇报情况（20%）。
第3项：PPT内容的完整及合理性（40%）。

【实训评分方式】
采用组内成员互评与教师打分相结合的方式，学生互评与教师打分分值所占比例分别为30%、70%。

【可展示成果】
1. 整理完整的Word文档。
2. 内容合理完整的PPT。

任务2　分销渠道的构建开发

学习目标

【知识目标】
理解分销渠道构建开发的影响因素有哪些，认识分销渠道成员的关系构成。

【技能目标】

能对分销渠道构建开发的影响因素进行分析，会构建适合企业及产品的分销渠道。

【素质目标】

通过对影响因素的分析，引导学生构建适合企业及产品的分销渠道，进而使学生掌握构建分销渠道的程序。培养学生的实际动手能力，使其在学习与实践过程中提升科学文化素养，为后续分销渠道的管理等内容奠定基础。

案例导入 ▶▶▶

高露洁持续发展之道

高露洁公司是美国一家生产经营洗涤品、牙膏、化妆品的跨国公司。今天它占据世界口腔护理品总销量的近50%。高露洁公司是以经营牙膏为主的企业。创业的头几年，尽管其产品质量不错，但销量总上不去，因此业绩平平。公司的决策者为了本企业的生存和发展绞尽脑汁，但一直想不出一种有效办法。后来老板横下决心，公开征集良策。他在媒介上登出告示："谁若能想出使高露洁牙膏销路激增的创意，即赠送10万美元奖金。"

10万美元的奖金是充满诱惑力的，来自世界各地的应征者数以万计。这些应征"创意"中有不少是很有见地的，但高露洁公司决策者仅选中一个。他的创意只有两行字，很简单，只要把高露洁牙膏的管口放大50%，那么消费者每天在匆忙中所挤出的牙膏，自然会多出一半，牙膏的销路因而会激增。高露洁公司按照该创意办以后，果然销量急速上升。直至今天，高露洁牙膏的管口仍保持这一"创意"。

高露洁公司十分重视销路的选定，它确定销路时，首先分析各种因素，依据客观允许的条件及自己经营的产品性质等选择最佳的销路。它确立销路的主要依据有以下几个方面。

（1）产品特性　特性包括时尚性、技术性、共用性或通用性，产品根据这些特性区别选定行销道路，比如该公司经营的科学器材属时尚性强、技术性高和专用性突出的产品，就直接卖给用户。价格较低的产品，如牙膏，选定的行销道路就长些。

（2）市场特性　一般说来，市场需求潜力越大，顾客的购买频率高而数量不少，就需要选择较长销路，利用中间商，如牙膏就属这类；如果市场潜量少，顾客又集中一次性大批购买，就可不用中间商，直接进行销售。另外，消费的心理、传统购买习惯或消费方式、消费兴趣的转移，都应成为选定销路的考虑因素。

（3）竞争情况　竞争情况对选择销路影响较大，特别是同类产品竞争，竞争对手选用何种销路，是值得研究的。有时候可采用与竞争对手同样的销路，这样比较容易进入市场和占领市场，因为消费者已习惯于这种购买行为了。有时候各种销路被竞争者利用或垄断了，就需要换一种销路开展竞争，以新奇的销路产生不同的效果。

（4）企业实力　企业的财力、规模、信誉、管理经验、销售、财务的能力等，都对销路的选择产生重大影响。一般说来，企业实力强，可以在国内外市场设立广泛的销售网点或连锁点，这比交给中间商销售效果要好。即使选择中间商进行销售，也要有较大的优势对中间商实行控制。

（5）社会环境　一些国家对某些产品实行配额许可证管理，这些配额许可证不是任何企业都可以领取的。还有些国家或地区流行超级市场销售方式，而有些国家或地区则不兴这种方法等。如何根据这些情况及其他变化作出销路的选择，对企业经营是严峻考验，善者胜，不善者败。

高露洁公司的决策者认为，企业的行销渠道的选择依据确定后，还必须进一步根据经验把渠道明细化，即明确行销渠道的宽度。具体说，必须从以下几种形式中选择渠道和分销。

（1）广泛的分销渠道　这又称为密集型分销渠道，它的核心就是尽可能多使用中间商销售其产品，让自己的产品到处可以见到，以便市场上现有的消费者和潜在的消费者到处有机会购买其产品。

（2）有选择的分销渠道　是指在目标市场中选用少数符合自己产品特性以及经营目标的中间商销售其产品。有些商品专用这种渠道。因为这些产品的消费者对产品用途有特殊需求或对牌子有偏爱，而广泛分销渠道不一定能推销这些产品，或起码效果不那么好。

（3）独家分销渠道　是指在特定的市场区域选择一家中间商经销其产品。这种渠道有利于维持市场的稳定性，有利于提高产品身价，有利于提高销售效率。

高露洁公司由于在决定市场需要的渠道、选择行销渠道的形式及管理各级渠道上，有战略化的思想和措施，所以其产品，特别是牙膏，畅销于美国乃至全球，迅速发展成为大型跨国企业。（资料来自百度文库）

案例提示：在高露洁持续发展之道这个案例中，我们可以看到商品流通渠道策略是企业面临的重要问题之一。社会生产力的发展水平是商品流通渠道和中间商形成和发展的基础。不同商品的自然属性、消费结构、消费方式等特点，形成了功能各异的代销、经销、批发、零售等销售渠道的组织形式。

随着市场范围和规模的扩大、市场竞争的激烈，企业为了追求最佳的市场交易形式，总是选择最佳的渠道组织形式，实现企业市场的经营目标。

高露洁战略性地细分了其分销渠道，最大限度地占领了市场，达到了公司和分销商的双赢局面。这一点值得借鉴和学习。我们在任务2中就将学习如何构建开发企业的分销渠道。

知识链接

2.1　分销渠道构建原则及影响因素

分销渠道构建开发是指企业在分析渠道环境因素的基础上，以顾客需求为导向，为实现确定的分销目标，对各种备选渠道结构进行评估和选择，从而开发出新型的分销渠道或改进现有的分销渠道的过程。

2.1.1　影响分销渠道构建的因素

企业在构建分销渠道时，必须充分考虑多方面的约束和影响因素，然后在理想渠道和可行渠道之间进行权衡、比较和选择。

2.1.1.1　产品因素

产品的单位价值；产品的体积与重量；产品的式样或款式；产品的易腐性和易毁性；产品的技术与服务要求；产品的标准性与专用性；产品的生命周期。

2.1.1.2　市场因素

市场是分销渠道设计时最重要的影响因素之一，影响渠道的市场特征主要包括如下诸方面：市场类型、市场规模、顾客集中度、用户购买数量、竞争者的分销渠道。

行业不同企业间分销渠道的竞争方式也不同。竞争者的分销渠道对企业的分销渠道设计产生重要影响，企业应对竞争对手的销售地点、渠道类型、产品和服务特点、市场规模、消费者特点与规模等进行分析，还要对竞争对手的分销策略如销售密度、销售性质、渠道成员及渠道结构进行分析，从而有助于设计自身的分销渠道。

一般来说，企业可以采用积极竞争或标新立异两种竞争策略，选择与竞争对手相同的分销渠道，或回避竞争对手，采用不同的分销渠道。

2.1.1.3 消费者因素

首先，顾客可分为产业用户和一般消费者。产业用户一般数量少、购买次数多、每次购买量大，这就决定了生产制造商可以将产品直接销售给用户。而一般消费者，由于数量众多、地理位置上极为分散、购买量少、购买频率、购买方法不定，因此，中间商在分销渠道中会起到重要作用。

其次，消费者对不同消费品的购买习惯也会影响分销渠道的设计。如消费品中便利品的消费者很多、购买次数频繁，生产者便可以利用由批发商与零售商组成的分销渠道，构筑细密的营销渠道，通达地区市场的各个角落，以方便消费者购买。而对于消费品中的特殊品，如名牌西装、名牌珠宝，由于消费者在习惯上愿意多花时间和精力去物色这些特殊品，所以生产制造商一般只通过少数几个精心挑选的零售商去推销其产品，甚至一个地区也只通过一家零售商去经销，其分销渠道是疏而广的。

2.1.1.4 企业自身因素

企业自身因素是分销渠道选择和设计的根本立足点。企业的规模决定了它的市场规模及其得到所需的经销商的能力；企业的财务资源决定了它能承担何种营销职能及中介机构承担哪些营销职能；企业的产品组合影响它的渠道模式。产品组合越广，企业直接向顾客出售的能力就越强；产品组合越深，采用独家经销或少量有选择的中间商就越有利；企业产品组合的关联性越强，所采用的分销渠道也就越相似。

具体来说，企业应从以下几个方面考虑如何使渠道构建与自身特点相协调。

（1）企业的规模、实力和声誉

企业规模大、实力强，往往有能力担负起部分商业职能，如仓储、运输、设立销售机构等，有条件采取短渠道；而规模小、实力弱的企业无力销售自己的产品，只能采用长渠道；声誉好的企业，希望为之推销产品的中间商就多，生产者容易找到理想的中间商进行合作，反之则不然。

（2）产品组合

产品组合是指一个企业生产或经营的全部产品线、产品项目的组合方式，它包括四个变数：产品组合的宽度、产品组合的长度、产品组合的深度和产品组合的一致性。

产品组合的宽度指企业的产品线总数。产品线也称产品大类、产品系列，是指一组密切相关的产品项目，也就是一个企业有多少产品大类。

产品组合的长度指一个企业的产品项目总数。产品项目指列入企业产品线中的具有不同规格、型号、式样或价格的最基本产品单位。通常，每一产品线中包括多个产品项目，企业各产品线的产品项目总数就是企业产品组合长度。

用产品大类除总长度，就可求得一个产品大类的平均长度。

产品组合的深度是指产品大类中每种产品有多少花色品种规格。产品组合的长度和深度反映了企业满足各个不同细分市场的程度。增加产品项目，增加产品的规格、型号、式样、花色，可以迎合不同细分市场消费者的不同需要和爱好，招徕、吸引更多顾客。

产品组合的关联性指一个企业的各产品大类（产品线）在最终用途、生产条件、分销渠道等方面的相关联程度。产品都是消费品，通过相同的分销渠道销售，就这点来说产品组合的关联度就大。

企业产品组合的宽度越宽，越倾向于采用较短渠道；产品组合的深度越大，也宜采用短渠道。反之，如果生产商产品组合的宽度较窄、深度较小，生产商只能通过批发商、零售商来转卖商品，其渠道是"较长而宽"。产品组合的关联性越强，则越应使用性质相同或相似的渠道。

（3）企业的营销管理能力和经验

管理能力和经验较强的企业往往可以选择较短的渠道，甚至直销；而管理能力和经验较差的企业一般将产品的分销工作交给中间商去完成，自己则专心于产品的生产。

（4）对分销渠道的控制能力

生产者为了实现其战略目标，往往要求对分销渠道实行不同程度的控制。如果这种愿望强，就会采取短渠道；反之，渠道可适当长些。

2.1.1.5 环境因素

一般来讲，分销渠道环境有广义与狭义之分。广义的分销渠道环境主要包括两个组成部分，即微观环境与宏观环境。而其中宏观环境是"不可控"的，包括政治与法律、经济、社会文化、自然、人口、科技等。

2.1.1.6 中间商因素

不同类型的中间商在执行分销任务时各自有其优势和劣势，分销渠道设计应充分考虑不同中间商的特征。一些技术性较强的产品，一般要选择具备相应技术能力或设备的中间商进行销售。有些产品需要一定的储备（如冷藏产品、季节性产品等），就需要寻找拥有相应储备能力的中间商进行经营。零售商的实力较强，经营规模较大，企业就可直接通过零售商经销产品；零售商实力较弱、规模较小，企业只能通过批发商进行分销。

2.1.2 渠道设计的目标

渠道目标是渠道设计者对渠道功能的预期，体现着渠道设计者的战略意图。分销渠道目标的确定首先必须以消费者的需求为核心。渠道设计的目标主要有以下十个方面。

① 顺畅目标。分销顺畅是分销渠道设计最基本的要求，保证产品以最短的时间送到消费者手中。这主要是满足目标消费者时间上便利的要求。为了达到这一目标，一般应使渠道扁平化、沟通便利化。

② 便利目标。为了使顾客感到便利，企业应使市场分散化，节约顾客的运输成本，同时，提供完备的售后服务，及时为顾客解决问题。社区购物中心和街区超市、便利店、自动售货机和加油站都是用以满足消费者对于空间便利需求的渠道形式的例子。

顺畅和便利是渠道设计的两个最基本的目标，特别是对于那些便利品，购买者不愿意为此类产品光顾太多的商店。随处可得最为重要，因为只要是可以接受的品牌，购买者会倾向于购买任何一种正在销售的产品，而不会去寻找他们喜欢的品牌。所以，对于便利品，从购买者的角度而言，更高的覆盖率意味着更容易获得，在其他条件不变的情况下，更高的分销密度总是大大促进销售。但这个论述并不适合于非便利品。

③ 流量最大化目标。通过广布网点、提高铺货率，可最大化地增加流量。

④ 拓展市场目标。增加新顾客、发现新用途。一般情况下，在进行市场开拓时，大部分厂家更侧重于依赖中间商，待拥有一定的市场份额和自己的顾客群后，再建立自己的分销网络。

⑤ 提高市场占有率目标。增加新顾客、提高重复购买率、激活休眠客户。在建立起合适的分销渠道后，应特别注重分销渠道的维护与保养，从而逐步扩大市场份额。

⑥ 扩大品牌知名度目标。增强顾客对产品的认知，树立产品在顾客心目中的地位。在维护老客户对品牌忠诚度的同时，进一步争取新顾客。

⑦ 分销成本最低化目标。建立低成本上的分销策略，将费用节约的好处让给消费者，并通过挑战竞争对手的价格而获得满意的利润。例如，企业可以通过自动化（订货、仓储和记账的自动化）、租用低租金设备（作为展厅、仓库和零售店）、将提供给顾客的服务减至最少（如通过自选购物、目录销售或对运输、设备安装和修理等收额外费用）等方法来降低其成本。在设计与选择分销渠道时，要考虑到渠道的建设成本、维护成本、改进成本及最终收益。

⑧ 提高市场覆盖面积和密度的目标。厂家为了实现这一目标，大多采用多家分销和密集分销形式。

⑨ 控制渠道的目标。制造商可以通过提高自身的管理能力、融资能力，掌握一定的销售经验，建立品牌优势来掌握渠道主动权。

⑩ 渠道服务创新目标。如延长营业时间、提供主动上门服务、开展网上分销等。所制定的渠道目标应该明确而又具体，既可以清晰描述，也可以操作。

在确定上述的渠道构建目标时，还应做到产品与市场相匹配、渠道与客户购买行为相匹配。分销的任务之一在于把产品和市场连接在一起，并由此建立了一个买家和卖家能交易的途径。如果将错误的产品在错误的市场销售，世界上最有创新力、最佳设计的高技术销售渠道也无法做得很好。想象一下，把装甲运输车销售给学校，不管使用因特网或电信营销中心都不会成功。产品与市场匹配重要的一点是：要把恰当的产品卖给恰当的人，才能使销售渠道成功地运作。与其试图把所有的时间花费在把所有的产品卖给所有的客户，大多数公司还不如有选择性将一些高潜力的产品投放市场，即在细分后的市场中找准自己的目标市场，这样他们会更富有。此外客户不同的渠道偏好和行为决定了企业渠道的选择。要分析客户渠道偏好，构建符合客户购买习惯的渠道。

沃尔玛超市"不适应"香港

在中国香港，沃尔玛 Value Club 的购物者常常通过减少在该商店购物的开支和光顾该商店的次数，来促使商店选择更好的地理位置，并把产品的尺寸改造得更小。导致这种情况的原因之一是中国香港的消费者似乎很看重便利性、服务质量和商店的价值观。以上这些，加上香港较小的生活空间、数量有限的停车场、相对较少的汽车以及拥挤的交通状况，暗示了商店俱乐部的基本性质与香港地区特点是不太协调的。Value俱乐部远离公共交通的主干道，因而要求购买者在出租车和公共汽车上花费额外的时间，商店低廉的价格会被交通费用抵消。中国家庭妇女传统的购物方式是每天都去商店，对她们而言，最方便的商店就是那些位于上下班的路上或住所附近的商店。人们对商品的不熟悉也给Value俱乐部带来了损失。生活空间的狭小意味着以加仑为单位的罐子将得不到喜爱，商店必须供应较小的容器以方便人们使用和存放。

问题：
试分析沃尔玛在香港无法与本土店竞争的原因何在？

分销渠道设计的方法

目前分销渠道设计的方法有两种：一种是"点、线、面"渠道布局法，另一种是分销渠道的逆向重构法。这里拓展介绍下前一种方法。

分销渠道布局工作的实质，就是分销渠道中的"点、线、面"这三个要素的选择、投入与配合，这是市场分销渠道布局的关键。

"点"是指市场营销力量（包括人、财、物）在市场中所选择的关键点，通常是区位优势，企业通过对"点"的选择和抢占，来争取竞争的主动权或适度地回避竞争对手，进入现有竞争格局中的薄弱地带，以形成局部优势。"点"的选择作为整个渠道的支撑，是整个分销渠道布局的基础。

"线"是指渠道实际流通的线路，正是在"线"中运行了营销过程中的实物流、信息流等各种流程，才会实现渠道动态的功能，保障企业机制的健康运行。线路也要以"点"作为出发、终止点或者中转站，通过在"点"上的基础设施实现运动中所需要的储存、调运等功能。线路受环境变化的影响是经常变化的。环境的变化，比如新的道路的开通、地方经济的发展、人口的流动等，会使原来的运行线路变得不再经济或效率不高，因而需要重新评估和设置分销渠道。

"面"是点、线所构成框架的总体功能和综合运用，主要指区域的划分、渗透及在区域中确立企业强有力的竞争地位，建立起阻止竞争对手进入的壁垒和长期获利。

2.2 分销渠道成员关系的构建与管理

分销渠道的关系管理包括针对渠道各个层面上的成员开展的营销策略。其中一种是对于渠道终端的消费者或用户的营销管理，另一种是针对于渠道中各种中间商的营销活动，也就是我们所提到的分销渠道成员之间关系的管理问题，即对渠道中的中间商开展各种关系营销策略。制造商在处理与分销商的关系时，有多种方式可供选择，我们这里介绍3种：松散型渠道关系、垂直型渠道关系和水平型渠道关系。

2.2.1 松散型分销渠道关系

松散型模式是一种传统的市场营销模式，它在市场经济不发达、生产商尚未形成规模时极为盛行。在当今较为发达的市场经济国家，这样的模式仍然存在，但是规模已趋于减少。

松散型渠道关系即整个渠道由各个相互独立的成员组成，没有哪一个成员拥有足以支配其他成员的能力，每一个成员只关心自身的最大利益，共同执行分销功能。渠道关系在成员间相互持续不断的讨价还价过程中得以维系。

（1）松散型分销渠道关系特征

① 成员是由在产权和管理上都独立的企业构成。该关系中，成员由一个个独立的生产商、批发商和零售商组成，每一成员都作为一个独立的企业实体来追求自己利益的最大化。

② 网络之间缺乏信任感，且有不稳定性。在这种模式下，每个成员都是以自我为中心进行决策，决策中也只考虑自身的成本、规模、投资效率等。整个渠道缺乏统一目标，决策权分散在每一个成员或每一级渠道上，各成员之间并没有形成确切的分工结构。

③ 成员间靠谈判和讨价还价建立联系。在该种关系下，每个成员关心的是商品能否进入下一个分销环节，很少考虑渠道的整体利益。为此，各成员之间的联系是通过谈判和讨价还价建立的。由于成员之间缺乏信任感，渠道进出十分随意，成员之间除了交易关系外不存在其他相互联系和约束，所以网络成员之间的关系是松散的。

（2）松散型分销关系优点及不足

优点：企业必须时刻保持对市场的关注，不断改进产品、改善管理以降低价格，保持产品的竞争力和对中间商、消费者的吸引力，这种压力会督促生产商持续努力。中间商的独立地位，他们往往更能代表顾客的利益和要求，对产品的挑剔和选择会在市场规律的作用下淘汰许多不合格企业，从而扩大了行业优秀企业的市场份额。

不利之处：由于中间商注重短期效应，生产者无法贯彻和执行长期市场战略，因而可能损失长远利益。由于网络成员缺乏合作，生产者无法从中间商处得到各种反馈意见。网络的不稳定性造成销售的不稳定，生产者在建立和保障大规模专业化生产体系的正常运作要冒很大的市场风险。

（3）适用范围

由于松散型分销渠道关系有其积极的一面——企业进退灵活，可根据局势的变化选择结盟对象；促使企业不断创新，增强自身实力；更重要的是，对于刚刚进入市场的中小企业，加入这种关系网络更为实用。所以其适用范围包括：①中小企业，松散型分销渠道模式主要适应于"两小企业"。一是小型企业，小型企业资金实力有限，产品类型与标准处于不稳定状态，不适合采用固定的分销系统形式。例如，一家小型服装生产企业，今年生产儿童服装，明年就有可能生产成人服装，必然在渠道上有所变化。二是小规模生产。小规模生产的产品数量太少，不可能形成一个稳定的分销渠道系统。②农产品流通，由于其生产的分散性和季节性，需要通过各种销售组织使农产品进入市场。加上受自然条件影响大，农产品的生产、分销等均呈现不稳定的特征。所以，农产品的分销往往采用较为松散型的方式。③其他特定行业。在生产较为分散的日常用品、小商品领域，也普遍存在着传统的松散型分销模式。

2.2.2 垂直型分销渠道关系

垂直渠道系统是渠道协调的一种形式，是由生产制造商、批发商和零售商组成的一种统一的联合体，每个渠道成员都把自己看做是系统的一部分，关注整个系统的成功。例如，宝洁公司改变以往以经销商为主的渠道模式，通过在各地设立分公司，实现对主要零售点的直接供货和管理，从而建立起强有力的由生产制造商控制的垂直营销系统。加上其他因素，使其品牌"潘婷"与"飘柔"、"海飞丝"一道进入洗发水品牌的前三名。

通过渠道系统中权力高度集中化，垂直渠道系统具有更好的渠道协调功能，能够更好地进行渠道领导、分工、冲突管理以及控制。垂直型分销渠道关系根据系统安排的紧密程度，从弱到强依次分为管理型、契约型和公司型，如图1-2-1所示。这三种类型的形成方式各不相同，管理型通过信用方式，契约型通过合同方式，公司型则通过股权方式。

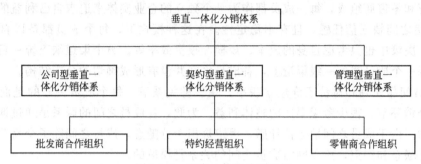

图1-2-1　垂直一体化分销系统

2.2.2.1　管理型垂直分销渠道关系

管理型垂直分销渠道关系一般是由那些规模大、实力强的企业作为牵头，统一组织和协调渠道各个成员的利益和统一规范管理渠道网络系统的模式。该模式介于松散型模式与公司型模式之间。一方面是由相互独立的经营实体构成；另一方面，渠道成员之间存在着紧密的联系。

在管理型垂直分销渠道关系中，核心企业凭借着自己规模、技术、实力和品牌影响力的优势，吸引众多的经销商共同经营他们所选择的品牌产品，参与该产品的渠道建设。这种分销体系组织中的各个成员，他们既有自己的经营目标和组织结构，又要接受核心企业的统一分工和协调的管理。像美国的宝洁公司、柯达公司、吉列公司等公司，都凭借着品牌的实力控制渠道，在商品流通各个环节中起到协调和管理的作用。

（1）管理型垂直分销渠道关系的特征

与松散型、公司型分销模式相比，管理型分销模式有其自身的特征。

① 渠道成员的地位相差悬殊。在管理型分销模式中，通常存在一个或少数几个核心企业，这些企业由于其自身拥有强大的资产实力、生产规模、良好信誉及品牌声望，在渠道体系中具有优越的地位，构成对其他网络成员的巨大影响力。正因为如此，一批中间商愿意接受核心企业的指导，成为渠道成员，围绕核心企业及其产品展开分销活动。

② 渠道成员具有相对的独立性。分销渠道各成员在产权上是相互独立的实体，他们都有自己的物质利益。为此，核心企业可以避免公司型分销模式构建渠道的巨大投资和灵活性差的问题。

③ 渠道成员间的相互关系相对稳定性。管理型模式成员的相互关系是建立在由核心企业统一管理和协调分工协作基础上的，在遵从核心企业的管理、协调和指导的前提下，能建立较高程度的合作关系、统一的分销目标和共享的信息资源，使渠道具有相对稳定性。

④ 分销目标趋向协调。由于核心企业的影响以及各成员相互关系的稳定，成员间的利益目标将由分散、相互矛盾的个体利益最大化，转向分销渠道的长期利益最大化，各成员的

利益目标服从于整体利益最大化的目标。

(2) 管理型垂直分销渠道关系中的核心企业的作用

渠道领袖是管理型垂直分销渠道关系中居于主导地位的核心企业，是管理型分销渠道的中心和灵魂。作为渠道的"管理者"，核心企业是渠道形成的始作俑者，是网络计划的制订者，是网络运行的领导者和监督员。核心企业在分销渠道中的作用主要表现在以下方面。

① 制定统一的经营目标。经营目标中包括销售量、加价水平、利润率、销售中各种可能的减价因素与幅度。

② 库存计划。包括各成员的库存周转率、商品分类指导、必备商品目录及库存水平。

③ 商品展示计划与指导。帮助成员企业安排与指导店面陈设、店内商品布局，提供必要的陈设器材、产品介绍材料、样品和价签。

④ 人员销售计划。向成员企业推荐标准化的销售用语和销售展示规程，培训销售人员，设立鼓励销售人员的奖励措施。

⑤ 广告计划和推销活动计划。统一安排广告宣传活动和制定财务预算，选择适当的媒体，确定各种宣传和推销的主题。

⑥ 制定相关的职责并负责监督检查。如生产厂商的职责和任务、各分销商的职责与任务等。

(3) 管理型垂直分销渠道关系的好处

管理型分销模式之所以能够形成，并成为具有较高效率的分销组织形式，各种分销机构之所以能够参与其中，管理或接受管理，其根本原因在于各成员能从中获得好处。对于核心企业和其他生产企业而言，其所获得的好处主要有：能极大地提高产品的销售量和盈利能力；避免或降低了相互间的竞争；生产和分销规模扩大，规模经济效益显著，并可持续、稳定、有计划地进行促销活动；便于控制和掌握各种分销机构的销售活动，极大地方便了生产调度和库存管理。对于各种分销商而言，所获得的好处有：能及时、充分地获得商品的供给；能更好地安排经营资源；减少库存商品及资金占用；可获得生产厂商的质量保证和各种服务；能学到核心企业的管理经验。

2.2.2.2 契约型垂直分销渠道关系

契约型垂直分销渠道关系，是指渠道管理者与渠道成员之间通过法律契约来确定它们之间的分销权利与义务关系，形成一个独立的分销系统。它与产权（公司）型渠道关系的最大区别是成员之间不形成产权关系，与管理型渠道关系的最大区别是用契约来规范各方的行为，而不是用权力和实力。越来越多的厂商和分销商采取了契约型垂直分销渠道管理，并显示出了良好的发展前景。

(1) 契约型垂直分销渠道关系的特征

契约型分销渠道网络可以说是产权维系型网络的伴生物。随着发达的商品经济中以产权为基础的流通网络规模的扩大、市场势力的日益提高，中小型企业特别是流通企业的生存环境日益严峻，他们面临着不断失去与生产厂商、供应商进行交易的有利地位和不断失去消费者的两难境地。因此，需要获得一种与产权维系的网络所具有的许多好处一样的网络形式，以形成有利的竞争态势。

在契约型分销渠道网络中，网络主体之间依然保持着各自独立的地位，根据契约或协议的要求，在某些方面形成分工合作的相互关系。一般而言，在某一契约关系网络内，存在着一个相对市场势力较强的主体，如资本实力雄厚、有品牌优势的生产商、批发企业或经营管理十分出色的零售企业等，围绕这一主体形成契约网络。契约网络运行的客体一般以消费品为主，特别是那些消费量大、产品市场范围大的消费品。

(2) 契约型垂直分销渠道关系的优劣势

优势：①分销渠道建立容易。对许多生产商来说，自己投资组建分销系统并非一件容易的事，同时，涉及产权关系的兼并、收购也相对复杂。契约型渠道关系是在不改变各方产权关系的基础上实行的一种合作，并用契约这种胶合剂使其稳定化，是分销渠道建立的一种快速而有效的方法，组建成本较低。

②分销渠道资源配置较佳。契约型渠道关系可以实现较佳的资源配置，使有钱的人出钱，有经验的出经验，有场地的出场地。这不是通过新增加生产资料而增加社会财富，更多的是对现有社会资源进行一种新的排列组合，通过这种排列组合实现最佳的效益以及一加一大于二的效果，最终由社会和系统各成员分享。

③分销渠道具有灵活性。渠道管理者都希望一个系统建立后相对稳定，但是生产、消费和分销本身的变化，必然引起企业自身分销系统的调整。由于契约型分销系统不涉及产权关系，调整起来相对容易，变更起来也具有一定的灵活性，可以及时修改和补充契约的有关条款，以适应不断变化的市场和分销要求。

劣势：①与公司型相比，更难以控制。对于契约型分销关系来说，没有产权制约使其更加灵活，但同时也带来了难以控制的问题。由于利益目标的不完全一致，有时分销成员不遵守契约条款，自行其是，甚至自动脱离该系统，这样会导致整体分销系统效益的下降。

②与管理型相比，灵活性稍差。契约使各分销成员结合成一个系统，各自必须遵守一定规则，并保持一定时间的稳定性。但是，分销成员参差不齐，管理能力也会有很大差异，有些成员在遵守系统规则条件下，也不能为整个分销系统做出应有的贡献，甚至完不成基本的成员义务，这就需要对其进行调整或取缔。但是，契约没到期或其他条件会限制这种调整。而管理型分销系统没有这些限制，可以随时、及时地进行调整。

(3) 契约型垂直分销渠道关系的类型

契约型渠道关系日渐成为渠道建设中引人注目的焦点。制造商或服务企业通过契约这一"文明连锁"将自己的产品、服务或商品形象快捷地扩散到世界各地。在长期的商业实践中，涌现了多种形式的契约模式。

① 批发商主导型契约关系。由批发商将独立的零售商组织起来，批发商不仅为其零售商提供各种货物，还在许多方面提供服务，如销售活动的标准化、共同店标、订货、共同采购、库存管理、配送货、融资、培训等。这种网络广泛存在于食品、杂货、五金工具、汽车零配件、家用器具等领域。如美国"独立杂货店联盟"。

② 零售商主导型契约关系。这是一种由若干独立的中小零售商相互联合的网络组织，目的在于同大型零售企业相抗衡。它们通过集资入股建立一个新商业实体，从事批发、统一宣传、培训、流通加工等，获得各独立零售商难以获得的规模经济。如美国 Topco 协会。

③ 特许经营销售网络。相对于前两种关系模式，特许经营销售网络是欧美国家中发展最快、地位最重要的一种销售网络。在契约型渠道关系中，大概要数特许经营方式最为典型。

2.2.2.3 公司型垂直分销渠道关系

公司型垂直分销渠道关系也称为产权式分销渠道关系，作为渠道关系中最为紧密的一种，是指一家公司拥有和控制若干生产机构、批发机构、零售机构等，控制着分销的若干渠道乃至全部渠道，综合经营和统一管理商品的生产、批发和零售业务。

公司型垂直一体化分销体系是为了获得分销运作的最大效益，为了消除因成员各自独立的利益而产生的矛盾和威胁，进行分销渠道的统一规划、有效控制、科学管理，形成合理分工和合作的分销渠道体系。该体系往往是由制造商来主导，共同面向最终消费者，建立营销网络。例如，某化妆品公司是一家集制造商、批发商、专营零售商、美容服务为一体的分销渠道体系。这个化妆品公司是典型的公司型垂直一体化分销体系模式。相对于松散型和管理型渠道关系而言，公司型渠道关系根基比较牢靠，因为它所采用的是"步步为营"的渠道扩展战略。

(1) 公司型垂直分销渠道关系的特征

① 产权、管理一体化：分销渠道成员的联系是建立在产权统一基础上的相互分工协作关系，通过企业组织内部的管理组织及其管理制度和方法，各部门或机构间保持有长期而稳定的层级结构，紧密联接着从生产到消费的各个环节。它们统一按照公司的计划目标和管理要求进行着内部的商品交换和转移，完成整个公司系统的生产和商品分销过程。

② 两种建立途径：一是制造商投资建立销售公司或驻各地的办事处，各分公司和办事处直接对总公司负责，总公司对其实施严密的控制，拥有绝对产权。二是企业通过兼并、合并等资本经营方式，将相关公司或机构纳入自己的销售体系之内。如大型零售企业兼并生产性企业，制造性企业兼并批发、零售企业。

(2) 公司型垂直分销渠道关系优缺点

优点：① 渠道效率高，结构稳固。它克服了传统的分销渠道体系中成员关系松散，利益抵触，渠道缺乏统一协调的弊病，使渠道成员的关系紧密，统一指挥、统一行动，从而使商品流通顺畅。此外，成员的利益关系密切，不轻易变更，进而渠道网络结构更加稳固。

② 缩短渠道，尽可能接近最终消费者。在分销渠道系统中，公司最大的利益就是尽可能用最短的渠道贴近最终端的消费者或用户，在满足目标消费者或用户需要的基础上得到实现。渠道短就能使企业尽快地反馈市场信息，及时了解目标消费者或用户的需求，制定科学分销渠道策略，赢得市场的优势，获得理想的营销效益。

③ 有利于建立公司的统一形象和品牌声誉。由于成员之间的摩擦和竞争的降低或消除，公司及其产品的品牌在市场的销售过程中，以统一的市场形象出现就会大大地增强产品在市场的竞争力，如公司将产品的售前、售中、售后的服务统一规范，纳入统一的规划，可以使消费者在产品的使用消费过程中，无论何时何地都享受到附加利益，对品牌产生信任，成为忠实消费者。

④ 减少营销环节和程序，降低分销成本，提高渠道整体的效能和效益。成员之的分工与协作，减少了相互切磋、谈判协调利益、重复建设网点浪费资源、互相压价恶性竞争等交易成本的支出，极大地降低了交易成本。公司为实现最佳的分销渠道管理的效益，会将降低交易成本作为渠道组织和结构设计的重要前提。

⑤ 确保企业长期的分销渠道战略的实施。公司型的渠道模式能避免成员的短期行为，避免不负责任的现象发生，从公司的长远利益的角度来规划渠道的发展和调整的战略，并能确保它的实施。

缺点：① 渠道管理权限过于集中，缺乏灵活性和适应性，一旦市场发生变化，渠道难以及时调整。渠道管理权限过于集中就使各个成员很少有主动性和创造性，当面对市场的变化时也难以及时调整渠道的组织结构以适应这种变化的市场形势，出现在组织中的各个成员被动执行公司统一的销售政策的局面，发挥不了成员的积极性。

② 管理的链条长，增加管理费用，公司承担着较大的压力。整个渠道的建设和管理都压在了一个统一的公司肩上，公司要投入相当多的人力、物力、财力建设分销渠道网络，一旦渠道的某一个环节出了问题，对于整个公司来说，风险就会很大。

③ 管理的难度比较大。公司型分销渠道的特点就是前向、后向一体化，公司的分销渠道向两头延伸，渠道链越长，公司管理和控制的效能、效益就越低，相应公司的管理人员和管理费用也要增加。

（3）如何加强公司型垂直分销渠道关系的管理

① 关系的组建。建立属于自己的营销网络是一项十分艰巨的工作，总公司应根据手中所掌握的资料进行合理布局。首先，应从战略入手，有两种基本战略可供选择：一是"对抗"战略，即与竞争对手硬碰硬，将点布到对手占优势的市场，这种战略有很大的风险，易被封杀，但如果一举成功，即可站稳脚跟，为最终击垮对手奠定牢固的基础；另一种是"避实就虚"战略，即先选择竞争对手的薄弱环节布点，积累力量，待时机成熟之后，再行出击。"对抗战略"和"避实就虚"战略是公司组建营销网络的两种基本战略。其次，从分支机构数量、人员的配备入手，应充分考虑公司资源、目标市场状况、公司的营销战略等因素，不可盲目求大。分公司或办事处营销人员应尽量实现"本地化"，利用当地的营销关系去开拓市场。

② 业务管理。分支机构应根据所在市场情况营运，不可照搬总公司模式。加强对分支机构销售政策、促销策略、贷款政策、财务管理的监控和指导。总公司对分支机构充分授权。防止不良债权，谨慎利用信用制度，对客户进行全程监控，发现异动，及时采取措施、加强流程管理。保持适当库存，定期盘点。进出货严格登记，送货及时、准确、强化财务管理制度。密切关注市场动态，采取适当的营销策略，及时与总公司沟通。

③ 销售人员管理。销售人员管理的内容涵盖：确定雇员总体规模；严格招聘雇员；充分的培训；明确岗位职责；奖惩管理；强化对客户的管理。关键点是销售人员的培训除了业务技能之外，最重要的是团队合作精神的培养。

④ 加强客户管理。"客户是企业的衣食父母"，笼络住一个客户要花费很大成本。然而，很多分支机构的经理们却对客户缺少必要的"呵护"，使得遭到冷落的客户频频跳槽，给企业造成了惨重的损失。那么怎样才能留住客户呢？应做到以下几点：a. 将心比心，为客户着想，提供优质产品和良好的服务是根本。向客户提供竞争对手所没有的服务，是扼制客户"跳槽动机"极有效的办法，这可以大大增加他的"跳槽"成本。b. 永远牢记：老客户要比新客户更重要。c. 经常带着创意去拜访客户，实实在在地帮助客户解决问题。d. 与客户建立互利互惠的"战略伙伴关系"。

2.2.3 水平型分销渠道关系/共生型分销渠道关系

（1）"共生现象"

水平型分销渠道关系是分销渠道系统的又一新发展。其是指两家或两家以上公司通过联合开发新的市场机会而形成的渠道关系，目的是通过联合发挥资源的协同作用而规避风险。这一关系充分利用合作各方各自的优势与机会，创造 1+1>2 的协同效应。公司间的联合行动可以是暂时性的，也可以是永久性的。

(2) 渠道关系建立的动机

①节省开支。从投资的比较收益角度考虑，如果利用别人现成的项目、人员、技术、机器设备、仓库等要比自己投资兴建划算，就没有必要再投入了。如与某一区域内的运营商，共同修建一座仓库，供所有成员使用，避免重复建设而导致资源浪费。

②协同效应。取长补短，共同开拓市场。

③规避风险。摊子大了，漏洞在所难免，如果管理跟不上，风险就会乘虚而入。

(3) 渠道关系形成并巩固的基础

共生型渠道成员的合作基础比松散型渠道关系的要牢固一些。基础在于以下方面。

①双方必须各自拥有对方所不具备的优势，以己之长求他人之长，避己之短。否则，这种关系即使建立也不会长久。

②双方地位应是平等的，不存在支配与被支配关系。

③合作方有共同的需求。也就是说，是共同的利益使他们成为"同一个战壕的战友"。

2.2.4 复合型分销渠道系统/多渠道分销系统

复合型分销渠道系统是指一个公司建立两条或更多条分销渠道以满足一个或多个顾客细分市场购物需要的做法。例如，康柏公司除了直接向购买者出售个人电脑外，还通过分布较广的电器零售商出售产品。通过增加更多的渠道，公司得到三个好处：首先，可以增加市场覆盖面，公司不断增加渠道是为了获得新的目标市场份额，而单一渠道可能做不到。如公司不仅有面向大客户的网络渠道，服务于大客户，还有面向家庭个人电脑的网络渠道，服务于个人用户。其次，公司通过增加能降低现有客户销售成本的渠道，降低渠道成本。如由原来的人员访问小客户变为电话销售，对小客户的销售成本大大降低。再次，实行顾客定制化销售，公司可以增加其销售特征更适合顾客要求的渠道。如利用技术型推销员销售有技术要求的设备，在为顾客做好服务咨询的基础上，积极地打开了专业设备市场。使用多渠道分销系统最大的优点就是能增加产品的多条渠道服务于目标市场，提高市场占有率，还可以通过选择进入新的细分市场的营销策略，扩大其产品市场空间，以期取得较好的营销效益。但这种渠道系统类型的选择也有其缺点，在引进新的渠道的同时，不可避免地遇到了新渠道与旧渠道不兼容，需要解决更多的冲突和难控制的问题。

七家大商场联合拒售某品牌彩电

1998年，在山东省某市商界掀起了一场轩然大波：七家大商场联合拒售某品牌彩电！商家说："某品牌产品质量差，售后服务跟不上，严重地影响和拖累了商场的声誉和收益。"某品牌说："我们产品的质量和服务均是全国一流的，产品市场占有率高达35%，明年可达45%。"事实真相是某品牌对山东省某地区的各个经销商"政策"不同，其销售政策使这七家商场只能享受微利。商家与某品牌交涉未果，于是就出现了这一"串通"行为。尽管某品牌及时采取了应对措施，但其品牌受到了严重损伤，很多消费者听信了商家的说法，不去购买该品牌彩电，这种情况持续了一个多月。越来越多的制造商感觉到竞争威胁不仅来自行业内部的拼杀、消费潮流的不断变化，更麻烦的是来自于渠道杀手——巨型零售商的挤压。零售商控制渠道的力量来源于以下方面。

① 强大的议价能力。

② 大量订货。

③ 先进的零售管理技术，如条形码、扫描器、电子数据库。

④ 供应商进店需要可供容纳的货架，特别是对好的陈列位置的需求。

⑤ 拥有大批忠实的顾客。

⑥ 在了解顾客需求方面更具优势，因为他们能与顾客进行最直接的接触。

⑦ 凭借所有权或某种技术诀窍。

⑧ 凭借知名品牌，有效地控制渠道上游与下游。

问题：

七家大商场为何联合拒售某品牌彩电？对企业有何借鉴意义？

关系营销

1. 什么是关系营销

所谓关系营销，是把营销活动看成是一个企业与消费者、供应商、分销商、竞争者、政府机构及其他公众发生互动作用的过程，其核心是建立和发展与这些公众的良好关系。

1985年，巴巴拉·本德·杰克逊提出了关系营销的概念，使人们对市场营销理论的研究又迈上了一个新的台阶。关系营销理论一经提出，迅速风靡全球，杰克逊也因此成了美国营销界备受瞩目的人物。巴巴拉·本德·杰克逊为美国著名学者、营销学专家。他对经济和文化都有很深入的研究。科特勒评价说："杰克逊的贡献在于，他使我们了解到关系营销将使公司获得较之其在交易营销中所得到的更多。"

2. 关系营销的本质特征

关系营销的本质特征可以概括为以下几个方面。

① 双向沟通。在关系营销中，沟通应该是双向而非单向的。只有广泛的信息交流和信息共享，才可能使企业赢得各个利益相关者的支持与合作。

② 合作。一般而言，关系有两种基本状态，即对立和合作。只有通过合作才能实现协同，因此合作是"双赢"的基础。

③ 双赢。即关系营销旨在通过合作增加关系各方的利益，而不是通过损害其中一方或多方的利益来增加其他各方的利益。

④ 亲密。关系能否得到稳定和发展，情感因素也起着重要作用。因此关系营销不只是要实现物质利益的互惠，还必须让参与各方能从关系中获得情感的需求满足。

⑤ 控制。关系营销要求建立专门的部门，用以跟踪顾客、分销商、供应商及营销系统中其他参与者的态度，由此了解关系的动态变化，及时采取措施消除关系中的不稳定因素和不利于关系各方利益共同增长因素。

此外，通过有效的信息反馈，也有利于企业及时改进产品和服务，更好地满足市场的需求。

2.3 分销渠道构建开发

在企业的分销渠道管理的活动中，渠道的构建是最重要的活动之一，它是整个渠道管理的最基本的决策。分销渠道的构建是企业在分析渠道环境因素的基础上，以顾客需求为导向，为实现确定的分销目标，对各种备选渠道结构进行评估和选择，从而开发出新型的分销渠道或改进现有的分销渠道的过程。

在详尽分析了影响渠道构建的影响因素的基础上，遵循渠道构建的基本原则进行企业渠道的构建可按照图1-2-2的程序进行。

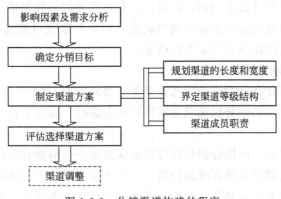

图1-2-2 分销渠道构建的程序

2.3.1 需求分析

设计分销渠道必须首先了解目标消费者希望从渠道系统中得到什么。消费者希望就在附近购买还是到较远的商业中心去购买？他们愿意亲自购买，还是通过电话、邮寄或是网络购买？他们看重产品类型多样化还是专业化？消费者需要大量的增值服务（运送、贷款、维修、安装），还是愿意从别处获得这些服务？运输速度越快，产品类型越多，增值服务越多，渠道的服务水平就越高。所以在构建分销渠道进行需求分析是十分必要的。

分销渠道构建的需求分析是设计一个好的分销渠道的关键所在，要从需求的识别入手，结合企业的发展战略，以消费者的需求为核心来构建企业分销渠道。

2.3.1.1 构建分销渠道计划的需求识别

分销渠道构建通常包括两种：一种是设计全新的渠道结构；另一种是对已有的渠道结构进行再设计。需要构建新的渠道结构基本上有以下几种情况：刚刚建立一个新企业；合并或并购产生一个新企业；企业进军一个全新的市场，比如海尔集团开辟海外市场时必须考虑的渠道结构选择问题。

关于对已有渠道结构进行再设计的时机问题大体分为两种情况：第一种情况是由于企业内部的因素需要调整，比如：企业的战略发生转变时；开发新的产品或产品生产线时，如果现有渠道对新产品不适合，那么就需要设计新的渠道或补充现有渠道结构；将已有产品投放到新定位的目标市场时，对营销组合中的战略调整，如因企业强调低价价格战略，需要把产品转移到平价渠道；根据企业渠道管理中的检查与评估结果，发现需要改进渠道设计。第二种情况是由于企业外部的原因，大概包括以下几种情况。

（1）适应分销商的改变 如果分销商开始强调自己的品牌，那么生产商就可以寻找其他更能积极推介产品的新分销商。在这种情况下，注意区分渠道结构再设计和渠道成员再选择的差异。如果调整只涉及某些同类性质的渠道成员的更换，这仅仅是渠道成员的再选择，而一旦设计渠道等级、渠道成员的类型改变，就属于渠道设计问题。

（2）遇到渠道方面的冲突或面临渠道中其他问题的调整　在某些情况下，矛盾冲突可能很激烈，以至于不改变渠道模式就不可能解决问题；若生产商失去了中间商的支持，就需要设计一个全新的渠道；与中间商沟通困难可能使市场营销者考虑重新设计渠道。

（3）流通经营业态的发展　流通经营业态的发展迫使企业考虑选择更有效的分销商类型。例如，随着城市中大卖场的蓬勃发展，百货零售业态相对萎缩，使得某些商品，像食品、日用消费品必须重新寻找中间商，这时，企业必须考虑调整渠道结构。

（4）面临大环境的改变做出渠道结构的调整　环境的改变可能是有关经济、社会文化、竞争格局、技术进步或法律规定等方面的改变。

2.3.1.2　分销渠道的消费者需求分析

分销渠道的目标是什么？对这个问题许多企业都回答说："把产品卖出去。"实际上，企业进行分销渠道设计时，必须要以确定的销售目标为基础，而这个目标的确定又必须以消费者的服务需求为基础。

渠道的设计始于顾客。市场分销渠道可以被认为是一个消费者价值的传递系统。在这个系统中，每个渠道成员都要为顾客增加价值。一个企业的成功不仅依赖于它自己的行动，而且依赖于它的整个分销渠道与其他企业的分销渠道进行竞争的状况。例如，将福特汽车公司与顾客连接起来的送货系统中就包括几千家经销商。如果竞争者拥有更优越的经销商网络，即便福特公司制造出了最好的汽车，它也有可能输给其他公司。同样的，世界上最好的汽车中间商也可能破产，如果福特汽车公司供应劣质汽车的话。因此一家公司应该设计出一种一体化的分销渠道系统，这一系统能把附加在产品上的高价值传递给顾客。

弄清目标市场上消费者购买什么、在哪里购买和怎样购买，是设计分销渠道的第一步。市场营销人员必须弄清目标消费者需要的服务水平。一般来说，分销渠道提供5种服务。

（1）批量（Lot Size）

批量是分销渠道在购买过程中提供给顾客的单位数量。比如，对于日常生活用品，小工商户喜欢到小仓储商店批量地购买，而普通百姓偏爱到大型超级市场购买。因此，购买批量的差异，要求厂家设计不同的分销渠道。分销渠道销售商品数量的起点越低，表明它所提供的服务水平越高。

（2）等待时间（Waiting Time）

等待时间即渠道的顾客等待收到货物的平均时间。顾客一般喜欢快速交货渠道，快速服务要求一个高的服务产出水平。例如，普通邮件比航空邮件慢，航空邮件又比特快专递慢。消费者往往喜欢反应迅速的渠道，因此企业必须提供服务水平。分销渠道交货越迅速，则收入回报的水平越高。

（3）空间便利（Spatial Convenience）

空间便利是分销渠道为顾客购买产品所提供的方便程度。一般而言，顾客更愿意在附近完成购买行为。显然，顾客购买出行距离长短与渠道网点的密度相关。密度越大，顾客购买的出行距离就越短；反之则长。

（4）产品齐全（Product Variety）

产品品种是分销渠道提供的商品花色品种的宽度。一般来说,顾客喜欢较宽的花色品种,因为这使得实际上满足顾客需要的机会更多。如果不是单一的品牌崇拜者,他们不愿意去专卖店购买服装,而愿意到集众多品牌的服装店或商场购买。分销渠道提供的商品花色品种越多,表明其服务水平越高。

(5) 服务支持 (Service Backup)

服务支持是渠道提供的附加的服务(信贷、交货、安装、修理)。服务支持越强,表明渠道提供的服务工作越多。消费者对不同的商品有不同的售后服务支持的要求,分销渠道的不同也会产生不同的售后服务水平。

分销渠道设计者必须了解目标顾客需要的服务支持。提供更多更好的服务意味着渠道开支的增大和消费者所支付价格的上升。例如,日本的分销商,在零售技巧、商品陈列等方面花大力气,使商品的出厂价和零售价差距很大。折扣商店的流行表明,许多消费者更愿意接受较低水平的服务带来的低价格。然而,还是有不少企业坚持提供高水平服务。

2.3.2 确定目标

分销渠道设计人员在选择具体的分销渠道模式时,无论出于何种考虑,从何处着手,一般都应遵循一定的原则,在此基础上考虑毕竟所有的渠道参与者在该渠道中是一个有机结合起来的经济共同体,有着共同的目的就是获取各自所需的盈利和投资收益,所以应确定分销渠道的目标,在目标的指引下实现各自的目的。

从生产商的角度出发,构架分销渠道设计的目标就是为了实现企业的分销目标。具体地表现在市场覆盖率和分销密度、渠道灵活性、渠道控制度3个方面。

(1) 市场覆盖率和分销密度

市场覆盖率和分销密度是由生产商根据本企业市场定位来决定的。有三种市场覆盖水平可供战略制定者选择:①密集分销。密集分销是指在尽可能多的地点分销产品,它与总成本领先战略或目标市场的重点放在追求低价和便利的消费群的战略相匹配。②选择性分销。选择性分销是指在有限的地点分销产品,它与差异化战略相匹配。③排他性分销。即只在非常少的地点分销其产品,它通常与集中战略相匹配。

(2) 渠道灵活性

渠道灵活性是指渠道的结构易于变化的程度,这对新产品的市场尤为重要。发展分销渠道必然要在渠道各成员之间形成某种程度的协议或许诺,这些协议是为了确保渠道的稳定性,增进彼此间的信任,但是当市场竞争环境发生变化时,渠道内部也要进行分化和重组,以往的协议便成为内部改革的主要障碍。所以,在分销渠道设计一开始便要考虑渠道的灵活性。有些行业如新兴产品行业由于产品与市场发展均不成熟,面临的市场竞争环境具有不确定性,灵活性更是其分销渠道设计重要的目标。

(3) 渠道控制度

渠道控制度是指企业需要保持对分销行为进行控制的程度。控制度是渠道设计目标之一。为了实现企业的经营目标,生产商经常需要控制中间商以促使其更努力推销商品和提高服务质量。中间商则希望控制生产商以保证供货来源和产品质量的改善以及供货价格的降低。

总而言之,分销渠道设计在构架时的目标是确保形成的渠道结构能产生适合市场定位的市场覆盖率，并确保生产商对渠道的适度控制和具有一定的灵活性，以便生产商进行更换和调整，从而实现营销目标。

2.3.3 制定渠道方案

企业确定了分销渠道目标后，就要考虑选择什么样的渠道来实现这些目标。

而这方面的工作就包括影响渠道构建的主要因素分析、渠道的长度和宽度的确定、如何界定渠道的等级结构、渠道成员的职责分工。

2.3.3.1 影响渠道设计的主要因素分析

分销渠道设计的影响因素有产品因素、市场因素、消费者因素、企业自身因素、环境因素、中间商因素等，具体各因素内容参见2.1。

2.3.3.2 规划渠道的长度和宽度

（1）渠道的长度规划

分销渠道长度（图1-2-3），是指产品从制造商手中转移至消费者手中所经过的中间环节的多少。如图1-2-3所示，环节越多，表明渠道越长；反之则越短。分销渠道长度有四种类型。

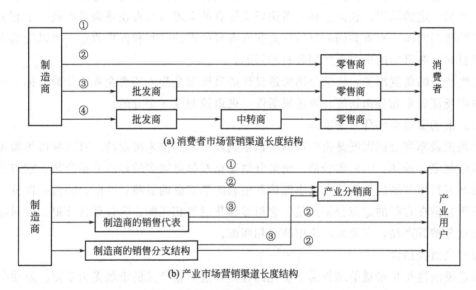

图1-2-3 营销渠道长度结构/两种不同类型产品的分销渠道

注：①—零级渠道；②——级渠道；③—二级渠道；④—三级渠道

① 零级渠道

a. 零级渠道的含义

零级渠道又叫直接渠道、短渠道，指生产制造企业直接将产品销售给最终购买者，没有其他中间环节的参与。直接营销渠道的基本特点是销售的一次性，即产品从生产商到消费者和最终用户之间的销售活动，仅仅只有一次。其中包括这样几个特点。

分销渠道上只有处于起点的生产商和终点的用户，没有中间商环节。所以我们又称之为零层营销渠道。商品在销售到消费者和最终用户之前，商品所有权属于生产商。商品所有权从生产商直接转移到消费者或最终用户，仅发生一次所有权转移便完成流通。消费者所获得商品的价值基本上全部来自生产商或者生产性活动，因而生产商获得全部的销售收入和利润。商品的销售者同时也是生产者，具有双重身份。

把商品直接销售给消费者或最终用户的人员是生产商的派出人员或者说是生产商的销售代表。这些人受雇于生产商，不具备独立商人的资格，也不是以消费者或者代理人的身份出现。

b. 零级渠道的形式

直接渠道有三种主要形式：直接销售（Direct Selling）、直复营销（Direct Marketing）和厂家自办店（Manufacturer-Owned Stores）。前二者是无店铺的直接渠道，厂家自办店则是有店铺的直接渠道。

这里要特别注意的是：直接销售和直复营销只是两种销售形式，它们只有被制造商开办和使用时，才能称之为直接渠道。这两种形式大家已很熟悉，而厂家自办店接触较少。

c. 直接（零级）渠道的利弊

直接渠道一直延续到现在，具有其内在的优势，是其他分销渠道方式不可替代的。这种优势主要表现在：直销渠道实现了生产与消费两者的紧密结合，使得两者之间的相互理解和依赖关系得到了最有效的实现。与间接销售相比，在直销方式下，生产者与消费者之间的陌生、隔阂乃至矛盾（如时间矛盾、空间矛盾、品种与数量矛盾、价格矛盾、产品设计与实际需求的矛盾、信息隔阂等），由于生产者与消费一方的直接接触，都能很好地减轻和化解。直接渠道有助于企业更好地按照顾客的需求提供产品和服务，并与顾客建立起更为密切而牢靠的关系。

直接渠道对企业显而易见的好处有以下几点。

它免去了层层加价、多次倒手、多次搬运等环节，有利于降低营销成本和售价，提高产品的竞争能力。

生产者与使用者、消费者直接接触，既有利于改进产品和服务，也便于控制价格。例如，海尔电器公司在四川的直销店人员向公司反映，当地农民喜欢用洗衣机洗红薯上的泥沙，根据这一信息，海尔迅速设计出排沙能力强的洗衣机专门投放四川市场，受到了农民消费者的欢迎与好评。海尔在顾客心目中树立了为顾客着想、真诚到永远的良好形象。

使人们有可能获得技术性强的销售服务。

回款迅速，加快了企业资金的周转。

当然，这并不是说任何企业在任何情况下，采用直接渠道都是最佳的选择。一般来说，企业考虑是否进行直接营销，主要取决于生产与消费在时间、空间、数量上矛盾的大小与企业解决上述矛盾的能力。如果产销矛盾不大，企业能够自行解决，或者自行解决上述矛盾所需的费用不太大，则可考虑采用直接营销渠道来完成商品销售。但是，如果不是这样，采用直接渠道则可能带来负面效应。包括：由于一切流通职能均由生产者承担，增加了资金占用时间和流通费用；生产者承担全部市场营销风险，无法由中间商分担；由于消费者居住分散，购买数量零星，因而单凭企业自己的力量，不借助中间商，无法使产品接触到广大消费者。但是，在间接销售方式下，这些负面因素都可以在一定程度上得到克服。由此看来，直接渠道与间接渠道的优缺点是相互补充的。分销经理应当根据所面临的市场形势和自身的条件，在直销渠道与间接分销渠道之间进行合理选择或者综合运用。

② 间接渠道

一级、二级、三级渠道又叫间接渠道、长渠道。指制造商通过中间商转移产品的渠道类型。

一级渠道指生产制造企业通过一级中间商将产品转移至消费者或用户手中。在消费品市场，这个中间商通常是零售商；而在工业品市场，则通常是销售代理商。

二级渠道指生产制造企业通过二级中间商将产品转移至消费者或用户手中。在消费品市场，它们通常是批发商和零售商；而在工业品市场，则通常是代理商和批发商。

三级渠道指生产制造企业通过三级中间商将产品转移至消费者或用户手中。一些消费面宽的日用品，需要大量的零售机构分销，其中许多小型零售商通常不是大型批发商的服务对象，对此，有必要在批发商和零售商之间增加一级专业性经销商，为小型零售商服务。

下面看表 1-2-1 对长渠道和短渠道的比较。

表 1-2-1　长渠道与短渠道比较

渠道类型	优点及适用范围	缺点及基本要求
长渠道	适合大量消费的日常品销售；市场覆盖面广；适合市场延伸较长渠道的需要；厂商可以利用中间商的丰富资源，广布网点	厂商对渠道的控制程度较低；产品的流通成本较高，价格难有竞争力；对渠道成员管理的难度较大
短渠道	适应于专用品、时尚品、鲜活产品和顾客较集中的市场区域；厂商对渠道的控制度较高；流通成本较低	厂商要承担大部分或全部渠道的职能，必须有实力才行；市场的延伸力度有限，覆盖面较窄

(2) 渠道的宽度规划

渠道宽度，是指同一渠道层次上经销某种产品的批发商、零售商、代理商的数量的多少。渠道宽窄取决于渠道的每个环节中使用同类型中间商数目的多少。企业使用的同类中间商多，产品在市场上的分销面广，称为宽渠道。如一般的日用消费品（毛巾、牙刷、暖水瓶等），由多家批发商经销，又转卖给更多的零售商，能大量接触消费者，大批量地销售产品；反之，企业使用的同类中间商少，分销渠道窄，称为窄渠道，它一般适用于专业性强的产品，或贵重耐用的消费品，由一家中间商统包，几家经销。它使生产企业容易控制分销，但市场分销面受到限制。分销渠道的宽窄是相对而言的。受产品性质、市场特征和企业分销战略等因素的影响，分销渠道的宽度结构大致有以下三种类型。

① 独家性分销

独家性分销是指企业在目标市场上或目标市场的一部分地区内，仅指定一家中间商经营其产品。独家分销渠道是窄渠道。

独家性分销的优点是：中间商能获得企业给定的产品的优惠价格，不能再代销其他竞争性的相关产品。对于独家经销商而言，经营有名气的企业产品，可凭名牌产品树立自己在市场上的声望和地位，同时可获得制造商广泛的支持。所以能提高中间商的积极性。对于企业而言，易于控制产品的零售价格；易取得独家经销商的合作。

独家性分销的缺点是：因缺乏竞争，顾客的满意度可能会受到影响；经销商对制造商的反控力较强。此种模式适用于技术含量较高，需要售后服务的专用产品的分销，如机械产品、耐用消费品、特殊商品等。具体而言，如新型汽车、大型家电、某种品牌的时装。例如，东芝在进入美国市场的早期，将 80%的产品交给史勒伯百货连锁店销售。

② 密集性分销

密集性分销也称广泛性分销，是指在同一层次上使用较多的中间商，即：凡符合厂家最低要求的中间商均可参与分销。一般来说,产品的分销密度越大,销售的潜力也就越大。密集性分销是宽渠道。

该种分销的优点是:市场覆盖率高、便利顾客。

该种分销的缺点是:市场竞争激烈,价格竞争激烈,导致市场混乱,有时会破坏厂家的营销意图;渠道的管理成本(包括经销商的培训、分销系统支持、交易沟通网络的建设等费用)很高。

③ 选择性分销

选择性分销是指在同一层次上或一定区域内,精选少数符合要求的中间商,经销本企业的产品,即:从入围者中选择一部分作为经销商。选择性分销渠道通常由实力较强的中间商组成,能有效地维护制造商品牌信誉,建立稳定的市场和竞争优势。这类渠道多为消费品中的选购品和特殊品、工业品中的零配件等。选择性分销是中宽度渠道。

该种分销的优点是:比密集性分销能取得经销商更大的支持,同时又比独家分销能够给消费者购物带来更大的方便,一般来说,消费品中的选购品和特殊品适宜采用选择性分销。

选择性分销的缺点是:分销商的竞争较独家性分销时激烈,而且选择符合要求的中间商较困难。消费者和用户在选购商品时会进行商品的比较,所以没有密集性分销那么方便顾客。

表 1-2-2 是对分销渠道宽度进行的利弊分析。

表 1-2-2 分销渠道宽度利弊分析

渠道宽度结构	利	弊
密集性分销渠道(宽渠道)	市场覆盖面大,扩展市场迅速 顾客接触率高,提升销售业绩 分销支持度强,充分利用中间商	厂商控制渠道较难 厂商需要花费大量的费用 分销商竞争会异常激烈 分销、促销不专一
选择性分销渠道(中宽渠道)	控制渠道较易 市场覆盖面较大 顾客接触率较高	分销商竞争较激烈 选择中间商难
独家分销渠道(窄渠道)	控制渠道容易 分销商竞争程度低 促销费用省	市场覆盖面小 顾客接触率低 过分依赖中间商

(3) 渠道的广度规划

分销渠道广度,是指生产制造企业选择渠道条数的多少。条数单一(生产制造企业仅利用一条渠道进行某种产品的分销),表明营销渠道窄。条数多,表明营销渠道广。两条和两条以上的渠道又称多渠道组合。

① 多渠道组合的主要类型

集中型组合方式。在单一产品市场组合多条分销渠道,这些渠道互相重叠,彼此竞争。如某公司在个人消费者和小公司的现货、大规模定制市场采取了无差异的人员推销、电话营销、网上分销 3 种渠道形式,如图 1-2-4 所示。

选择型组合方式。对产品市场进行细分,对不同的市场选择不同的分销渠道,这些渠道互不重叠,也不彼此竞争。如公司将市场分割为个人消费者的现货购买、小公司的大规模定

图 1-2-4　集中型组合方式

制和大公司的独特解决方案 3 个子市场，分别采用网上分销、电话分销和无差异的人员推销 3 种方式，各负其责，互不干扰，如图 1-2-5 所示。

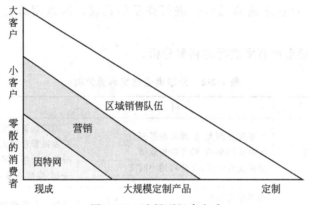

图 1-2-5　选择型组合方式

混合型组合方式。综合运用了集中型和选择型两种组合方式。一般的情况是选择型单一渠道用于某种优先权市场，集中型渠道用于较大规模的市场。如英国航空公司业务拓展的多条渠道组合，对于大型业务活动的客户服务由人员推销单一渠道去开拓；对于团体业务中的订票、度假规划经营，则采用了旅行社、因特网、电话营销、旅游商店等多条渠道组合的方式；对于个体旅游者也采用的是因特网、电话营销、旅游商店等多条渠道的组合，如图 1-2-6 所示。

② 广渠道的利弊分析

广渠道具有以下优势。

a. 增加市场覆盖面。如增加乡村代理商开拓农村市场。

b. 降低渠道成本。如增加新渠道节省了费用。弗里德曼等认为，混合型渠道可以使企业的销售成本降低 20%～30%。

c. 更好地满足顾客的需要。如使用专业推销员销售复杂的设备。

d. 提高产品交易量。不少企业销售量的 70%～80% 是由两三条渠道实现的。

广渠道的不利之处主要有两个方面。

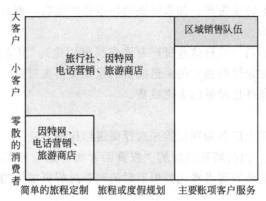

图 1-2-6　混合型组合方式（以英国航空公司为例）

  a. 两条以上渠道对准一个细分市场时，容易产生渠道冲突。
  b. 新渠道独立性较强，合作困难，不易控制。

2.3.3.3　渠道系统组织模式规划分析

在对渠道的长度、宽度及广度进行规划的同时，还应明确任何一条分销渠道都包括若干成员，这些成员像接力赛一样，完成商品的传递过程，而这些成员的关系状况就表现为分销渠道的系统。分销渠道成员相互之间的紧密程度该构建成什么样的模式，也是值得渠道构建者认真分析的。

具体内容见 2.2 渠道成员关系的构建。

2.3.4　评价和选择最佳渠道的方法

2.3.4.1　财务评价法

财务法：影响渠道结构选择的一个最重要的变量是财务。因此，选择一个合适的渠道结构类似于资本预算的一种投资决策。这种决策包括比较使用不同的渠道结构所要求的资本成本，以得出的资本收益来决定能获得最大利润的渠道。并且用于分销的资本同样要与使用这笔资金的制造商自营相比较。除非公司能够获得的收益大于投入的资本成本，而且大于将该笔资金用于制造商机的收益，否则应该考虑由中间商来完成分销功能。

此方法很好地突出了财务变量对渠道结构的选择作用。而且，鉴于渠道结构决策往往是长期的，因而这种考虑更有价值。但是，应用这种方法的主要困难在于渠道决策制定过程中的可操作性不大。即使不考虑使用的投资方式（比如简单的回报率，或者更精确的贴现现金流量方式），要计算不同的渠道结构可产生的未来利润以及精确的成本也是非常困难的，因此这种用于选择渠道的财务投资方法在广泛使用前，应该等待更合适的预测收益方式的产生。

2.3.4.2　成本评价法

交易成本分析方法（TCA）的经济基础是：成本最低的结构就是最适当的分销结构。关键就是找出渠道结构对交易成本的影响。因此，TCA 的焦点在于公司要达到其分销任务而进行的必需的交易成本耗费。交易成本主要是指分销中活动的成本，如获取信息、进行谈判、监测经营以及其他有关的操作任务的成本。

为了达成交易，需要特定的交易资产。这些资产是实现分销任务所必需的，包括有形与无形资产。无形资产，指为销售某个产品而需要的专门的知识和销售技巧，销售点的有形展示物品、设备则是有形的特定资产。如果需要的特定资产很高，那么公司就应该倾向选择一个垂直一体化的渠道结构。

如果特定交易成本不高（或许这些资产有许多其他用途），制造商就不必担心将它们分配给独立的渠道人员。如果这些独立的渠道成员的索要变得太过分，那么可以非常容易地将这些资产转给那些索要条件比较低的渠道成员。

2.3.4.3 经验评价法

经验法是指依靠管理上的判断和经验来选择渠道结构的方法。

① 权重因素记分法。由科特勒提出的"权重因素法"是一种更精确的选择渠道结构的直接定性方法。这种方法使管理者在选择渠道时的判断过程更加结构化和定量化。这一方法包括5个基本步骤。

　　a. 明确地列出渠道选择的决定因素；
　　b. 以百分比形式列举每个决策因素的权重，以准确反映它们的相关重要性；
　　c. 每个渠道选择依每个决策因素按1~10的分数打分；
　　d. 通过权重与因素分数相乘得出每个渠道选择的总权重因素分数（总分）；
　　e. 将备选的渠道结构总分排序，获得最高分的渠道选择方案即为最佳选择。

② 直接定性判定法。在进行渠道选择的实践中，这种定性的方法是最粗糙但同时是最常用的方法。使用这种方法时，管理人员根据他们认为比较重要的决策因素对结构选择的变量进行评估。这些因素包括短期与长期的成本以及利润、渠道控制问题、长期增长潜力以及许多其他的因素。有时这些决策因素并没有被明确界定，它们的相关重要性也没有被清楚界定。然而，从管理层的角度看，选出的方案是最适合决策因素的内、外在变量。

③ 分销成本比较法。此方法可估计不同的销售渠道的成本及收益，并通过这些数字对比获得成本低、收益大的渠道结构。比如，一家公司在进入一个中等城市市场之前，对比采用两种不同渠道结构的成本和收益：直销的渠道结构与使用一级分销商的渠道结构。假设对这个城市的市场潜力估计为拥有潜在顾客6000个单位，公司要求每个销售代表每两周必须拜访一位家庭顾客，提供帮助和支持服务。

假设每名销售代表每周工作5天，同时假设每名销售人员平均每天能拜访6家客户，这就意味着一个工作周期（两个星期）中每名销售人员能拜访60位客人［周拜访顾客数＝(30×2)人］。在这种情况下，该公司在该市总共需要100名销售人员为本市所有的顾客提供服务。那么，其每个月的直销成本估计如表1-2-3 所示。

表1-2-3　每月销售成本表　　　　　　　　　　　　　　　　单位：元

成本项目	每月成本估计值
100名销售人员每人工资每月1000元	100000
划分4个地区，每个地区1名销售经理，其工资为每月4000元	16000
仓库及办公人员、存货、存货利息及其他管理费用	50000
每月直销的总成本	166000

假设销售毛利为30%，抵消这些费用，需要每月销售额达到：

$$166000 \div 0.30 = 553333(元)$$

也就是说，553333元是公司的月销售额目标。

现在,来看看采用一级分销商的渠道结构的成本发生情况。假设公司提供给分销商 3 种可供选择的毛利:20%、15%、10%,在同样的销售额目标下,采用分销渠道结构的费用如下。

如果毛利为 20%,分销费用为 533333×0.20 元=110667 元
如果毛利为 15%,分销费用为 533333×0.15 元=83000 元
如果毛利为 10%,分销费用为 533333×0.10 元=55333 元
直销与分销成本的比较如表 1-2-4 所示。

表 1-2-4 直销与分销成本比较表

	20%的销售毛利	15%的销售毛利	10%的销售毛利
直销	166000	166000	166000
分销	110667	83000	55333
成本之差	55333	83000	110667

从比较可知,对于这家公司而言,分销的成本小于直销的成本,提供给分销商 10%的销售毛利节约的成本最大,而且公司收益最大。

经验法也使得渠道设计者能将非财务标准与渠道选择相结合。非财务标准,对特定渠道的控制程度及渠道的信誉等可能是非常重要的因素。在直接量化决策方法中,这些因素都是很含蓄的,而在权重和因素分数中,控制程度及信誉可作为明确的决策因素并且通过高权重表示其相对重要性。即使在分销成本方法中,非财务因素,如控制程度和信誉只能通过经验作出判断。

2.3.5 渠道调整

该内容在项目 2 任务 2 中"3. 分销渠道调整与完善"中详细介绍。

中国"阿袍":渠道策略

中国的阿拉伯服装从介绍到海湾市场,到占领市场、巩固市场,以致最后几乎垄断市场,固然有几种因素,但是从市场营销角度看,制定有效的渠道策略,合理地选择了可靠的代理商,是最重要的决策之一。

那么"阿袍"出口的销售渠道应当怎样选择呢?这要从海湾市场的环境特点说起。海湾地区,一般是指科威特、沙特阿拉伯、巴林、阿拉伯联合酋长国、卡塔尔和阿曼 6 个国家。海湾市场具有以下特点:①政治、法律方面:它们都是实行君主立宪制,并带有浓厚的宗教色彩。这种一致性决定了这一地区的国家在社会文化、风俗习惯上基本相同。②经济方面:这些国家都是以石油为主的单一经济,由于 20 世纪 60 年代以后石油大幅度提价,国家财富剧增;人民的吃、穿、用几乎全靠进口。③人口方面:六国人口稀少,总计只有 1000 多万人,但是人均收入比较高,购买力强,是一个有潜力的消费群体,因而形成人们道德观和价值观的一致性,连服装也基本相同,"阿袍"成为男子的标准服装。④商业方面:经商已成为该地区人们的主要经济活动,并形成了海湾地区阿拉伯人的传统和习惯。这里关税很低(一般为 4%)或无关税(如食品),商品可以互相转口;经商者大多缺乏国际贸易经验,

经营范围又缺乏严格分工，因此很难管理。⑤竞争方面：这一地区收入较高，需求潜力大，商业发达，同时世界各国贸易界人士都竭力打入该市场，加之商品在各国之间的相互转口，致使这一地区市场竞争十分激烈。

上述市场环境可以概括为：需求统一，潜力巨大，市场分散，竞争激烈。在这种情况下，中国"阿袍"要进入这一市场最好的办法就是寻求一家有能力的商户作为海湾地区的总代理，由总代理在整个地区对产品进行分销。这样，不仅可以避免我国各公司之间的盲目竞争和海湾地区各国商人之间的竞争，还可以通过总代理对出口市场加强管理，使出口商品获得稳步发展。

在海湾市场的特定环境下，阿尔珠玛公司是比较理想的代理商。它具备以下5个良好的条件：①资本雄厚。阿尔珠玛公司的负责人是科威特某大银行的董事长，是科威特深孚众望的人物。这家公司与国际金融界有广泛联系，在海湾地区和其他国家从事金融和投资业务，因此在海湾地区也颇具声望。②经营能力强。这家公司设有专人负责这项工作，部门经理也投入大部分精力。他们在海湾各国设立分支机构，建立广泛销售网；经常进行市场调查，了解消费者的需求；经常就面料、款式、规格、价格、贸易方式等提出建议；并在报纸、杂志刊登广告、进行宣传等。这些经营能力，是中国"阿袍"在海湾地区销售量剧增的重要因素。③客户关系广。阿尔珠玛公司不仅在科威特拥有自己国家的客户网，而且在沙特、巴林、阿联酋等国设有自己的办事机构或分代理，已经初步形成了自己的销售网。④商业信誉好。阿尔珠玛公司很重视公司声誉，在经营活动中重合同、守信用。他们在签约时比较慎重，订货前广泛走访客户，了解市场需求，因此提出的订单比较切合实际。业务中发生问题，善于通过友好协商途径合理解决。⑤友好合作。阿尔珠玛公司与中国纺织品进出口总公司，在合作中能做到相互信任，共同发展。例如，中方公司派出多名人员，驻在阿尔珠玛公司协助开展工作；阿尔珠玛公司的总经理和纺织品部经理，也经常来中国洽谈业务。与中方公司负责人交流市场情况，共同研究扩大和巩固市场的策略，并且经常提供海湾市场动态、竞争者的产品和价格等，以便采取相应竞争措施。阿尔珠玛公司与中方公司密切配合，友好合作，在海湾地区击败了国际竞争的多次进攻，使中国"阿袍"牢牢地占领了市场。

问题：

(1) 中国的"阿袍"是怎样设计其销售渠道的？它销售成功主要归功于什么？

(2) 请以你所熟悉的一个企业为例，阐述企业怎样做才能建立"理想"的销售网络？

逆向重构渠道布局策略——分销渠道的逆向重构法

一、分销渠道的逆向重构的含义及方法

"逆向"的含义就是：建设渠道的顺序和传统建设渠道顺序相反。渠道的逆向重构策略，是指企业不按先向总经销商推销产品，再由总经销商向二级批发商等推销这种"顺向"的顺序，而是反方向从渠道的底部基础层开始工作，先向零售商推销产品，当产品销售量达到一定数量后，小型配送批发商会被调动起来，主动要求经销该产品，接着是二级经销商、总经销商，因为产品销售量的扩大和价格稳定使经营产品变得有利可图，经营规模较大的经销商纷纷加入到制造商的渠道体系。这样，一层层逆向建设渠道结构的体系就完成了。

制造商不按照原来市场旧的渠道结构来设计自己的渠道结构（这种旧的结构是经营同类竞争产品形成的），而是按照自己设定的分销目标和计划，对渠道成员进行重新布点和分配，使流通渠道达到高效率、低成本的状态，这就是"重构"的含义。

渠道的逆向重构策略是在营销组合中创造差异化的竞争策略，是为了适应目前市场环境而产生的一种竞争策略。现在多数消费品企业——特别是新企业、新产品进入市场时，面临的最大难题不是最终消费者对商品的排斥，而是市场领先者和经销商结成的利益同盟对新进入者的排斥。对经销商而言，承接新产品必须承担经营失败的风险，所以经销商会抬高市场进入门槛，提出"市场准入"的条件，如赊销、货款铺垫、宣传促销、降价、退货和不得供应给其他经销商等条件。答应这些条件企业像"戴着脚镣跳舞"，不答应这些条件又难以获得经销商——特别是经营规模大的经销商的支持，很多新企业、新产品的失败就在于此。相反，消费者并没有强烈拒绝新产品的意愿，距离消费者越近的流通环节，消费者越认同新产品，他们总是需要更多创新的产品。另外，小型的批发商不是市场先入产品的既得利益获得者，他们对新产品的热情较高，要求的"市场准入"条件也很低。所以制造商的渠道建设可以最先从这些层面开展突破工作，以向零售环节直接供应产品的中间商为突破点，然后再选择、诱惑更高层次的经销商加入，最后形成完整的流通体系。

二、运用渠道逆向重构法应遵循的原则

渠道的逆向重构作为一种渠道创新思路，它包含了以下一些原则。

原则一：控制零售终端做到"随手可得"。

渠道的最终目的是将产品在消费者需要的地方、需要的时间送到需要的消费者手中，所以成功的渠道策略就是对消费者 JIT 式（Just In Time，即时式）的服务。如日用消费品主要通过零售商向消费者销售，制造商应该通过渠道支持、服务零售终端，实现如可口可乐公司提出的"随手可得"的零售覆盖目标，让消费者能随时买得到、买得起。

原则二：拓展渠道宽度以增加流量。

要建立一个完整的分销渠道，必须要有一个宽大的基础层——一定数量的同样功能和作用的经销商。在中心城市，根据市场的需要进行渠道布点工作，一方面，所选择的属于基础层的经销商在分布上要有一定的密度，能覆盖目标市场区域。另一方面，在同一区域的经销商本身又可以进行分工，除了向零售店供应产品的批发配送商外，有些渠道对百货商店有较强的供货能力，有些渠道又专门做连锁超市的供应工作，而大型卖场如"家乐福"、"好又多"、"沃尔玛"则会接受制造商的供货。制造商通过建立这样一个有"宽度"的批发配送商的渠道层面来支撑渠道，向目标零售终端供应产品，并且把产品呈现给目标消费者。

原则三：动态循环的渠道改变"富人游戏"规则。

在传统的渠道建立方法中，制造商在选定了总经销商或代理商后，总是致力于用广告投入和促销活动唤起消费者的消费欲望，以拉动市场需求，力求让消费者在零售终端表现消费需求，传递给零售商相关需求信息，零售商则根据需求信息去寻求相关产品，然后从批发市场进货，从而使产品在渠道中流动起来，即产品实物流、所有权流、付款流、信息流和促销流的循环形成，整个渠道开始正常运转。

这种靠广告拉动市场的原理就像游泳池排水一样，不管游泳池有多大，形状是什么样子，只要在游泳池的最底部开出排水口，游泳池的水就会最终流出来。这被称为市场推广"拉"的策略。但是有人片面相信好的和大量的广告就是渠道循环的原动力，会最终带动渠道各环节运转起来。

而渠道的逆向重构策略要求企业将产品转移给消费者并回收资金的循环，是从企业一开始进入市场就建立起来的。制造商向零售商供货或者向能控制零售商的批发配送环节供货，使产品能很快地在零售终端展示，这样产品被消费者购买的可能性立刻增加，而不是等待产品的广告效应出来后才被消费者重视，由此制造商实现销售的机会提高了。逆向重构策略要求围绕零售终端进行产品销售，从小规模循环开始，由积累带动整个流通大规模循环的形成，在动态的循环中和产品的广告策略配合，成为品牌推广的一部分，而不能等待营销组合其他几个"P"来解决问题。

原则四：有弹性的渠道控制以适应新的市场变化。

逆向重构策略弹性控制原则，要求渠道体系可随竞争情况压缩渠道环节以提高竞争力。渠道长，产品流通环节多，一旦某个环节出了问题，渠道调整见效慢，不利于市场竞争；渠道短，产品流通环节少，一旦某个环节出现问题，渠道调整见效快，市场竞争力相对较强。渠道究竟是长好还是短好，要随市场竞争情况适度、适时调控。为了保持竞争优势，必须对渠道体系有弹性地控制，并不是选择了一级经销商或者总经销商就等于渠道的逆向重构走完了，企业还需要协助大经销商做好下一级经销商的分销产品工作，保持对各层面一定数量经销商的控制，特别是控制好基础层面——零售终端的批发配送商层面，要和这一层面的经销商保持长期的客户关系，它是整个渠道结构的基础。在竞争趋于激烈的时候，企业要对多环节的渠道进行压缩，减少流通层次，缩短渠道长度，使其变为短而粗的渠道结构。同时企业必须回到加固基础层面的工作上来，制定鼓励这个渠道层面的政策，通过对批发配送商层面的控制，加强对零售终端的控制，以掌握市场竞争的关键点。

原则五：用"中心城市，周边取量"的方法达到规模经营。

渠道的逆向重构策略要求在中心城市实施较为密集的渠道策略，以使产品获得较高的市场占有率和较好的品牌认同感。中心城市的消费潮流会带动周边城市的消费潮流。这在中国内地市场表现得尤为明显，产品在中心城市的市场占有率越高，越有利于产品物流向周边卫星城市辐射。从销售系统成熟后产品实现销售的情况看，中心城市的销售额在整体销售额中只占到20%，而周边市场却占到80%，有的产品达到1:9的比例。每个企业在其市场拓展计划中都把中心城市作为必争之地，一旦在中心城市取得成功，就可能占领这个省的其他市场，所以制造商对中心城市的投入会大大高于其他地区。

这种"中心城市，周边取量"的原理，究其内在原因，除了品牌在中心城市树立起到很大消费带动作用外，流通上的影响也是重要因素。一种产品在中心城市的市场占有率提高，参与经营的批发商就增多，会导致产品发生"通货"现象——产品具体的形态和作用在经销商眼里已经不重要，重要的是这种产品没有经营风险，不是"死货"，对这种产品的持有和货币的持有一样，在经销商之间可以作为交换货物的中介，作为一定程度上的通货来使用。只要厂家的价格体系稳定，产品的保质期较长，它就能像货币一样流通，特别是销售旺季商家现金紧张的时候以货易货情况更多。当商家把产品看作钱而不是货物的时候，货的流通能量加强，流通的辐射能力也加强，这时候，应该抓住时机，将"周边取量"的效果进一步强化。

课后小结 ▶▶▶

在任务 2 分销渠道的构建开发中,我们通过 3 个方面的学习,了解和掌握了以下内容:

_____

_____

_____

思考与分析 ▶▶▶

1. 简述分销渠道构建的影响因素有哪些?
2. 什么是关系营销,其本质特征有哪些?
3. 分销渠道中的成员关系都可以构建成哪些类型?
4. 构建分销渠道应该如何去操作?
5. 企业怎样才能保持自己在分销渠道上的竞争优势?
6. 试结合实际,分析日用消费品的特点及分销渠道的设计过程。
7. 在消费品市场或工业市场中选出一种你感兴趣的产品,并判断一下,你能否根据以下三个方面找出此产品的渠道结构:①该产品经过的层次数。②分销密度。③销售该产品的中间商种类。它为什么要以该方式进行分销?它能否通过其他渠道结构进行更合理的分销?

实训操作 ▶▶▶

【实训操作名称】

构建企业分销渠道

【实训操作目的】

通过为熟悉的产品设计构建分销渠道,使学生在构建渠道的过程中,深入地了解企业设计渠道时考量的因素及分销渠道都有哪些体系可供企业选择,企业选择的依据又主要是什么。提升学生构建渠道的动手能力。

【实训操作要求】

1. 以先前实训时的组别为依据,每组选组长一人。
2. 在规定的时间内完成该公司产品的分销渠道设计方案。
3. 上述相关内容的呈现以 PPT 形式,并由组员进行具体说明。
4. 上述相关内容资料整理采用 Word 文档形式、汇报呈现以 PPT 形式,并由组员进行详细讲解及说明。

【实训评分标准】

任务 2 实训成绩 100 分

＝操作表现 40 分(第 1 项)＋汇报 20 分(第 2 项)＋内容 40 分(第 3 项)

第 1 项:规定时间内,小组成员讨论表现,协调分工任务分配是否合理(40%);

第 2 项:组员 PPT 汇报情况(20%);

第 3 项:PPT 内容的完整及合理性(40%)。

【实训评分方式】

采用组内成员互评与教师打分相结合的方式,学生互评与教师打分分值所占比例分别为30%、70%。

【可展示成果】

1. 整理完整的 Word 文档;
2. 内容合理完整的 PPT。

项目二
分销渠道的维护管理

📖 项目二认识

　　项目 2 分销渠道的维护管理包括 6 个任务，任务 1 是对分销渠道费用及账款的管理，任务 2 是对分销渠道如何进行绩效评估，任务 3 是对分销渠道如何进行激励，任务 4 是对于渠道冲突的管理，任务 5 是经销商的选择与维护管理，任务 6 对于终端如何进行维护管理。通过这 6 个任务的学习，使学生了解分销渠道维护管理的内容，以及采取何种方式进行有效的管理，培养学生的动手操作能力，为以后走上工作岗位提供良好的理论知识和实际操作的技能。

任务 1 分销渠道的费用及账款管理

学习目标

【知识目标】

理解分销渠道中的成员该如何保持自己在渠道中的权力，认识分销渠道中的费用有哪些。

【技能目标】

能知道分销渠道中的费用是如何产生的，会预防应收账款的发生并对其进行有效的管理。

【素质目标】

通过学生对分销渠道费用及账款的管理的思考，引发他们对应收账款的成因及危害的认知，培养学生对企业分销渠道中的应收账款进行有效的预防和管理，使学生会应对应收账款，能用适当的方法管理账款。

案例导入

某大型超市触怒供货商

某大型连锁超市自从在深圳开设分店以来，颇受消费者的青睐。然而，众多的供货商却对它的一些市场策略大为不满。冲突的症结在于：该超市对供货商的盘剥过多。

1998年新春刚过，一位口香糖供货商收到来自该超市分店的传真："为了今后双方更好地合作，超市南区杂货处商品部定于3月中旬之前完成合同续签工作，过时而未能续签者，我部将被迫终止与其的生意往来。"这份传真开列了如下合作基本条件：供货价下浮5%；销售额中的2%为无条件退佣；四个节假日（元旦、春节、五一、国庆）节庆费各1000元；店庆费2000元；其他还有入场费、堆头费、牌面费等。这位供货商给记者算了一笔账：1997年该公司在该超市的销售额有3万多元，如果今年要达到这个水平，按照新的收费标准，实际回收货款将减少1/3。这位人士很无奈地说，像他们这样的小公司，是根本没有办法同这样的大商场讲价钱的，如果该超市坚持这些条款的话，他们只好放弃在该超市的生意了。

熟悉商场供货商渠道的一位专业人士对此情况分析后认为，尽管该超市条件如此苛刻，但仍有很多供货商愿意与之合作，原因在于：首先，该超市品牌很有卖点，能吸引消费者，比较起来，供货商还是愿意进店的；其次，该超市的进货量较同行大，供货商很多都抱有薄利多销的念头；再次，供货商生意不好做，使得供货商之间相互压价，"鹬蚌相争"，自然"渔翁得利"。该超市开出这么苛刻的条件，也是充分地利用了供货商之间的矛盾，这虽然无可厚非，但也严重地影响了该超市的商誉，深圳供货商中已有将该超市位列"最狠的商家"的做法了。

面对众多供货商的不满情绪，该超市店长认为，商场收取相关费用的目的是帮助供货商提高市场占有率,供应商应早有准备,在成本价中计入这些因素。

该超市1998年要求供货商签订的合同基本条款如下。

(1) 销售额1997年月平均采购金额×12(含税);

(2) 采购价格按去年价格下浮5%;

(3) 付款条件月节后75天;

(4) 无条件退佣2%;

(5) 有条件退佣(超过10%以内)1.1%~2.5%;(超过10%~20%)1.2%~3%;(超过30%)1.2%~3.5%;

(6) 堆头费1000元;

(7) 店头2000元或5000元;

(8) 节日1000元×4或2500元×4;

(9) 新品上架500~800元/单品;

(10) 开业赞助另议;

(11) 牌面促销100元;

(12) 销售折扣10%;

(13) 促销频率每2个月1次,1年6次;

(14) 促销时间10天;

(15) 其他进场促销需100元/人/天。

(资料来源:投资导报.1998-3.)

案例提示:通过这个案例,我们不禁在心中要问:为什么该超市可以如此"猖狂",同是渠道中的成员,面对该超市如此的刁难实力弱的供货商难道就只能选择退出吗?是谁给了该超市如此大的权力,他是怎么做到的?

鉴于此,在任务1我们将学到的内容主要有分销渠道中的费用产生及应收账款的管理。

知识链接

1.1 分销渠道的费用管理

由于受企业资源条件的限制,在渠道推广产品的过程中,企业必须研究费用的控制与管理。如何能少花钱多办事,有效地利用资金,降低成本,是产品营销成功的重要因素之一。在渠道运作中,控制费用支出是一个内容复杂、涉及面较广的问题。尤其是实际操作中,利用费用的运作来控制渠道,使其按照企业预定的目标发展,更是一门深奥的学问。它需要销售主管具备丰富的经验和技巧,同时又对市场和环境有相当的认知和了解。通常,企业的渠道销售费用包括销售管理费用、市场推广费用和其他销售费用等。

1.1.1 销售管理费用的控制管理

销售管理费用是指对整个销售过程进行管理时发生的费用。由于销售管理费用的支出是为了业务的拓展和管理,所以对销售管理费用的预算、使用和审核等,既要严格化、程序化和标准化,也要公平合理、简单易行。一般对销售费用的控制重点是在人员的费用支出方面。

在对销售人员的费用进行控制过程中,常常会遇到以下问题:一是费用审核权限过分向上集中;二是费用的审核缺乏明确的标准;三是费用的报销过程过于繁杂,给员工增加了一定困难;四是费用的报销缺乏适当的管理,致使员工从费用的报销、支出中获取不法收益。针对这些情况,应采取有效的方法加强各项费用的控制。

(1) 费用的控制方法

① 费用自行负担

适于纯佣金制度,销售主管在制定佣金比例时,将费用支出考虑在内。优点:处理简单,公平一致,保障企业的利润,尤其适用于费用无法监督的情况。缺点:不易控制人员的行动,某些支出由于业务不成功而无法收回,对销售人员较不公平,业务性质不同,支出也不同,难以体现公平。

② 限额报销法

逐项限制法。对人员所有可能的开支逐项制定一个最高限额。

总额限制法。规定在一定时期内人员报销费用总额的最高限额。

采取上述方法关键在于限额的确定,因为有些费用很难定出限额。对信用程度较高的人员易产生不信任感,但此法使用较为广泛。

③ 无限额报销法

逐项报销法。允许人员就其所支出的费用逐项列出,不限额度地予以报销。优点:灵活、有效。缺点:费用控制程度较差。执行时,既要定期核查,又要注意人员的筛选。

完全报销法。只要定期报告费用支出的总额,即可全额报销。可激发人员的责任感,但只限于能力和信用程度较高的人员。

(2) 费用控制的主要方面

① 日常管理费用的控制

应根据需要按照不同的使用途径,编制每个项目的年度、月度等预算方案,并建立独立的会计制度或预算控制制度。销售主管应对每个项目进行分析和研究,减少不必要的费用支出。在费用实际发生的过程中,应注意费用支出的审核和记录,定期检查费用的使用情况。费用控制也要适度,不可盲目追求成本的降低,从而影响销售工作的正常进行。

② 机构设置费用控制

每一笔投资项目都要仔细评估,谨慎分析。应详细探讨方案的可行性、收益性和风险性。销售分公司或办事处等机构的设置必须考虑:目前的市场规模、市场的发展潜力、企业的资金状况、竞争的激烈程度、机构的规模大小等。

③ 交通费用的控制

a. 使用公共交通工具。

实报实销法之一:企业负责一切修理费、保养费、税费及燃料费,个人凭发票或油票核实报销。这是常用方法之一。

实报实销法之二:按估计的自用里程数,报销一定金额。

固定补贴法:定期发给固定金额的补贴。

b. 使用私人交通工具

固定补贴法:定期发给固定金额的补贴。补贴范围包括折旧、修理、维护、税费和燃料费等。

里程数补贴法：按实际使用的里程数给予补贴，补贴范围包括一切费用。

综合补贴法：定期给予固定的补贴，以贴补车辆的修理、保养、维护和税费等费用，燃料费用则采用实报实销法或按里程数给予补贴。

1.1.2 市场推广费用的控制管理

市场推广费用是在整个推广过程中发生的费用。对分销商进行产品的营销推广，尤其要控制好费用支出，其重点是促销费用的管理。渠道促销是企业对分销商推销产品的有效方式，由于分销商出于自身利益的考虑，总是要求提供更多的实惠和支持。所以企业对推广费用的控制，应兼顾企业和分销商的共同利益，既要保证市场推广收到的实效，又要减少不必要的开支。

（1）渠道促销费用的控制

①根据年度促销计划，安排每月的促销费用。②合理设置促销活动预算，并保留一定的备用金。③根据区域的不同性质分配促销活动经费。④对于突发事件，需动用备用金的，应深入调查，并进行应急措施的可行性分析。⑤对按计划实施的促销活动，应保证经费的连续性。⑥各区域定期汇报经费的使用情况：项目、金额及其合理性。企业必须对经费的使用情况进行定期和不定期的检查和监督。

（2）广告宣传费用的控制

①制定年度计划，并按照具体的实施计划，安排每月的广告费用。②对广告宣传费用的使用情况进行检查与监督。对出现的问题，应与有关媒体协商解决。③对各区域的广告宣传，设置合理预算，并监督其使用情况，加强费用的申请审核程序。

（3）市场辅助工具的控制

①应根据区域的不同性质，分配适宜的市场辅助工具。②按照市场情况，合理分配数量。③各区域应设置专人检查市场辅助工具的使用情况及其实际收效。

1.1.3 其他费用的控制管理

在渠道运作中，销售费用除了管理费用，还有很大一部分是渠道折扣折让、销售设施及市场设备等的费用，这些费用也是企业控制的重点。折扣折让是企业与竞争者争取分销商的有效武器，若控制不好，可能会造成企业资金的大量流失，甚至直接冲击企业辛辛苦苦建立的产品市场。而销售的设备设施及市场设备，投入一般较大，管理不善将会导致巨大的经济损失。

（1）折扣折让费用的控制

①在年度计划中，确定适度的折让范围，明确一定的折扣率所对应的销售条件。②确定特殊折扣的适用条件及其申报程序。③年终"返点"时的审查程序，具体的执行方案。④强调折扣折让在一定时期内的连续性与时间限制，保证公平合理。⑤利用费用运作时，应分析当前的市场状况、竞品的策略，尤其是要研究分销商的利益点和可能的不利行为，事先进行预控。

（2）销售及市场设备费用的控制

①项目方案的可行性研究与风险预测。②所需资金的额度及来源。③建设资金的使用情况检查与分析。④维护自己的使用情况、监督与调整。

渠道价格管理

渠道价格管理就是指渠道定价。渠道定价是影响制造商、经销商、顾客和产品市场前途的重要因素，制定正确的价格政策是维护制造商利益、调动经销商的积极性、吸引顾客购买、战胜竞争对手、开发和巩固市场的关键。

企业通常所运用的价格政策有以下几种。

1. 可变价格政策

即价格是根据交易双方的谈判结果来决定的。这种政策多在不同牌子竞争激烈而卖方又难以渗入市场的情况下使用。在这种情况下，买方处于有利地位并能够迫使卖方给予较优惠的价格。

2. 非可变价格政策

采取这种价格政策，那就没有谈判的余地了。价格的差异是固定的。如大量购买给予较低的价格，对批发商、零售商或不同的地点给予不同的价格。

3. 其他价格政策

(1) 单一价格政策 这是一种不变通的价格政策。定价不顾及购买数量、不论什么人购买、也不管货物送到什么地方，价格都是相同的。

(2) 累计数量折扣 即价格根据一次购买的数量多少而变化。

(3) 累计数量折扣 允许按一定时期内（如1~12月份）的总订货量打折扣。许多食品企业采取这种方法销售。

(4) 商业折扣 对履行不同职能的经销商给予不同的折扣。如：一批、二批、三批商和零售商因履行不同的经销职能而给予不同的折扣。

(5) 统一送货价格 对不同地方制定价格有两种方法，一种是统一送货价格。即最终价格是固定的，不考虑买者与卖者的距离，运费完全由卖者承担。另一种是可变送货价格。

(6) 可变送货价格 即产品的基本价格是相同的，运输费用在基本价格之上另外相加。因此，对于不同地方的顾客来说，产品的最终价格要依他们距离卖方的远近而定。

1.2 分销渠道的账款管理

1.2.1 应收账款的成因及危害

1.2.1.1 应收账款产生的原因

有人认为现款现货或者说先款后货，是避免应收账款产生的最好办法。但是，在买方市场条件下，这项政策较难执行。市场上存在着数目众多的竞争对手，企业如果不允许赊购，而别的企业允许，客户就会被竞争对手抢走。甚至在某些行业，赊销已成风气，不赊销就无法立足。由此可见，赊销方式往往不可回避，赊销是应收账款问题产生的最直接原因。

通过对多数企业呆死账的研究发现，应收账款主要由以下两方面共同产生。

(1) 企业自身原因 主要有以下几点：一是产品缺乏足够的竞争优势。造成产品积压，使企业在销售过程中就不得不做出让步，如产品试用期加长、货款交纳时间放缓等，从而使得企业的应收账款数量增加,回款的速度放缓,应收账款质量恶化加重,进一步增加了企业的负担。二是企业信用管理意识淡薄。企业对客户资信情况认识不足,重视不够,特别是在当前买方市场形成的条件下,饥不择食,产品销售既不签订合同,也不签订分期还款协议,导致企业坏账的增加。三是企业应收账款的风险防范工作不到位。很多企业在加强全程管理的同时,没有充分、有效地利用好应收账款,当债权发生时只限于简单的管理,而没有利用应收账款转移风险、解决应收账款未回收时资金短缺的问题。

(2) 企业外部原因　主要有:社会信用体系尚未建立。良好的社会信用是建立规范的社会主义市场经济秩序的保证,是社会主义市场经济健康发展的前提和保证。我国缺乏有效的社会信用监督机制,对违背信用的商户监管力度不够。法院对已生效的判决执行力度不足,加上地方保护主义的干扰,形成法律白条的情况屡见不鲜,造成这些企业欠债有理、欠债有利可图的思想占据上风,也助长一些企业欺诈行为的产生,破坏市场经济环境,恶意拖欠货款思想在一定时期形成一股风气,见怪不怪已成为一种时尚,严重地破坏社会的信用环境。

1.2.1.2 应收账款造成的危害

销售的重心是回款,只有把货款收回来,销售工作才算完成。在激烈的市场环境中赊销无法避免,赊销是一种投资,也是一种风险。由此造成的应收账款问题对企业经营影响很大。

应收账款只是账面销售、账面利润,一旦应收账款拖得过长(超过应付款日期半年以上),就成为呆账坏账,是需要企业用其他盈利来冲抵的。造成一定的呆账坏账容易,要通过正常销售赚回等额的利润、挽回相应损失可不是一件容易的事。应该充分认识应收账款对企业经营的危害,不少企业就是因为应收账款数额太大,以至于影响到正常业务,而出现经营困难甚至亏损倒闭的。

为压缩成本、增加利润考虑,企业必须控制赊销账款,账款管理工作必须做好。不良账款吞噬销售额、侵蚀企业利润,使企业的渠道运营成本增加,主要表现在以下方面。

(1) 企业应收账款逐年增加且账期较长　中国统计网数据表明,2005—2007年企业应收账款占流动资金的比重正逐年增加。从拖欠时间上看,一年以上应收账款超过了60%,很多已形成呆死账,无法收回。

(2) 收款不力,坏账比率高　企业盲目赊销,只顾着扩大销售,却忽视了货款回收。企业之间相互拖欠货款现象比较严重,造成正常流动资金被大量的应收账款所挤占。由于没有强有力的收款措施,企业坏账比率大幅上升。此时,为了维持企业正常的经营活动,只好借助于银行贷款,而应收账款收不回来,就不能及时偿还贷款,甚至连银行资金也被逐渐转化成了应收账款。这种资金的不良循环,导致银行资金的大量沉淀,最终企业将无法生存下去。

(3) 应收账款中的呆坏账确认不及时,给企业造成虚增资产的假象　由于有些企业对应收账款疏于管理,特别是有的企业还把应收账款作为调节利润的手段。因此主观上有意对已经形成为呆死账的应收款项不及时确认,已无法收回的应收账款在账上长期挂账,不计提坏账准备,造成企业资产的虚增。

(4) 企业的某些管理者和经营者缺乏经营理财的意识和观念　部分企业管理者和经营者注重生产经营工作,没有从思想上认识到做好经营理财工作的重要性。没有做到企业管理以财务管理为中心,财务管理以资金管理为中心。对资金的管理和使用,只注重如何去借钱和花钱，没有对现有的资源和资金进行有效的配置和调动，致使企业产生了大量的应收账款，也不积极从加强管理的角度去清理，大量资金长期滞留在外，影响了企业正常的生产经营活动的开展和资金的有效使用。

所以，作为一种投资，赊销如果控制得好（呆账损失、账款管理费用支出小于销售额扩大带来的额外收益）就可以提升销售业绩，提升竞争力，增加经营利润。但如果管理不当会造成经营被动，失去市场竞争力。应收的账款通常要以10倍、20倍的销售额来弥补，给企业带来物质和精神上的负担，侵吞着企业的利润。

1.2.2 应收账款的防范和催收

应收账款产生的根源在于赊销的销售方式。赊销是一把双刃剑，一方面赊销方式能吸引更多的客户，可以扩大销售；另一方是赊销行为增加了企业营销成本和应收账款风险，甚至产生了大量呆死账。

渠道账款控制的目的是在呆死账余额最小化、货款回笼时间最短化的前提下，做到"应收账款余额最大化"，既规避了风险，又促进了销售。

1.2.2.1 应收账款的防范

（1）应收账款风险的防范

为了减少或降低应收账款风险，加速企业资金周转，提高资金使用效率，企业必须采取相应的对策，建立有效的管理模式，加强对应收账款风险的防范与控制。

① 制订合理的信用政策

信用政策又称应收账款政策，是指企业在采用信用销售方式时，为对应收账款进行规划和控制所确定的基本原则和规范。信用政策是企业财务政策的一个重要组成部分，主要包括信用标准、信用条件、信用额度和收账政策四部分。

a. 确定正确合理的信用标准。信用标准是企业决定授予客户信用所要求的最低标准，也是企业对于可接受风险提供的一个基本判别标准。根据企业自身的特点及以往的信用标准，确定合理的信用标准。

b. 采用正确的信用条件。信用条件是指导企业赊销商品时给予客户延期付款的若干条件，主要包括信用期限、折扣期限和现金折扣等。一般来说，企业在确定信用条件时，应事先比较提供信用条件所增加的成本与加速收账带来的收益两者的关系，如果前者小于后者，提供现金折扣就是合理的，反之，就是不合理的。

c. 建立恰当的信用额度。信用额度是企业根据客户的偿付能力给予客户的最大赊销限额，确定恰当的信用额度能有效地防止由于过度赊销超过客户的实际支付能力而使企业蒙受损失。企业应及时对信用额度进行必要调整。使企业自身承受的风险最小化。

d. 制定适时可行的收账政策。企业对不同时期应收账款的催收方式，包括准备为此付出的代价就是收账政策。制定收账政策时要针对具体问题具体分析，企业应采取灵活多样的方法，为保护企业的利益，尽力降低应收账款的风险，必要时可用法律手段维护企业的合法权益。

② 加强应收账款的内部控制

信用政策建立以后，企业还要加强应收账款的内部控制，主要做好以下几方面的工作。

a. 做好客户的资信调查。企业在作出是否对客户提供商业信用的决定之前，首先要对客户的信用情况进行调查，做到知彼知己。企业应根据客户的资信状况，确定所能给予的最大赊销额，预防坏账损失的发生。

b. 制订合理的赊销方针和结算方式。企业可借鉴西方对商业信用的理解，制定适合本企业的可防范风险的赊销方针。如：一是企业可在合同中规定，客户要在赊欠期中提供担保，如果赊欠过期则承担相应的法律责任。二是有条件销售，企业可与客户签订附带条件的销售合同降低企业收账风险。

总之，合理有效地防范与控制应收账款的风险应作为企业一项重要的管理工作，应引起各级领导和部门的高度重视。经营部门应树立全新的营销观念，加强客户信用管理，明确有关部门和人员职责。财务部门应加强监督，确保内部控制制度的有效实施，使企业应收账款的风险降低到最低程度。

(2) 中间商信用风险的控制要点

在渠道运行中，企业要想有效地实施对中间商的信用风险控制，必须根据渠道信用政策，制定一套全面的风险控制方案和措施。有效的风险控制措施能够最大限度地减少中间商给企业带来的损失。

① 控制发货

企业应该始终监控运输单据的制作与货物的发运过程，在下列两种情况下应命令有关人员停止发货。

付款迟缓：当中间商拖延付款时，企业应责令信用部门，通过信函、电话等方式提示中间商。如中间商仍拖欠不还，一旦超过规定的数额应实施贸易暂停限期，各企业对于贸易暂停限期应有明确规定，一般来讲信用期越长，贸易暂停限期越短。

交易金额突破信用限额：信用限额应根据中间商的财务状况和信用等级综合做出评定，交易金额超过信用限额会给企业自身带来坏账风险，尤其在由于中间商延期支付而被突破的情况下，控制发货措施就显得尤为重要。

② 监督和检查客户群

监督是对正在进行交易的中间商进行适时的监控，密切注意其一切行动，尤其是付款行为。对于高风险的中间商或重要的中间商，企业还要予以多方面的监督。

③ 信用额度审核

企业应对授予信用额度的中间商适时定期审核，一般一年审核一次，对正在进行交易的中间商和重要中间商的信用额度最好半年审核一次。每一次审核都要严格按程序进行，信息收集工作尽量做到全面、及时、可靠。审核结果要及时通报给业务人员。

④ 贸易暂停

当发现中间商有不良征兆时，企业首先考虑的措施就是贸易暂停。停止发货或者收回刚发出的货物，只有这样才能避免损失的进一步发生。

⑤ 置留所有权

置留所有权即企业在商品售出后保留它的所有权，直到中间商偿付账款为止。理论上讲，这是一项无任何额外成本又能有效避免风险的措施，但在实际应用中，并不能完全避免信用风险，因为商品的所有权虽掌握在企业手里，但鉴于企业未实际占有或使用货物，并不能进行有效控制。

⑥ 坚持额外担保

如果中间商处于危机中但仍有回旋余地时，中间商可能会要求继续交易以维持运转，此时企业便应坚持额外担保。最低限度的担保是开立商业票据，一旦不能兑现时便可立即停止交易。最高程度的担保就是预付账款。

1.2.2.2 应收账款的管理与催收策略

（1）应收账款的管理方法

企业制定了适合自身的信用政策和应收账款政策以后，还要加强由赊销产生的应收账款的日常管理。

① 明确有关责任。市场是由业务员开拓的，有效的应收账款管理最终要落实到业务员身上，即谁发出的货谁负责收回账款。然而，在现实中，业务员通常较重视销售绩效，片面追求销售额，造成了盲目赊销，对账款缺乏理性管理，造成了不必要的损失。收货机会的丧失只不过是潜在利益未能获得。但一旦发生坏账，就连生产制造的成本与分摊的营销费用也一并损失掉了。所以企业应督促业务员对其业务状况随时进行分析、总结、管理，减少坏账发生的可能性。

企业建立表 2-1-1 可以帮助其掌握分析中间商回款情况。

表 2-1-1　中间商销售收款情况分析表

月份	销售额	回款情况		欠款情况		信用评价	备注
		回款额	回款率	本月欠款	累计欠款		
1							
2							
3							
⋮							
11							
12							

② 加强应收账款的内部协作管理。企业在制定信用额度、赊销数量时，应和财务人员、一线的业务人员进行充分的讨论和协商。对一些前款未清、业务人员连续发货的行为，要及时找到解决之道。财务部门每隔一段时间，要把各单位欠款时间和余额明细表等分析数据送到管理人员手中，使其随时了解有关欠款情况，以便安排清欠工作，有效降低因账款时间过长可能形成的坏账风险。企业内部还可以利用网络来交流思想、开展讨论、协同工作，从而促进企业内部的沟通与交流，提高企业的管理水平与技术水平，基本上杜绝由于内部沟通不畅造成的应收账款内部监管不力的现象。

③ 搞好发货控制，掌握赊销执行的频率。这里的发货控制不是指正常的发货品种、数量和频率的控制，而主要指条件外的发货，也就是超出合同或规定条款的发货。原则上，超出条件不能再发货，不能相信客户的口头承诺。当然，并不是所有的客户都不值得信任，在销售旺季时企业也常常发货给信誉好的客户以冲量，不过，旺季结束后应及时收款。

④ 帮助中间商管理好库存。库存管理不当，滞销产品大量积压在客户仓库里，往往是客户拖欠货款的一大原因。所以，应帮助中间商管理好库存。首先，要争取下单的准确性，多发畅销产品，少发滞销产品，保证货流畅通。其次，要力争库存产品结构、数量的合理性，以减少不合理的渠道库存的压力。在产品结构和数量上实行优化策略，保障优质畅销产品的库存数量，同时淘汰滞销产品。再次，要加强库存的跟踪管理，利用调货、退货、打

折、促销等手段，及时帮助客户解决诸如积压、滞销、过季和临期的产品，以排除货款回收障碍。

⑤了解客户的结算习惯。如果企业没有抓住客户的结算规律和各种周期，企业的应收账款回笼计划就会十分被动，以下是几条解决的策略。

a. 尽可能地全面了解经销客户的经营状况、进货周期、结账周期，关键是要争取比其他企业领先一步拿到应收账款。因为大多数客户的资金周转都不会十分宽松，若竞争对手挤进头班车，企业就只能等末班车了。

b. 以诚待人。不要为了讨债而去收款，而是协助客户一起去经营好其货款，这才是降低企业呆账坏账的根本所在。纯粹地讨债者是不可能与商人合作成功的。

c. 信守承诺，说到做到。在与客户平时的交往中，就做到"我绝不食言，你也应说话算数"。虽然开始时，动机不一定完全是为了货款，但当真正涉及收款时，这对客户就是一种无形的压力。反之，如果企业自己经常食言，那么别人也会这样对待你。

d. 适当地与客户的财务人员搞好关系。虽然他们对产品销量没什么直接贡献，但如果也能够像关系客户的业务经理那样，经常想到他们的财务主管，其效果往往在关键的时刻就能呈现出来。

e. 随时关注客户的信用变化。分析客户信用状况的所有资料，包括财务报告、银行信用等级、销售数据资料、付款历史等信息，对已发生的应收账款实施监控，同时关注客户经营情况变化。企业应设置信用审核员，对每张订单进行审核，看其欠款期限、支付方式等是否符合规定。如有异常，立即采取措施。财务人员要准确记录每一笔业务账款，采用账龄分析表 2-1-2 来分析账款情况。

表 2-1-2　中间商应收账款账龄分析表

中间商名称	应收账款金额	信用期内	超过信用期				比例
			1～30 天	31～60 天	61～90 天	91 天以上	

（2）应收账款的跟踪管理

应收账款跟踪管理（Receivable Portfolio Management，RPM）是现代企业渠道危机管理的一项重要内容。其含义是：采用应收账款方式结算时，企业对应收账款的整个回收过程实施严格的跟踪管理，从而最大限度地降低预期账款的发生率。

① RPM 的内容

货物一经发出，企业就将应收账款列入企业应收账款管理档案，进行监控。

企业要按时与中间商取得直接联系，询问和沟通货物接收情况、票据情况、付款准备情况并提醒和督促中间商及时付款。

企业要在出现预期账款的早期及时进行追讨。

在一定期限内，如中间商仍未付款，企业则进一步采取追款行动。

② RPM 的优势

有利于与中间商及时沟通，减少产生纠纷的可能性，从而为中间商按时付款扫清障碍。

给惯于拖欠的中间商施加压力，从而大大提高回款的可能性。

使中间商感到企业管理的严格，因为中间商通常会先支付管理严格的债权人。

能够及时发现信誉不良和恶意拖欠的中间商。与中间商保持联系可及时发现这些问题以及中间商经营困难、法律纠纷、资产转移等其他现象，以便及时采取措施。

对中间商进行应收账款的跟踪管理，可以及时收回账款，减少呆账、坏账的发生，从而节省处理逾期应收账款的费用，提高企业效益。

③ RPM 的实施程序

RPM 的实施分为以下 6 个步骤进行。

步骤 1：建立应收账款档案，并在发货后 5 日内，以电话或传真方式主动与中间商联系，通知中间商发货情况。此次联系主要应显示良好的服务态度，并注意观察中间商是否有异常反应。

步骤 2：估计到货日期，再次与中间商联系，询问中间商是否收到货物、货物件数与发货单是否一致、包装是否有损坏、接货是否顺利等，注意中间商的态度，并记录到货日期。

步骤 3：货到一周后，业务人员以电话、传真或信函方式再与中间商取得联系，询问中间商的货物查收详细情况，了解是否有意外事故发生、中间商对货物质量是否有异议等。如果出现异常情况，应及时备案并汇报，同时通知有关部门。

步骤 4：在账款到期前一周，业务人员要再次与中间商联系，可视中间商情况，选择录音电话、传真、电报、快件甚至登门拜访等多种形式。了解中间商对交易是否满意，并提醒中间商账款的到期日，同时暗示中间商按期付款的必要性。

步骤 5：在账款到期后 5 天内，与中间商直接联系，对已按期付款的中间商给予感谢，以进一步加强与中间商的良好关系。

步骤 6：若逾期一个月仍未收到账款，做专案处理。

RPM 实施的时间如图 2-1-1 所示。

图 2-1-1　RPM 实施时间图

广州立白公司应收账款的管控

广州立白公司作为国内知名企业，其产品质量、销量以及销售额始终在行业中占有领先的地位。伴随着公司不断地发展壮大，该公司在实践中对应收账款的管理上，逐渐摸索出了一套适应本企业的应收账款内部控制制度。伴随着内控制度的有效实施，在每年过亿人民币的销售额下，应收账款的回收率始终保持在较高的比例。这个系统包含了以下几个管理控制单元。

（1）完善的内部控制系统　立白公司应收账款的控制，是由销售会计组来完成的。销售会计组分成两大体系，销售会计和公司财务会计，前者负责应收账款等专项的总体策划、分析，后者负责对部分区域具体财务事项的运作以及为前者提供准确、详细、及时的有关信息和数据。立白公司不仅对这一组织的每一环节都明确了其主要负责的工作任务，使之各有分工,还对每一工作环节设定了衡量其工作好坏的标准,以便每月对其进行严格的考核。

(2) 重视应收账款回收期的管理　从账龄分析与制定付款优惠政策两方面入手,设定账龄目标,规定每一个客户归还应收账款的日期,这是立白公司期望的最长付款期。同时还结合客户目前的平均实际还款期,为每一地区信用客户设定了还款期限;分析账龄,了解客户的回款状况,立白公司通过电脑来完成应收账款分期报告。从应收账款分期报告中可以看出公司可获得客户应收账款的额度是多少、客户的实际还款期限有多长,以便采取措施,制定付款优惠政策,其目的在于鼓励客户提前还款,以便缩短回款期。

(3) 限制赊销额　立白公司对于新老客户或是客户不同的实际情况制定了不同的赊销额标准。赊销额修订时也要考虑常规性因素和偶发性因素,一般的修订方法是按季修订赊销额,上个季度的赊销额是下一季度赊销额的90%。这是立白公司对严格遵守信用额管理制度客户的进一步的优惠政策,并且合作的时间越长信用越好,所取得的最大赊销额也越多。

(4) 控制超期应收账款。对于超期应收账款立白公司采取的措施:停止供货,超期40天即通知应收账款控制员停止该客户的信用额,并马上停止对其供货直到款项付清,而其原有的信用额将取消并重新开始按新客户对待;实施收款计划,如果在停止供货后客户仍拒付货款,公司将指定销售代表在财务部的协助下,与该客户磋商以求达成收款协议,协议将要求客户在三个月内付清所欠货款。如果客户选择了分期付款,那么第一期付款金额不可少于拖欠金额的35%。对于无力偿付的客户,采取先帮助客户渡过难关的方式等,以期在日后可以收回更多的应收账款。如果在实施了上述措施后仍无效果,将诉诸法律以期在客户破产清算时得到债权。

---

(3) 应收账款的催收策略

导致逾期账款产生的原因很多,其中包括销售人员的催款不力、由于违反合同而产生的纠纷、货物造成的积压等。企业要想有效地清收逾期账款,应掌握一定的要领,使用收款策略。

① 催收的要领

a. 树立良好的收款心态。应收账款的形成有客观因素,也有主观因素,有的应收账款是由于业务员的胆怯、软弱和碍于情面造成的。客户是利用公司品牌赚钱的,赚钱之后交纳货款是天经地义,催收货款也是理所当然,不要感到不忍心,碍于情面,没有什么难为情的。

b. 掌握适当的收款方法。收款是一门学问,光有胆量还不行,还必须讲究方式、方法,比如收款时机的掌握、提前准备、提前催收、整存零取、利用第三方的压力催收等。

c. 坚决催收,形成习惯。一旦应收账款形成,必须坚决催收,给对方"款收不回来决不放弃"的印象。

d. 利用武器,坚决打击。必要时敢于断货,分析形势给对方还款压力,还可以以货抵债或退货调货,减少风险。如果客户恶性拖欠或抵赖,那就坚决诉诸法律,不计成本也要打击和威慑。

② 催款策略

a. 及时催收。据英国销售专家波特·爱德华的研究,赊销期在60天之内,要回的可能性为100%;在100天之内,要回的可能性为80%;在180天之内,要回的可能性为50%;

超过一年,要回的可能性为10%。另据国外专门负责收款的机构研究表明,账款逾期时间与平均收款成功率成反比,账款逾期6个月以内应是最佳收款时机,如果欠款拖至一年以上,成功率仅为26.6%,超过两年,成功率则只有13.6%。

b. 经常催收。对那些不会爽快付款的客户,如果业务员要账时太容易被打发,客户会觉得这笔款对业务员来说不重要,不会将还款放在心上。而业务员经常要账会使得客户很难再找到拖欠的理由,不得不付清账款。

c. 诚信催收。对有信誉,只是一时周转不灵的客户,可适当给予延期,并尽可能帮其出谋划策、联系业务等,以诚心和服务打动客户,达到收回目的。要注意在收款完毕后再谈新的生意,这样,生意谈起来也就比较顺利。

d. 提前催收。对于支付货款不干脆的客户,如果只是在约定的收款日期前往,一般都收不到货款,必须在事前就催收。事前上门催收时要确定对方所欠金额,并告诉他下次收款日一定准时前来,请他事先准备好款项。这样做,一定比收款日当天来催讨要有效得多。

e. 直截了当催收。对于付款情况不佳的客户,一碰面不必跟他寒暄太久,应直截了当地告诉对方此次来访的目的就是专程收款。如果收款人员吞吞吐吐、支支吾吾的,反而会使对方在精神上处于主动地位,在时间上做好如何应对的思想准备。

f. 明确付款条件。为预防客户拖欠货款,在交易当时就要规定清楚交易条件,尤其是对收款日期要做没有任何弹性的规定。例如,有的代销合同或收据上写着"售完后付款",只要客户还有一件货没有卖完,他就可以名正言顺地不付货款;还有的合同或收据上写着"10月以后付款",这样的模糊规定今后也容易出问题。双方的约定,必须使用书面形式(合同、契约、收据等),并加盖客户单位的合同专用章。

g. 到了合同规定的收款日,上门的时间一定要提早,这是收款的一个诀窍。否则对方有时还会反咬一口:"我等了你很久,你没有来,我要去做其他更要紧的事。"收款人就无话可说了。登门催款时,不要看到客户处有另外的客人就走开,一定要说明来意,专门在旁边等候,这本身就是一种很有效的催款方式。因为客户不希望他的客人看到他的债主登门,这样做会搞砸他别的生意,或者在亲朋好友面前没有面子。在这种情况下,只要所欠不多,一般会赶快还款,打发了事。

h. 如果客户一见面就开始讨好收款人,或请收款人稍等一下,他马上去某处取钱还款(对方说去某处取钱,这个钱很有可能是取不回来的,并且对方还会有"最充分"的不还钱理由),这时,一定要揭穿对方的"把戏",根据当时的具体情况,采取实质性的措施,迫使其还款。

i. 如果只收一部分的货款,与约定有出入时,收款人要马上提出纠正,而不是要等对方说明。如果收款人的运气好,在一个付款情况不好的客户处出乎意料地收到大数目的货款时,应及早离开,以免对方觉得心疼。

j. 如果经过多次催讨,对方还是拖拖拉拉不肯还款,千万不能放弃,而是要开动脑筋,采用一些非常规的手法灵活催收;在得知对方手头有现金时,或对方账户刚好进了一笔款项时,应立刻赶去,争取收回货款。

③ 追账函件

发出追账函件的主要目的是追回欠款及继续销售。欠款理由是多样化的,所以追账函件也要相应变化;追账函件建议不要超过三封,否则效力会减低;内容编排要合理、简短、明确，直接寄给指定的某人，并指出拖欠的金额及过期的天数。

为了维护客户关系并保持压力，第一封函件以客户服务部的名义发出，信用管理部发出第二封函件，法律部发出第三封函件；所有函件必须要亲笔签名并加盖公章；发出函件后，必须有一次电话跟进。

四川长虹应收账款案例分析

一、长虹集团应收账款案件回顾

长虹始创于1958年，公司前身国营长虹机器厂是我国"一五"期间的156项重点工程之一，是当时国内唯一的机载火控雷达生产基地。历经多年的发展，长虹完成由单一的军品生产到军民结合的战略转变，成为集电视、空调、冰箱、IT、通讯、网络、数码、芯片、能源、商用电子、生活家电等产业研发、生产、销售、服务为一体的多元化、综合型跨国企业集团，逐步成为全球具有竞争力和影响力的3C信息家电综合产品与服务提供商。2005年，长虹跨入世界品牌500强。2007年，长虹品牌价值达到583.25亿元。

四川长虹，作为中国彩电业的老大，有过年净利润25.9亿元的辉煌，也创下了巨额亏损。长虹的衰败始自1998年产品大量积压，与APEX家电进口公司的合作和巨额应收账款的产生。

尽管APEX公司是长虹在美国最大的合作伙伴，但是在确定信用政策时，长虹考虑坏账风险的策略是令人难以理解的。因为，长虹是在APEX公司拖欠国内多家公司巨额欠款的情况下，还与其签订了巨额销售合同，说明了长虹作为知名企业，应收账款环节存在重大管理缺陷——没有合理的内部控制制度。长虹案例暴露出我国企业内部控制存在的问题，给各行业带来了警示，我们应该从中吸取教训，尽快建立健全适合我国国情的企业应收账款内部控制制度。

二、从公司治理、内部控制风险管理及赊销控制等方面分析四川长虹应收账款事件中所反映的企业内部控制缺失及其后果

1. 合同设计漏洞

长虹与APEX公司签订的合同非常简约，难以理清双方权利、义务以及潜在风险的分担。另外，长虹和APEX公司的交易，多为APEX以支票作为货款担保。如果APEX特意欺诈，使得这些支票无法兑付，长虹的损失就不可避免。

2. 企业盲目销售

长虹公司只注重销售，盲目的销售导致企业应收账款风险的增加。在与APEX公司签订销售合同时没有深究其企业状况：在APEX公司表面辉煌下其企业却存在严重的经营问题，拖欠了国内多家DVD制造商千万美元。

3. 赊销对象的信用调查不足

在APEX公司"有前科"的情况下，长虹管理层还继续采用先发货后收款的方式对其进行销售，导致应收账款越积越多。虽然长虹彩电在大规模进入美国市场前，曾派公司高管前往美国，做过为时不短的市场考察和调研，但他们在考察结束后就把美国市场的销售业务全部交给了APEX公司。而其是否对APEX公司的信用情况做过深入的调查，我们不得

而知。

长虹集团在明明已经知道 APEX 公司拖欠了国内多家企业巨款的基础上，为了实现自身的利润还是与其签订了巨额销售合同，很显然它在企业信用管理方面存在很严重缺失；而且按规定，重大金额的合同在签订时是要征求法律顾问和有关专家的意见的，但长虹却没有做到；面对 APEX 公司的有意拒付、拖欠货款，长虹外营部下令不准发货，但最终货还是发了出去，这就是长虹没有按照规定的程序办理销售和发货业务；长虹在与 APEX 公司进行交易时，凡是赊销都走保理程序，但长虹采用的是低成本的没有承保的保理收费制度，保理公司没有保证回款的约定，至使当大量销售货物时，大部分的账款没有进入保理账户，最终形成巨额欠款。

4. 应收账款的赊销管理不完善

应收账款是一个持续的过程，在考虑赊销的时候，长虹没有在赊销前考虑，也没在赊销期间对应收账款适时地计提坏账准备，赊销后没有积极地追讨账款。

以上种种内部控制方面的缺失，最终造成了四川长虹海外巨额应收账款无法收回的严重后果，对公司的经营造成了巨大的影响。

问题：

四川长虹的案例给了我们什么启示？

拓展阅读

追索函件——标准函件

1. 标准函件（第一封）

第一封函件应于对方过期十五日内发出；礼貌周到，但语句要肯定；要给予对方解释的机会；不能有要求对方理解或谅解的语句；不能有示弱或致歉的语句，可以营销部或客户服务部的名义发出。

范本

致：某某公司　　　　　　　　　　日期：2005年08月01日
呈：某某经理　　　　　　　　　　编号：ZZHJ_001

某某经理：

您好！据敝公司的账务记录，发现贵公司拖欠敝公司商业发票号：xy123 共伍万元整，而敝公司也没有收到贵公司关于此拖欠的解释，敝公司只能假定贵公司因业务繁忙而忘记付款，现希望贵公司在短期内安排付款，多谢合作！

如贵公司已寄出支票，请接受敝公司的谢意；如尚未，请以汇款作为回覆，感谢贵公司的合作！

祝　　　商祺！

营销部经理 / 客户服务部经理

2. 标准函件（第二封）

第二封函件的发出时间应为第一封函件后的三十日内；在信函中应标明是第二封追讨函

件；以财务部或信用管理部的名义发出；语气更加肯定，更加严肃。

范本

致：某某公司　　　　　　　　　　　　　日期：2005年08月30日
呈：某某经理　　　　　　　　　　　　　编号：ZZHJ_002
　　　第二封通知函

某某经理：
　　　您好！敝公司曾于2005年8月1日为了商业发票号：xy123的伍万元欠款发信给贵公司，但可惜并沒有得到回应！
　　　为了贵我双方得来不易的关系，请告知敝公司贵公司拖欠的理由！或请贵公司马上改善行将受到损坏的信用，立刻支付已过期的货款！多谢合作！
　　祝　　　商祺！

　　　　　　　　　　　　　　　　　　　财务部经理/信用管理部经理

3. 标准函件（第三封）

　　第三封函件也可称为最后警告信，应于第二封函件后的四十日内发出；最后警告信只能有一封，不能多；要言之有物，不能空谈；要直接指出欠款金额及拖欠时间；要言明最后期限及面对的后果；要将函件副本抄送给欠款方的其他人。

范本

致：某某公司　　　　　　　　　　　　　日期：2005年10月10日
呈：某某经理　　　　　　　　　　　　　编号：ZZHJ_003

关于：贵公司拖欠货款伍万元一事（商业发票号：xy123）

某某经理：
　　　您好！敝公司曾于2005年8月1日及30日分别发函给贵公司，并在此期间多次主动与贵司人员沟通，但敝公司至今尚未收到款项或任何解释的理由，敝公司深感遗憾！
　　　为此，敝公司严正要求贵公司在2005年10月25日前支付上述欠款，如届时敝公司尚未收到货款，则即将此事交予律师处理，敝公司在此严正声明，因此事是由贵公司违反协议而起的，如交予律师处理，一切的责任及费用将由贵公司承担，请予正视！
　　祝　商祺！

副本抄呈：某某总经理　　　　　　　　　法务部/法律部

课后小结 ▶▶▶

　　在任务1分销渠道的费用及账款管理中，我们通过两个方面的学习，了解和掌握了以下内容：_____

_____

思考与分析 ▶▶▶

1. 应收账款的成因及危害有哪些？

2. 如何预防应收账款？

3. 如何对应收账款进行有效的管理和催收？

动动脑 动动手——资料查询

请利用课余时间查询并整理出如下内容，并将整理好的文字书写在纸张上并粘贴在下方。

请你结合所学总结出导致逾期账款产生的原因有哪些。

```
                         粘  贴  处




```

任务 2　分销渠道绩效评估管理

学习目标 ▶▶▶

【知识目标】

了解分销渠道绩效评估的原则及方法有哪些，理解分销渠道成员评估中对财务状况的评估包括哪些内容，认识分销渠道运行评估的几个方面。

【技能目标】

能对分销渠道的整体运行进行评估，会对发现渠道的问题进行调整和完善。

【素质目标】

通过对分销渠道整体运行的评估和对渠道成员的评估，进一步引发学生对分销渠道调整和完善的认识，培养学生在发现分销渠道问题后能主动分析成因，找寻解决途径的能力。

案例导入 ▶▶▶

海尔分销渠道的调整与完善

海尔的分销渠道一直围绕着直接的零售终端,并随着加强对零售终端的控制而变化。

海尔的分销渠道先后经历 4 个阶段的大调整。

第一阶段(1984—1997 年):这一阶段逐步建立以零售为主的销售渠道,同时也形成了一些销售大户。之所以采用这样的分销渠道,一方面是缘于海尔的品牌意识和服务观念,另一方面是海尔虽然没有刻意扶植大户,但在发展的过程中需要依靠大户迅速铺货。

第二阶段(1997 年):这一阶段海尔开始在二级、三级城市建设专卖店,目的是要在二级、三级以及其以下地区建立自己的零售终端网络,培养品牌忠诚度。

第三阶段(1998—1999 年):这一阶段海尔开始抑制大户,其原因是 1998 年海尔的销售额急剧增长,价格出现了混乱。抑制大户是为了控制价格,同时也为了保护专卖店的发展,并逐渐以专卖店的网络取代大户的网络。

第四阶段(2000 年至今):这一阶段海尔公司的组织结构发生了巨大变化,各地营销中心整合为工贸公司。这样调整之后,可以充分利用资源、提高效率,工贸公司可以分担集团营销成本。同时,市场操作更为灵活,对市场的反应更为迅捷。

案例提示:建立分销渠道的目的是为了发挥渠道的功能,实现销售增长。然而营销环境的变化、竞争对手新营销策略的出台、企业自身资源条件的变化等,均会使企业改变现有的分销渠道策略,因而对分销渠道的评估与完善是必不可少的。

鉴于此,在任务 2 我们将学到的内容主要有分销渠道绩效评估的原则与方法,分销渠道评估的内容及分销渠道调整与完善三个部分。

知识链接

2.1 分销渠道评估内容

2.1.1 分销渠道运行状态评估

2.1.1.1 分销渠道运行状态评估任务及评估影响因素(图 2-2-1)

所谓分销渠道的运行状态是指渠道成员的功能配合、衔接关系和积极性发挥等方面情况

图 2-2-1 分销渠道运行状态影响因素示意图

的综合。为了使分销渠道的运行效率尽可能保持在最佳状态,分销渠道管理人员必须对分销渠道的运行状态及其有关影响因素连续地、认真地进行监督和评估,及早发现问题,并设法解决。

分销渠道状态评估的基本任务是,以渠道建设目标和分销计划为依据,检查分销渠道各项功能是否被指派到了合适的主体,有关主体的合作愿望与努力程度是否符合渠道有效运行的要求,分销渠道的各项功能是否发挥正常,商品销售范围与销售量是否达到了分销渠道目标的要求,是否存在有害的渠道冲突等。具体来说,可从渠道的畅通性、渠道覆盖面、流通能力及其利用率、渠道冲突等方面进行。

每一个分销渠道都有自己的特点,因而具有的评估活动也就有所不同,要因时因地制宜,但一般来说,分销渠道的评估活动主要包括以下几个步骤(图 2-2-2)。

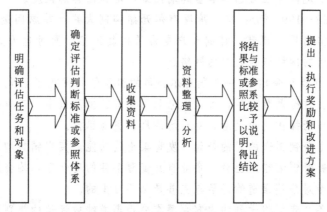

图 2-2-2　分销渠道评估活动步骤

2.1.1.2　分销渠道运行状态评估内容

对分销渠道运行状态的评估主要是对功能的评估,包括渠道畅通性评估、渠道覆盖面评估、流通能力及其利用率评估、渠道冲突等几个方面。

(1) 渠道畅通性评估

商品价值链的连续性要求商品的分销渠道应保持高度的畅通性,以使消费者所需要的商品能从制造商那里顺利地转移到消费者手上。分销渠道的畅通性要求商品所有权的转移、商品实体的流动、贷款的交结、信息的交流等都要畅通无阻。

分销渠道是由市场上一系列分销商组成的,它们是市场的经济主体,分别承担着不同的功能,只有各自努力工作并有机地连接起来,协调配合好,整个分销渠道才能持续不断地正常运营。对分销渠道畅通性的评估包括 4 个方面。

① 主体是否到位。在商品分销渠道中,各种渠道功能都必须有一定的主体来承担。不论有关主体有多少,也不论它们是谁,只要它们承担特定的功能,它们就一定要到位。如同流水线上任何工序都不能没有工人一样,分销渠道上各个环节的主体一定要明确,要落实。

② 功能配置是否合理。承担任何一种分销渠道功能都需要专用资源。例如,制造商应有商品的生产能力或生产条件,物流商应该拥有一定的仓储设施和运输设施。有关的分销商如果不具有相应的资格和能力,就会对分销渠道的畅通性产生影响。

③ 衔接是否到位。分销渠道前后环节之间,如果衔接不好或衔接不上,例如,商品在批发商手上出现了积压,或者商品在某个中间仓库久久停留不能进入零售环节,整个渠道的

畅通性就会受到影响甚至运营中断。这种衔接不到位通常是由于前后环节的成员存在目标差异、利益冲突、缺乏协作精神等造成的。例如,对于"柔性"垂直整合组织来说,维系分销渠道中各成员的渠道连接主要靠成员之间共同的利益和相互信任。一旦这种共同利益和相互信任发生改变,衔接关系就可能出现危机,甚至无法维持下去。

④ 能否长期合作。分销渠道能否长期稳定地运作,取决于有关成员之间联系是否密切,是否有长期的合约。合约型垂直整合渠道经常会面临一旦合同到期,而又没有再续签新的合同,双方之间的合作关系就会到此为止。相比之下,产权一体化的分销渠道有较强的稳定性。

(2) 渠道覆盖面评估

渠道覆盖面是指某个品牌的商品通过一定的分销渠道能够达到的最大销售区域。销售区域覆盖的范围越大,能够购买到该商品的顾客数量就越大。对渠道覆盖面的评估可以从以下3个方面来进行。

① 渠道成员数量多少。分销渠道成员数量多少在一定程度上反映了该渠道的市场覆盖面。例如,在二阶分销渠道中,由于在生产厂商与消费者之间至少存在一个批发商和一组零售商,因此,该分销渠道的市场覆盖面就是这些零售商的商圈所构成的市场区域。当分销渠道的宽度较宽时,商品分销的地区范围就会很大。在三阶或更高阶次的分销渠道中,由于存在地区差别较大的多层批发商,因此分销渠道所拥有的市场覆盖面更大。

② 渠道成员分布区域如何。现代经济运行中出现了商品分销扁平化的趋势。也就是说,商品分销渠道的环节数、阶次数越来越少,处于同一环节的中间商数量(阶次数)越来越多。同一渠道上中间商的地理分布非常重要,应当彼此拉开空间距离,不要出现商圈或销售区域的交叉、重叠,避免自相竞争的情况发生。

③ 零售商的商圈大小。零售商的商圈是指在零售商周围,能够方便地光顾零售商店铺的潜在顾客的分布范围。例如,对于一个日用杂货商店来说,能够方便地前来光顾此店的潜在顾客一般居住在周围200m的范围,那么以该商店为中心、半径200m所划定的圆形成的区域,就是该日用百货店的商圈。零售商的商圈大小受经营规模、经营档次、交通条件、周围服务环境以及顾客购买行为习惯等因素的影响。

(3) 渠道流通能力及其利用率评估

分销渠道的流通能力是指平均在单位时间内经由该渠道从制造商转移到目标顾客的商品数量。流通能力也称为单位时间流通量,或简称为流速。对分销渠道流通能力进行评价,是对分销渠道本质功能的监测和估计,也是考察分销渠道是否有能力实现预期销售目标的主要内容。

对分销渠道流通能力的评估应当从纵向进行,并且主要取决于瓶颈环节的流通能力。例如,如果对于某种消费品,生产厂商月均供货量是800单位,某个批发商月均批发能力可达600个单位,从该批发商处购买商品的3个零售商月均销售能力是700个单位,消费者的需求量是650个单位。那么,在分销渠道"制造商—批发商—零售商—消费者"这一价值链上,批发环节是瓶颈环节,受其制约,整个分销渠道的流通能力只有月均600个单位。瓶颈环节是整个分销渠道管理的关键,可以扩大瓶颈环节的数量,增加人员,或者设法改进渠道结构,也可以抽调非瓶颈环节的人力、物力来支援瓶颈环节,尽可能使分销渠道中各环节的流通能力大致一样,避免渠道资源的闲置和浪费。

在设计分销渠道时,要特别重视评估分销渠道的流通能力;在渠道的运作过程中,渠道流通能力评估的重点是流通能力的利用率,即实际商品流通量与流通能力的比较。其计算公式是:流通能力利用率=商品实际流通量/分销渠道的流通能力×100%

流通能力利用率在一定程度上可以说明分销渠道成员参与商品分销积极性的发挥程度。常用来考核流通能力利用率的指标有以下几个。

① 平均发货批量。前后环节之间的发货(购货)批量是指根据后续环节的销售需要和送货通知,前一环节向后续环节发送一批货物的数量。例如,制造商每次向批发商、零售商发货的数量。平均发货批量大,说明制造商的供货能力大,批发商、零售商的销售量大,因而整个分销渠道的流通量也就大。一般来说,流通能力利用率与发货批量成正比,发货批量越大,通过分销渠道运送的货物就越多,因此流通能力的利用率也就越高。

② 平均发货间隔期。发货间隔期是指在分销渠道中,前一环节向后一环节先后两次发送货的时间间隔。这个指标说明了制造商向后续环节发送货的频繁程度,也从另一方面表明制造商的供货能力。平均发货间隔期短,说明后续环节销售量大、速度快,也表明仓储、运输工作量大。

③ 日均零售(销售)数量。平均每天的零售(销售)数量反映零售商的销售努力程度,也反映制造商与批发商对零售的服务及支持程度。这个指标数值越高,说明整个分销渠道中商品的流通能力越强,或者说流通能力利用率越高。

④ 平均商品流通时间。商品流通时间是商品从生产线下来或出厂之日算起,一直到最后销售到消费者手上之日为止所经历的时间长度。这是商品在流通过程中,占用仓储设施和资金的时间长度。按照分销渠道中转移的全部商品来计算,平均商品流通时间越长,表明流通过程中商品占用的仓储设施和资金的时间越长,这个分销渠道的运转速度就越慢、效率就越低,经济效益自然也就不好。

(4) 渠道冲突分析

有效运转的分销渠道应当能够有效地控制成员之间的冲突。渠道成员之间的冲突即渠道冲突,是指由于在分销渠道的功能分配、利益分配或权利分配上的某种安排,造成至少一个成员感觉到其他的某个或某些成员对它的权利存在不利的影响。(渠道冲突详见任务4)

2.1.2 分销渠道成员评估

2.1.2.1 分销渠道成员服务水平评估

分销渠道成员除了商品销售之外,还有信息搜集与沟通、实体分配和广告促销等基本功能。各种功能对于生产厂商来说,都具有服务性质。有效运转的分销渠道应当能够提供良好的信息沟通、实体分配和促销等功能性服务。但是在渠道的实际运转中,受到承担有关功能的成员的能力、积极性和成员之间配合因素的影响,这些功能可能没有得到有效执行或发挥,进而影响到渠道整体的服务质量。在分销渠道评估中,必须对有关服务水平进行评估。

(1) 信息沟通质量评价

对信息沟通质量进行评估,主要从沟通频率、沟通内容、沟通时间和沟通方式等方面进行。

① 沟通频率。信息沟通的频率是指信息沟通的频繁程度。频繁的信息沟通让信息接收者总是能够对市场动态了如指掌,从而能够从中及时发现变化,并及时采取有效对策适应市场变化。信息沟通的频繁程度可以用信息发布或传输的次数、前后信息发布的间隔时间等数

据资料准确予以评估。

② 沟通内容。生产厂商或渠道领袖希望获得真实的、有价值的市场信息,以便有效地指导企业的市场营销活动。那么,分销渠道成员能否认真、仔细搜集那些有价值的市场信息,就是决定信息沟通质量最主要的因素。为了避免疏漏掉有重大价值的情报,防止把调研力量用于搜集那些无关紧要的资料,信息搜集者和传输者必须研究信息的用途,掌握信息价值的评估标准。信息接收者和使用者也要注意加强与信息搜集者的思想沟通,让其了解情报信息的用途和价值,并通过已接收的信息质量评估来判断对方的信息服务质量。

③ 沟通时间。信息具有时效性,在一个较短时间内对生产、经营、销售和管理具有指导作用和参考价值,否则可能毫无价值或有负面价值。有用的信息应当能保证以最快的速度传送到信息接收者或使用者手上。

④ 沟通方式。有些市场信息的传递可采用公共媒体报告方式,有些信息则必须保密。是否建立了合适的个人化信息沟通渠道,对于有保密要求的信息来说至关重要。

(2) 实体分配服务质量评估

实体分配的服务质量是指分销渠道成员对其顾客需要的满足及时程度。及时满足顾客需要不仅仅要快速完成谈判,签订合同,而且要快速交货,以便让顾客在需要发生的时候立即消费商品,消除"缺乏"状态。实体分配的服务质量的评估主要从以下几方面进行。

① 快速反应。顾客的需求可能是规则的,也可能是不规则的。在竞争日益激烈的今天,企业的竞争优势之一就是对不规则的顾客需求做出快速反应,满足顾客需要。这里包括三层含义:第一层是应当备有充足的库存货物,以便及时满足对现有商品的不规则的顾客需求;第二层是瞄准市场变化趋势,提前开发新产品,做好技术储备,以便在顾客需求发生方向性变化时,及时推出新产品;第三层是运输机构能够及时组织运力。

② 高度弹性。实体分配系统中总是不可避免地存在无法预测的干扰因素,如订单接收延误、生产中断、货物损坏或需求猛增等,它们会造成不良反应,扰乱渠道运转秩序。因此,实体分配系统应具有高度的弹性,能够排除干扰,保证有效的顾客服务。

弹性高低主要表现为:生产的弹性,即随着市场需求的变化,生产部门能够有效调整生产节奏,适应变化;库存的弹性,即根据市场需求的变化,快速调整存库量,以便及时满足顾客的需求;配合的弹性,即通过成员之间在信息、存货、资金和促销方面的相互支持与配合,来提高对市场变化的适应力;营销的弹性,面对市场环境的波动,除了实体分配部门的快速反应之外,价格方面、促销方面、目标市场选择方面、市场开拓方面以及分销渠道方面都应能够灵活作出调整,改善企业以及整个渠道系统对环境的适应力。

③ 最小库存。如前所述,库存量大小涉及仓储设施和资金的占用,影响到资金周转和渠道运行成本。库存量大,仓储设施占用就多,资金周转速度就慢,肯定造成很高的渠道运行成本。因此,必须最大限度地降低库存量,可能时追求"零库存"。

④ 优化运输。国外研究表明,商品被销售到消费者手上之前,运输成本占商品总成本的比重可能达到10%左右,如果缺乏优化控制,运输路线过长、运输批量过小或者采用代价过高的运输方案,就会造成运输成本的直线上升。因此,制定合理的运输批量、选择经济的运输路线和运输方案,能够节约运输成本。

⑤ 全面质量控制。一个有缺陷的产品或质次的服务会减少商品的价值和使用价值,有些商品或服务质量缺陷甚至会造成顾客重大的财产损失和人身伤害。实体分配是防止劣质商

品进入消费领域的最后一道"关口",因此必须严把质量关。为此,在分销渠道系统内,要严格规范质量管理体系,特别是要实行全面质量管理,从各个功能领域,采用先进的管理方式和方法,将商品流通的全过程、全体人员纳入质量管理范围,这样将可以把流入消费领域的缺陷商品降低至零。

⑥ 产品生命周期支持。对产品生命周期支持的承诺是保证产品在一段特定时间内能按照顾客要求的那样发挥功效,尤其是在顾客使用产品的过程中,这种支持可以减少故障成本。

实体分配的服务质量不仅与商品储运部门有关,事实上涉及所有渠道成员,包括生产厂商和消费者。只有所有成员加强质量意识,严把质量关,才能够真正提高实体分配的服务质量。

(3) 促销效率评估

分销渠道的促销效率是指在促销活动前后流经分销渠道的商品流通量的变化与预期效果的比较。企业可以用多种方法对分销渠道的促销效率进行测量和评估,而且在不同的市场上做法也可不同。例如,在评价对零售商进行促销的有效性时,可根据促销活动前后零售商销售量、商店空间的分布和零售上对合作广告的投入等进行分析。具体有以下四种方法。

① 通过比较促销前后的销售量或市场占有率评估

从理论上讲,在其他影响消费需求的因素不变的情况下,开展促销活动、增加促销力度必然促使消费者增加商品的购买。但在实际促销过后产品销量是全面提升还是局部提升,市场占有率普遍提高还是个别提高等则是企业需要重点评估的。具体有以下几种。

a. 投入产出比评估法。投入产出比主要反映促销投入与销售产出的平衡关系,即单位投入所获得的销售回报。计算公式为:促销费用÷促销产出。

例如:企业在甲、乙两个市场分别投入 2 万元进行了一次促销活动,实施后:甲市场当月实现 20 万元销售额,乙市场当月实现 12 万元销售额,则投入产出比分别为:2 万÷20 万 =10%,2 万÷12 万=16.67%。从投入产出比来看,甲市场的促销效果优于乙市场。

投入产出比评估法的优点是简洁、直观。缺点是过于笼统,无法反映促销资源的内在实际使用效果。适用条件:没有市场基础,或市场基础非常薄弱,重新启动市场及新产品导入期。

b. 销售增量回报比评估法。销售增量回报比主要反映促销投入与销售增长的平衡关系,即单位投入所获得的销售增长。计算公式为:1-(促销费用÷促销前后的销售差值)。

例如:甲、乙两市场每月销售分别徘徊在 16 万、4 万元左右,为提升业绩,企业对每个市场均投入 2 万元进行了一次促销活动。实施后:甲市场当月实现 20 万元销售额,乙市场当月实现 10 万元销售额,则增量回报比分别为:1-2÷(20-16)=50% 和 1-2÷(10-4)=67%。从增量回报比来看,乙市场的促销效果优于甲市场。

销售增量回报比评估法的优点:体现促销资源对销售增长的贡献情况。缺点:无法体现促销对企业利润的贡献情况。适用条件:适用于市场维护、市场阻击、深度开发等,适用于单一产品或产品毛利率相差不大的促销活动评估。

c. 市场占有率评估。对市场占有率来说,图 2-2-3 显示一个企业所希望看到的假设促销结果。

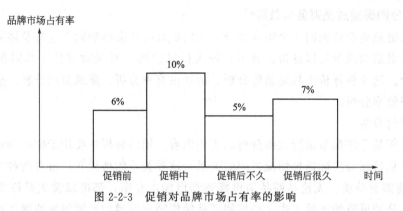

图 2-2-3 促销对品牌市场占有率的影响

假设在促销前,企业品牌的市场占有率为 6%;在促销开始后,由于消费者购买兴趣增加,企业品牌的市场占有率上升,可能上升到 10%。其中增加的 4 个百分点就是促销效果,即吸引消费者前来购买和品牌忠诚的顾客增加购买的结果。促销一结束,消费者的购买量迅速下降,可能原因是消费者拥有过多的存货且正在设法消费,暂时无须购买,所以要等待消费者用完存货,在此期间品牌占有率跌至 5%;等消费者用完存货,又会产生购买欲望。由于前次购买和消费,让他对企业品牌产生了好感,购买时他会乐意购买企业的品牌商品,这样企业的品牌占有率又回升至 7%。这里可发现,此次促销带来了忠诚顾客增加 1% 的效果。在企业的商品质量确实不错,而促销前有许多消费者不知道本品牌的情况下,出现这样的促销效果是很有可能的。

② 通过促销记忆效果评估

评价促销效果的另一种方法,是在目标市场中找一组样本消费者面谈,询问其是否还记得企业所进行的促销活动,是否还记得所促销的商品及其品牌,以了解有多大比例的消费者还记得促销。对那些没有忘记促销的消费者,还可以进一步了解他们对促销活动的看法和感受,这样可以了解他们对促销的内心反应,了解有多少人从中获得利益,促销对他们以后的品牌选择行为有何影响。这种方法常用来有选择地研究某种促销方式对消费者购买行为的影响。

③ 通过实验方法评估

这种实验可随着促销力度(诱因价值、优惠时间及促销组合等)的不同而有所差异。促销力度的改变与地理区域的变换相搭配,可以了解不同地理区域的促销效果。同时,运用实验方法还要进行对顾客的跟踪调查,以了解不同促销力度的效果。

(4) 顾客抱怨及其处理评价

有效运转的分销渠道应当能够给消费者提供高水平的服务,尤其是通过增加各种服务项目,让消费者买得开心、用得放心。这样就可以减少顾客的不满和抱怨。当然,服务质量不仅取决于企业的努力,还取决于顾客对服务质量的看法、对企业的看法和态度以及接受服务时的心情等因素有关。企业在给顾客提供服务中也可能存在不周之处,这样就可能会引发顾客的抱怨。评估分销渠道的服务质量,必须分析企业和有关成员的顾客抱怨数量、抱怨性质和影响的严重性,还要研究有关顾客抱怨的处理效率。对于顾客的抱怨,应当能够及时加以解决,避免矛盾激化。

2.1.2.2 分销渠道成员财务绩效评估

分销渠道是企业营销的一个组成部分,它的成效必然会影响到企业的总体效益,因此有必要对分销渠道的成效加以评价。分销管理人员可运用 5 种绩效评价工具对渠道运行的成效进行评价。这 5 种评价工具是销售分析、市场占有率分析、渠道费用分析、盈利能力分析和资产管理效率分析。

(1) 销售分析

销售分析是分销渠道运行效果分析的主要内容。销售分析主要用于衡量和评估企业所制定的销售计划目标与实际销售情况之间的关系。这种关系的衡量和评价有两种主要方法。

① 销售差异分析。无论是商品销售额还是市场占有率,都可以看成是许多因素影响的综合结果。分销渠道的有效工作,必然使商品销售额有所增加,销售额的增加可能表现为销售量的增加和销售价格的增加。而市场需求的变化、竞争的激烈化等因素往往造成销售量的降低和价格下降,导致渠道销售额的减少。要测定各个影响因素对销售绩效的作用大小,就可以采用销售差异分析。

例如,假设年度计划要求第一季度销售 4000 件产品,每件 1 元,即销售额 4000 元。在该季结束时,只销售了 3000 件,每件 0.80 元,即实际销售额 2400 元,那么这个销售绩效差异为 -1600 元,或预期销售额的 -40%。现在要研究的问题是,绩效的降低有多少归于价格下降?有多少归于销售数量的下降?销售差异分析可以回答这个问题。具体的分析过程如下。

$$因价格下降带来的销售差异 = (1-0.80) \times 3000/1600 = 37.5\%$$
$$因数量下降带来的销售差异 = 1 \times (4000-3000)/1600 = 62.5\%$$

由上述计算结果可知,本假设中的销售差异中有 62.5% 属于分销渠道成员未能实现预期的销售数量。由于销售数量通常较价格容易控制,企业应该仔细检查为什么不能达到预期的销售量。这里的销售差异分析是对整个分销渠道整体效率而言的,着重于分析有关综合评价指标的影响因素的差异,来判断它们对整体分销效果的作用。

② 微观销售分析。微观销售分析用于决定不同的产品、地区对销售绩效的不同作用。例如,假设一个企业在 3 个地区销售其商品,其预期销售额分别为 1500 元、500 元和 2000 元,总额 4000 元。实际销售额分别为 1400 元、525 元和 1075 元。就预期而言,第一个地区有 7% 的未完成额,第二个地区有 5% 的超出额,第三个地区有 46% 的未完成额。显然,问题主要出在第 3 个地区。利用前面的销售差异分析,可以进一步找出造成第 3 个地区不良绩效的原因。一般来说,可能的原因有:该地区的销售代表或分销商工作不努力或有影响其努力程度的原因;有主要竞争者进入该地区,抢占了部分市场份额;该地区居民收入下降,需求水平总体下降。

(2) 市场占有率分析

只分析企业的销售绩效不能说明相对于竞争者而言,其经营成果如何。比如说,企业销售额增加了,可能是其营销工作较之竞争者有相对改善,也可能是企业所处的整个经济环境发展了。市场占有率正是剔除了一般的环境影响来考察企业自身的经营状况。如果企业的市场占有率升高,表明它比竞争者的情况好;如果下降,则说明相对于竞争者其绩效较差。市场占有率分析的方法有 3 种。

① 全部市场占有率。全部市场占有率是指企业的销售额占全行业销售额的百分比。使用这一指标或方法来测量企业的市场占有率水平时，通常需弄清楚两个前提：第一，是以销售量还是以销售额来计算；第二，要明确界定行业的范围，即在计算时应该包含的产品和市场范围。

② 可达市场占有率。可达市场占有率是指企业认定的可达市场上的销售额占企业所服务市场的百分比。所谓可达市场是指企业计划进入的重要目标市场。它具有三个特征：其一，企业认为是其产品最适合的市场；其二，是企业市场营销努力所及的市场；第三，在企业销售绩效中占有重大比重。一个企业可能只有相对较小百分比的全部市场占有率，但是有近100%可达市场占有率。

③ 相对市场占有率。相对市场占有率是指企业销售额与主要竞争对手销售业绩的对比。这一指标可以说明企业分销渠道是否比竞争对手的更有效率。常用两个指标来计算相对市场占有率：一是企业销售额相对最大的三个竞争者的销售额总和的百分比。如某企业有30%的市场占有率，其最大的三个竞争者的市场占有率分别为20%、10%、10%，则该企业三个竞争者的市场占有率总和是40%，则该企业的相对市场占有率为30%/40%＝75%。一般情况下，相对市场占有率高于33%，即被认为是强势的。另一个相对市场占有率是以企业销售额相对市场领袖型竞争者的销售额的百分比来表示的。如果相对市场占有率超过100%，表明该企业本身就是市场领袖；如果相对市场占有率等于100%，表明企业与所考虑的竞争者同为市场领袖。在动态评估中，如果发现这个相对市场占有率呈现增加趋势，表明企业正接近市场领袖型竞争者。

了解企业市场占有率之后，尚需进一步分析市场占有率变动的原因。市场占有率的变动不是生产厂商单独行动产生的效果，而是分销渠道整体行动的效果。通过分析市场占有率的变动，可以判断分销渠道整体的运转效率。

一般来说，企业可从产品大类、顾客类型、地区以及其他方面来考察市场占有率的变动情况。一种有效的分析方法是分别考察和评估顾客渗透率（CP）、顾客忠诚度（CL）、顾客选择性（CS）以及价格选择性（PS）四项因素，然后进行综合评价。具体公式如下：

$$TMS = CP \times CL \times CS \times PS$$

其中：

TMS——全部市场占有率；

CP——顾客渗透率，指从本企业购买某产品的顾客占该产品所有顾客的百分比；

CL——顾客忠诚度，指顾客从本企业所购产品与其所购同种产品总量的百分比；

CS——顾客选择性，指本企业一般顾客的购买量相对于其他企业一般顾客的购买量的百分比；

PS——价格选择性，指本企业平均价格同所有其他企业平均价格的百分比。

假设某企业在一段时期内市场占有率有所下降，则上述方程为我们提供了四个可能的原因：企业失去了某些顾客（较低的顾客渗透率）；现有顾客从本企业所购产品数量在其全部购买中所占比重下降（较低的顾客忠诚度）；企业现有顾客规模较小（较低的顾客选择性）；企业的价格相对于竞争者产品价格显得过于脆弱，不堪一击（较低的价格选择性）。经过调查原因，企业可以确定市场占有率改变的主要原因。假设在期初，顾客渗透率是60%，顾客忠诚度是50%，顾客选择性是80%，价格选择性是125%。根据TMS计算方程式，企业的市场占有率是30%。假设在期末，企业的市场占有率降为27%，在检查市场占有率要素时，发现顾客渗透率为55%，顾客忠诚性为50%，顾客选择性为75%，价格选择性为130%。很明显，市场占有率下降的主要原因是失去了一些顾客（顾客渗透率下降），而这些顾客一般都有高于平均的购买量（顾客选择性下降）。这样，企业营销管理人员就可以对症下药采取相应的改进措施。

BB公司的渠道市场占有率

BB公司是一家生产调味品的企业。一直以来，采用多条渠道销售企业的产品。虽然总的渠道结构没有发生变化，但是多条渠道的相对重要性却一直在变。总的来讲，代理商是它的主渠道，并且它的重要性还在上升，企业直销先升后降，现在稳定在20%左右；专业批发和零售渠道则相对比较稳定，如表2-2-1所示。

表 2-2-1 BB公司企业渠道市场占有率及其变化   单位：%

年份	企业直销	代理商	专业批发	零售直销
1995	25.23	45.96	8.67	20.14
1996	38.78	40.42	8.92	14.88
1997	42.31	38.88	8.95	7.86
1998	35.00	47.00	8.00	10.00
1999	18.35	62.32	10.31	8.07
2000	18.50	62.31	10.21	8.03

（3）渠道费用分析

评价分销渠道的经济效益，必须考察在分销渠道中发生的各种费用。这些费用的总和称为分销渠道费用，一般指零售总成本与制造成本之差。它由如下项目构成。

① 直接人员费用。包括制造商的直销人员、流通企业的销售人员、促销人员、销售服务人员的工资、奖金、差旅费、培训费、交际费等。

② 促销费用。包括广告媒体成本、赠奖费用、展览会费用、促销方案设计与执行管理费等。

③ 仓储费用。包括租金、维护费、折旧、保险、存货成本等。

④ 运输费用。包括托运费用等。如果是自有运输工具，则要计算折旧、维护费、燃料费、牌照税、保险费、司机工资等。

⑤ 包装与品牌管理费用。包括包装费、产品说明书费用、品牌制造费、品牌管理费用等。

⑥ 其他营销费用。包括营销管理人员工资、办公费用等。

评价分销渠道费用的原则有：一是费用多少与功能大小成比例，重要的、难度大的分销功能应当配备较多的费用；二是费用增长与销售增长同步。

合理的渠道费用构成应当是与分销功能分配相匹配的。各个分销渠道功能的有效运行都需要一定的费用做保证，重要的、难度大的分销功能应当配备较多的渠道费用。这样就可以保证渠道费用的合理使用。

（4）盈利能力分析

盈利是分销渠道最重要的目标，也是渠道建设和运转的动力。盈利能力评价主要是通过若干重要指标来进行。这些指标有以下几项。

① 销售利润率。销售利润率用于说明渠道运转带来的销售额中包含了多少利润，用税后利润与商品销售额的比率表示。其计算公式是：

$$销售利润率 = 税后利润 / 销售额 \times 100\%$$

就分销渠道整体而言，"销售额"应当是指最后环节的销售额，即零售额；"税后利润"是指渠道中各个主体的税后利润之和。即：

$$渠道销售利润率 = 各个主体税后利润之和 / 零售总额 \times 100\%$$

② 费用利润率。有效运转的分销渠道能够节约成本费用，带来较高的销售利润。费用利润率用于说明渠道在运行中各种费用支出带来了多少利润，用税后利润与费用总和的比率表示。其计算公式是：

$$费用利润率 = 税后利润 / 费用总额 \times 100\%$$

③ 资产收益率。资产收益率是指企业所创造的税后利润与企业全部资产的比率。其计算公式是：

$$资产收益率 = 税后利润 / 资产总额 \times 100\%$$

资产收益率是企业利用资本总量进行经营所获得的报酬。如果企业是利用贷款或者借债来经营的，那么只有在资产收益率高于平均负债率的情况下，才可以认为分销渠道的运转是有效的。

④ 净资产收益率。净资产收益率是指税后利润与企业净资产之间的比率。净资产是指总资产减去负债总额后的净值。这是衡量企业偿债后的剩余资产的收益率。其计算公式是：

$$净资产收益率 = 税后利润 / 净资产额 \times 100\%$$

（5）资产管理效率分析

资产管理效率分析主要反映渠道资产（如资金、货物等）管理的效率高低。评价指标主要有以下几项。

① 资金周转率。分销渠道的运转不仅是有关商品的流通销售过程，也是资金循环过程。资金周转率，或称资金周转速度，反映分销渠道中资金被循环使用的次数。该指标是以分销渠道中的资产占用总额去除产品销售收入而得到的，其计算公式为：

$$资金周转率 = 产品销售收入 / 资产占用额 \times 100\%$$

例如，在某商品的分销渠道中，2002 年度实现零售额 15000 万元，制造商平均占用资金 500 万元，批发商平均占用资金 600 万元，零售商平均占用资金 300 万元。那么该商品分销渠道的资金周转次数为：

$$资金周转次数 = 15000 / 500 + 600 + 300 = 10.7 次$$

② 存货周转率。在分销渠道中，资金绝大多数是以存货形式存在的，通常称为"存货余额"。存货周转率是指产品销售收入与存货平均余额之比。其计算公式如下：

存货周转率＝产品销售收入/存货平均余额×100%

这一指标说明某一时期内存货的周转次数，反映存货的流动性。一般来说，存货周转次数越高越好。

爱普生公司为其产品建立分销队伍

爱普生公司是日本制造打印机的领头羊之一，当公司打算扩大其产品线生产计算机时，对现有的分销商颇为不满，并且也不相信他们对新兴零售商业有推销能力。爱普生美国公司总裁杰克·沃伦决定招聘新的分销商以取代现有的分销商。杰克·沃伦雇佣了赫根拉特尔公司，并给予如下指示。

(1) 寻找在经营褐色商品（如电视机等）和白色商品（如冰箱等）方面有两步分销经验（从工厂到批发商，到零售商）的申请者；

(2) 申请者必须具有领袖风格，他们愿意并有能力建立自己分销系统；

(3) 他们每年的薪水是8万美元底薪加奖金，提供37.5万美元帮助其拓展业务，他们每人再出资2.5万美元，并获得相应的股份；

(4) 他们将只经营爱普生公司的产品，但是可以经销其他公司的软件；同时，每个分销商都配备一名培训经理并经营一个维修中心。

赫根拉特尔公司在寻找合适、干练的申请者时遇到了很大的困难。刊登在《华尔街日报》上的广告（不提及爱普生公司）带来了1700封申请信，但其中绝大多数是不合格者。经筛选后，利用电话本上的黄页找到了合格的申请者的名称及电话，接着与他们的第二常务经理联系安排面试，经过大量的工作后，提交了最具资格的人员名单。杰克·沃伦亲自面试，选出了12名最合格的分销商负责12个分销区。赫根拉特尔公司也由此获得了25万美元的报酬。

最后一步是与现在的分销商终止业务。由于招聘是暗中进行的，现有分销商对事态发展一无所知。杰克·沃伦要求他们在90天内完成移交工作，他们震惊不已，虽然是爱普生公司最早的分销商，但他们没有合同。杰克·沃伦了解他们缺少经营爱普生电脑生产线和接近目标零售商店的能力，但只有如此。

问题：

(1) 在本例中，爱普生美国公司总裁杰克·沃伦招聘新的分销商的标准是什么？你认为这个标准还可以从哪些方面进行补充和完善？

(2) 假设你有一个朋友正好在波士顿，而且正在考虑从事电子产品的商业活动。如果他被发展为爱普生美国公司的新分销商，那么他与爱普生美国公司建立了哪些关系？尤其是他与爱普生的权利与责任义务关系如何？

(3) 爱普生美国公司总裁杰克·沃伦的招聘新分销商以取代老分销商的决策，是否存在风险？如果是，风险来自哪一方面？

(4) 你认为赫根拉特尔公司在操作程序和方法方面，有哪些成功经验值得借鉴？

陈列小知识

堆箱陈列：堆箱陈列陈列位要选择消费者最常走的路线；应尽量将所堆的商品全面开箱，并将商品正面对着消费者；除非面积够大，否则应陈列品牌的主要规格及配方，库存内应维持大量库存，堆箱部分应保持满货的状态。

端架陈列：端架是指货架两端的架子，是特殊陈列的一种，主要用来陈列促销产品，能起到集中陈列、吸引顾客的目的。

黄金陈列线：黄金陈列线是针对商品的货架陈列排面而言的，是指以人的眼高为基点，平视出去，上下45度角视线投射到货架上的范围，这个高度顾客容易看到，而且伸手可取，所以它对销售的贡献很大，与其他位置相比，能够明显的提高销售额，故称其为黄金陈列位置。

一般超市的8层货架，黄金位置在从下数4-6层；6层货架的黄金位置在最上面3层。黄金位置的销售相比货架最上最下层，要高出39%。

2.2 分销渠道调整与完善

2.2.1 分销渠道调整的原因

导致分销渠道不得不调整、修改的原因很多，如顾客购买模式的变化、产品所属生命周期阶段的变化和环境的变化等都会引起分销渠道作相应变化和调整。

顾客购买模式的变化，如早期顾客大多从制造商手中直接购买个人电脑。后来，由于个人电脑变得更加复杂，而价格又一降再降，此时价格已不再成为约束人们购买个人电脑的主要因素，许多人便开始向有多条产品线、注重产品性能和操作过程的演示与培训、能随时帮助顾客解决一些操作故障的专业零售店购买个人电脑。这样，个人电脑制造商必须重新设计他们的分销渠道结构。

产品所属生命周期阶段的变化也是引起渠道调整的动因之一。当产品进行市场扩张或新的购买者进入时，不同的分销方法开始出现。如传真机最初只能从办公设备制造商或交易商处获得，但传真机的市场发展很快，今天的传真机制造商可以通过多种渠道来分销其产品，如计算机商店、电子产品商店、百货店、邮购公司、超市等。有人对产品生命周期中渠道修改、调整作了如下描述。

投入期：新产品力图通过能吸引早期使用者的专门渠道来进入市场。

成长期：由于购买者兴趣的增加，大量渠道出现，但其分销量仍少于专门渠道。

成熟期：随着增长速度放慢，更低成本的渠道获得发展。

衰退期：随着衰退的开始，附加值非常低的渠道出现。

分销渠道还因为以下原因来调整已有的渠道战略和结构来适应环境的变化。

① 现有分销渠道未达到发展的总体要求。企业发展战略的实现必须借助分销的能力，如果现有分销渠道在设计上有误，中间商选择不当，管理不足，均会促使企业对其进行调整。

② 客观经济条件发生了变化。当初设计的分销渠道对当时而言很科学，但现在个别因

素发生了某些重大变化，从而产生了调整分销渠道的必要。因此，企业应定期地、经常地对影响分销渠道的各种因素进行检测、检查、分析。另外，企业若能准确预测和把握某些影响分销渠道因素的变化，则应提前对分销渠道实施调整。

③ 企业的发展战略发生变化。任何分销渠道的设计均围绕着企业的发展战略，企业的发展战略发生变化，自然也会要求企业调整分销渠道。

2.2.2 调整分销渠道的步骤与方法

2.2.2.1 调整分销渠道的步骤

首先，分析分销渠道调整的原因，确定这些原因是否产生分销渠道调整的必然要求。其次，在对分销渠道选择的限制因素研究的基础上重新界定分销渠道目标。再次，对现有分销渠道进行评估。如果通过加强管理能够达到新分销渠道目标，则无须建立新分销渠道；反之，则考虑建立新分销渠道的成本与收益。最后，对新组建的分销渠道重新设计管理。企业分销渠道的调整可以从3个层次来研究。从经营层次看，分销渠道调整可能涉及增加或剔除某种特定分销渠道成员；从特定市场的规划层次看，其改变也可能涉及增加或剔除某特定的分销渠道；在企业系统计划阶段，其改变可能涉及所有市场经营方法的调整与决策。

2.2.2.2 渠道调整与完善的方法

分销渠道的建立，是基于一定的市场营销环境的，特别是建立在一定的消费者需求基础上的。市场环境时刻都在变化，消费者需求也是不断变化的。因此企业必须创造性地去适应市场环境变化的要求，及时调整和完善分销渠道，实现企业既定的市场目标。企业应该注意，市场环境的变化一部分是周期性的，比如经济周期、流行趋势等，这就需要分销渠道具有一定的适应性和弹性，并进行适当的微调。而市场环境的变化也可能是由于政治、经济、文化的发展进步而表现出的不可逆性，即具有一定的发展趋势。当过去的分销渠道模式和这种趋势相抵触时，企业就必须顺应趋势，对渠道模式进行全局的、重大的调整。

（1）对某些分销渠道成员加以调整

分销渠道调整的最低层次是对渠道成员的调整，内容包括三个方面。

一是功能调整，即重新分配分销渠道成员应执行的功能，使之能最大限度地发挥自身潜力，从而提高整个分销渠道的效率。

二是素质调整，即通过提高分销渠道成员的素质和能力来提高分销渠道的效率。素质调整可以用培训的方法提高分销渠道成员的素质水平，也可以采用帮助的方法改善分销渠道成员的素质水平。

三是数量调整，即增减分销渠道成员的数量以提高分销渠道的效率。

（2）对某些分销渠道加以调整

制造商常常要考虑所使用的所有分销渠道能否一直有效地适用于产品目标市场。这是因为，企业分销渠道静止不变时，某一重要地区的购买类型、市场形势往往正处于迅速变化中，可针对这种情况，借助损益平衡分析与投资收益率分析，确定增加或减少某些分销渠道，这是分销渠道调整的较高层次。具体可采用两种方法：一是对某个分销渠道的目标市场重新定位。现有分销渠道不能将企业产品有效送至目标市场时，首先考虑的不是将这个分销渠道剔除，而是考虑能否将之用于其他目标市场；二是对某个目标市场的分销渠道重新选定。在目前已有的分销渠道不能很好地连接目标市场时，应考虑重新选择新的分销渠道占领目标市场。

以上强调的是一个公司必须确定其最佳的渠道战略，而不是说一个公司只能选择一种渠道来分销其产品。事实上,许多公司都采用了多重渠道的分销战略来扩大其市场覆盖率,吸引不同的细分市场,增强对目标市场的渗透力等。所以一个制造商运用的全部渠道可能包括联合了极少数渠道伙伴或没有联合渠道伙伴的直接渠道和运用了许多渠道成员的间接渠道;在某些地方,制造商用自己的销售力量和仓储工具来分销产品,而在其他地方则完全依赖于中间商和其他渠道成员来进行分销活动。

某食品有限公司的个别渠道调整

某公司在京率先推出的新产品——雪凝酸牛奶采用独特配方制成,非常吸引消费者。该品牌酸奶属于市场流行、零售量很大又不宜久储、产销周期短的食品,所以要求较短的流通时间,尽可能采取较短的分销渠道。根据这一特性,该公司采用以下分销渠道以达到广泛分销的目的。

(1) 零售店直销 公司设有专门针对零售商的销售代表,每人向约 500 个零售商开展业务。通过这一分销渠道销售的产品约占销量的 2/3。

(2) 通常的分销渠道 产品经过一层批发商,再经零售商到达消费者手中。以批发商为对象的销售代表,每人掌握约 10 个批发商。每个批发商联系的零售商数目从几十个到 150 个不等。公司要求自己的每个销售人员做到进柜台协助零售商开展销售工作,随时将批发商、零售商的放映和意见反馈回公司,以提供尽可能完善的服务。5 月份,由于需求量大增,公司还赠送 800 台冰柜给京城各地零售商,以保证产品冰冷、新鲜。

但公司发现其分销渠道存在着许多问题。

(1) 某些零售商进货时索取回扣,否则就不进货、少进货或对外销售时态度消极,如把产品放到柜台下消费者看不到的地方,由于这个原因,该产品仍然有几家北京较大的零售点未能进入。

(2) 某些批发商为了控制更多的零售商私自降价,扰乱了市场,这实际上是少数批发商之间在争夺零售商,导致公司无法有效地对中间商进行控制,反而受制于某些批发商。

(3) 酸牛奶厂家每天或隔天向中间商发货,待每月底结清货款,但某些中间商仍然拖欠货款,使公司资金周转困难。

据此,公司对其分销渠道加以调整。

(1) 该公司的产品属当地产当地销的商品,厂家对批发商的依赖度较小,因此该公司决定不再给批发商以厚利,而以吸引零售商为重点。价格上给零售商以相对于批发商幅度更大的让利,并建立现行批发价 2.00 元/瓶,出厂价让利 10%,定为 1.8 元/瓶,这样批发商只有 10% 的差价,有效地控制了私自降价。

(2) 在直接向消费者促销的同时,向中间商促销,对大量购货的批发商、零售商按比例免费提供一定数额的产品,用合法的销售折扣鼓励中间商经销。

(3) 严格挑选批发商,与有实力、讲信誉的批发商建立良好的合作关系,对于好的批发商,公司提供储运条件加以扶持。

经过这一调整,公司的分销渠道逐渐完善。

(3) 对整个分销渠道系统加以调整

由于企业自身条件、市场条件、商品条件的变化，原有分销渠道模式已经制约了企业的发展，就有必要对整个分销渠道系统作根本的、实质性的调整。这种调整涉及面广、影响大、执行困难，不仅要突破企业已有渠道本身的惯性，而且由于涉及利益调整，会遭到某些渠道成员的强烈抵制。这是分销渠道调整的最高层次，企业应谨慎行事，筹划周全。如果企业将直接式渠道模式改为间接式渠道模式、将单一的渠道模式改为复式渠道模式等，那么不仅涉及渠道成员数目增减的策略问题，还关系到企业市场营销组合策略的其他方面。企业一般在两种情况下才会作出对现有渠道模式进行根本调整的策略：一是由于企业整体战略和策略的调整而引起的渠道模式及结构的不适应；二是原有的渠道模式和结构发生重大的问题，无力纠正，并无法继续使用。

2.2.3 分销渠道调整与完善的方向和措施

为了适应市场需求的变化，整个渠道系统或部分渠道必须随时在评估的基础上加以调整与完善。当然，这种调整与完善是相互的，一方面要尊重中间商的选择，另一方面企业可以和中间商按股份制原则结成更为紧密的关系。但一般情况下，这种调整与完善应不断地进行局部的调整。

在调整过程中，要注意处理好企业内部营销人员和中间商之间的感情和利益关系，防止出现较大的负面影响，尤其是要避免负激励将中间商推向竞争对手的情况。中间商在分销过程中不可忽视的作用决定了企业必须充分考虑中间商的利益，这样才能使合作长久地进行下去。

分销渠道的落后及其变革意味着许多机会的存在，企业在调整与完善自身分销渠道的过程中，可从以下方面采取措施。

(1) 关注顾客满意度　面对不满的顾客，企业应找出使顾客满意的关键驱动因素，投资于那些给顾客带来实际效益而成本较低的渠道。戴尔正是由于有了从电脑知识比其更少的经销商处购买电脑的不快经历后，创造了电脑直销法，开创了个人电脑业的神话。

(2) 开发新渠道　新兴的分销渠道会带来全面的顾客期望值，并且会重新定义成本和服务标准。如在消费品行业，仓储式大型超市重新划定了规模和价格/价值关系，从而获得了传统零售商不可比拟的成本优势。所以企业应定期全面评估现有的和可替换的渠道，以开发利用新渠道，服务新细分市场。

(3) 填补市场空白　各个分销渠道趋向于服务各个不同的细分市场，如果公司未使用其中一种分销渠道，便可能错过整个细分市场。曾有一家计算机设备公司由于忽略了系统集成商而失去了巨大的潜在市场。故企业可在不伤及其主要的旧渠道的基础上引进新渠道，填补市场空白。

(4) 重组渠道　成功的企业往往在管理内部问题之余，也积极维护整个分销系统的竞争力。由于渠道成本受规模成本影响，企业可通过鼓励分销商整合来加强其网络系统，取得成本优势。此外，那些向优秀分销商提供优惠政策的渠道优化重组法也可提升整个渠道的经济性。

AB集团的渠道变革

1996年，AB集团的商业公司已发展到21个，覆盖全国大多数地区，专卖店120家、专卖厅 600 余个。此时，AB 西服的市场占有率已为同类商品的 25%，一度领先第二名近 20 个百分点。1997 年，AB 的销售额达到 21.9 亿元，这期间，AB 每年以至少 20 个店的速度向前发展。然而，市场却在一夜之间变了脸。在产品过剩的买方市场，消费者已不可能百分之百地喜欢某一产品，有的接受有的不接受。计划经济背景下形成的营销体制，为 AB 带来上千个销售网点的同时，也产生了上千个仓库的库存。在这种经营模式下，单纯地扩大服装企业规模，一味地追求销量，库存就会一天天地增加，这势必会造成成本费用上升、利润下降的恶性循环。1999 年初，AB 集团决定对销售体制进行彻底改革，犹如壮士断腕般地将销售部门全部砍掉，全面实行特许经营的营销模式。打破原有的分公司体系，把分公司的销售市场卖给代理商。即 AB 通过削减各地的主导分公司，把 AB 品牌和各地特许加盟商捆绑在一起，通过市场化的运作来给加盟商"加压"，从而使 AB"减压"。实施"特许经营"后，总公司的管理费用、服务费用大幅度下降，效率得以提升。经营成本也大大降低，且销量不再以库存作为代价。

问题：
试分析 AB 集团渠道变革的原因，这种变革方式有哪些风险？

 拓展阅读

渠道调整步骤图（图 2-2-4）

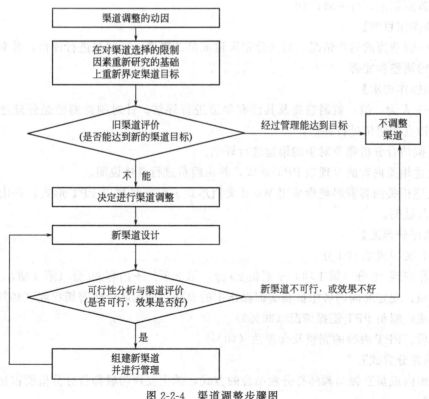

图 2-2-4　渠道调整步骤图

课后小结

在任务 2 分销渠道绩效评估管理中,我们通过两个方面的学习,了解和掌握了以下内容:

_____

_____

思考与分析

1. 评估分销渠道成员的财务状况通常设置哪些财务指标?
2. 评估渠道成员绩效的常用方法有哪些?
3. 如何评估渠道成员对渠道运行的贡献?
4. 分销渠道运行状态评估包括哪些方面?
5. 如何对分销渠道的运行绩效进行评估?
6. 评价渠道的盈利能力指标与评价渠道成员的盈利能力指标有何差异?
7. 为何要对分销渠道进行调整和完善?
8. 分销渠道的调整包括哪些层次?

实训操作

【实训操作名称】

对制造商渠道进行绩效评估。

【实训操作目的】

就某一制造商的运作情况,对其分销渠道成员及渠道运行状况进行评价,并对分销渠道进行必要的调整和完善。

【实训操作要求】

1. 4～5 人为一组,就制造商及其已有渠道进行评估。针对制造商的经营理念、公司规模、产品特点及定位进行评估。

2. 模拟结合分析竞争对手的渠道进行评估。

3. 上述相关内容的呈现以 PPT 形式,并由组员进行具体说明。

4. 上述相关内容资料整理采用 Word 文档形式、汇报呈现以 PPT 形式,并由组员进行详细讲解及说明。

【实训评分标准】

任务 2 实训成绩 100 分

＝操作表现 40 分(第 1 项)＋汇报 20 分(第 2 项)＋内容 40 分(第 3 项)

第 1 项:规定时间内各组员在实训操作中的表现,即团队合作密切程度(40%);

第 2 项:组员 PPT 汇报情况(20%);

第 3 项:PPT 内容的完整及合理性(40%)。

【实训评分方式】

采用组内成员互评与教师打分相结合的方式,学生互评与教师打分分值所占比例分别为 30%、70%。

【可展示成果】
1. 整理完整的 Word 文档。
2. 内容合理完整的 PPT。

任务 3　分销渠道的激励管理

学习目标 ▶▶▶

知识目标

了解什么是分销渠道的激励措施,理解对分销渠道成员进行激励的作用及意义,认识渠道激励措施中的返利政策。

技能目标

能把握渠道激励的"度",会制定相应的措施对渠道进行激励。

素质目标

通过对分销渠道激励措施的学习,引发学生对渠道激励的思考,培养学生主动思考面对渠道激励的问题除了审时度势地运用恰当的措施外,还应该考虑哪些问题,充分调动学生的学习积极性。

案例导入 ▶▶▶

华为公司的渠道激励

在市场经济的大潮下,企业要想生存,要想取得辉煌的成绩,除了产品、人才这两个众所周知的要素以外,营销渠道成了第三个必不可少的上升通道。可以看到,随着市场竞争的日益激烈,如何吸引并激励更多的合作伙伴更好地销售自己的产品,成为众多供应商渠道管理的一个重要课题。

作为国内较早建立渠道营销管理部的电信企业,华为很早就把渠道的建设作为企业产品营销的一个重要通路,在不同的阶段提出了不同的渠道销售策略。

从最初创业起,很长一段时间都把直销作为自己唯一的销售渠道的华为在企业形成一定的规模,再加上正式向国际市场发起进攻之后,发现随着客户群体的不断扩大,企业需要一种能为不同的客户提供有针对性的全面的产品解决方案的方式,因此果断地改变了直销这个一直是华为销售生命线的渠道策略,转而寻求制定一条新的销售渠道。经过不断地完善改革,华为最终形成了今天的分销商供应渠道模式。

华为着手打造的这个全面的分销渠道平台是基于销售与服务合作伙伴、培训合作伙伴及直接用户建立的一个较为完善的体系。这个分销体系包括第一级的高级分销商,以及下属的区域代理商、高级认证代理商、行业集成商、一级代理商、区域分销商等,旨在为客户提供端到端的产品一体化解决方案。

华为的这个销售渠道经过扁平化处理,进一步加强了渠道功能的细分以及行业的覆盖率，代理商之间没有绝对的从属关系，享受同样的政策优惠，均依靠业绩积累和周转获得与华为产品品牌、性能、服务水平相当的利益。

为了使分销商这个销售渠道保持畅通，华为对渠道合作伙伴在市场推广、技术培训等方面也给予更多的激励和支持。

例如在2002年2月2日召开的"华为网络2001年渠道表彰大会"上，一大批华为的合作伙伴就受到了华为的表彰，并获得了华为为其发放的金额从5万元到25万元不等的奖励。在对代理商进行表彰的同时，华为还宣布正式出台专门针对代理商的销售人员的"阳光里程俱乐部"表彰计划，这一带有激励性质的计划是华为在渠道推广中实施的一种激励机制，所有的华为认证代理商的销售人员都可以参加到俱乐部中去，成为俱乐部的会员。这些销售人员的销售业绩，都会通过他们向华为上报的订单进行统计汇总，从而赢得积分。根据积分的多少，会员可以从基本会员，晋升为银牌会员，乃至金牌会员。华为再根据他们的业绩，对其进行各种不同等级的物质奖励。

"2002阳光商业计划"自实施以来，得到了华为合作伙伴的肯定与支持，渠道销售情况取得了很大进展，为今后华为渠道的市场拓展起到很好的推动作用。

在此基础上，华为企业网事业部又推出了勇士计划，对开拓空白行业的合作伙伴进行奖励。据介绍，该计划奖励的对象为华为公司企业网网络产品省级未实现销售行业的第一个项目订单。

同时，华为在2003年6月24日首次启动了针对渠道代理商的一系列技术培训，此举的目的是通过对渠道商的技术培训，既提高了渠道代理商们的技术服务水平，提高了华为渠道的竞争力，又增进了华为与渠道代理商之间的沟通与交流。

2003年，华为数据通信产品在国内市场的销售额达到28亿元。赛迪数据显示，当年，华为路由器、以太网交换机在国内市场分别占据21.6%和21.2%的市场份额，此时思科的对应份额下降为41.6%和29.5%。这意味着思科在中国数据通信领域绝对垄断的格局将被打破，华为在中国网络IP领域领军者的地位初步奠定。

经过改革后的华为通信产品销售渠道在2004年基本完成了其战略布局，销售量稳步上涨，已经具备了冲击海外市场的实力。

案例提示：生产商在选择确定了分销渠道成员之后，都希望渠道成员共同合作，密切配合，以求实现渠道目标，实现共赢。但分销渠道成员的管理是跨组织管理，渠道成员有各自的目标，制造商需要给予分销渠道成员一定的激励措施，才能使分销渠道成员对其尽职尽责。

鉴于此，在任务3我们将学到的内容主要有两部分，一部分是分销渠道激励的概述，其中包括什么是渠道激励、渠道激励的作用及意义、渠道激励应遵循的原则与方法，另一个部分是渠道激励的内容包括激励的措施有哪些、激励的"度"如何把握。

知识链接

3.1 分销渠道激励概述

3.1.1 什么是渠道激励

3.1.1.1 关于渠道激励

渠道成员的激励是指渠道管理者通过强化渠道成员的需要或影响渠道成员的行为增强渠

道成员间的合作精神,提升其工作积极性与经营效率,最终实现企业目标的过程。因此,渠道激励就是生产制造商希望通过持续的激励举措,来刺激中间渠道成员,以激发分销商的销售热情,提高分销效率的企业行为。

在选择的渠道成员确定下来之后,渠道管理者应开始努力培养成员之间良好的合作伙伴关系以提升整体渠道的经营效率,这就离不开日常工作中的监督和激励。同时,对中间商的经常监督和激励也是及时消除渠道中冲突与矛盾行之有效的方法之一。因此,研究对渠道成员的激励与控制在整个渠道管理过程中有着非常重要的作用。

美国哈佛大学的心理学教授威廉·詹姆士在《行为管理学》一书中指出:合同关系仅仅能使人的潜力发挥到 20%～30%,而如果受到充分激励,其潜能可发挥至 80%～90%,这是激励活动可以调动人的积极性的缘故。

的确,产品从厂商到达用户的整个过程需要催化剂,有效的激励措施就是这种催化剂。对于厂商而言,使用催化剂的目的无非就是希望经销商、二级批发商以及零售商等能更多提货、更早回款,从而降低厂商的运作风险。

了解需求只是激励的第一步,随后应该做的是采取有效的激励措施。中间商作为重要的渠道成员之一,他们销售商品的积极性主要来自哪里呢?一般来讲,要有效地调动中间商的销货积极性,就必须了解他们的需求。对中间商而言,他们的需求主要有:畅销的产品;优惠的价格;丰厚的利润回报;一定量的前期铺货;广告及通路费用支持;市场业务工作指导;销售技巧方面的培训;及时准确的供货;优厚的付款条件;特殊的补贴和返利等。

3.1.1.2 渠道激励的作用

渠道系统是由两个不同利益目标和思考模式的利益主体构成的,中间商和生产制造商的关系不是上令下行的关系,维系二者之间合作关系的纽带是他们对利益的共同追求。因此,对生产制造商而言,为了使整个系统有效运作,渠道管理工作中很重要的一部分就是不断地增强维系双方关系的利益纽带,针对渠道成员的需求持续提供激励以及经常性地进行渠道促销以增强渠道活力。

渠道激励的作用如下。

① 通过渠道激励,生产制造商可以获得更为理想的销售业绩。通过激励中间商,在产品从生产制造商转移到中间商之后,中间商便能主动积极地进行商品陈列、商品展示和各种促销努力,促使消费者做购买决策,从而加大产品的销售力度。

② 通过渠道激励,中间商成为制造商与消费者之间信息沟通的桥梁。通过激励中间商,使他们积极地为制造企业提供顾客的需求信息和市场的变化趋势,同时也使中间商成为企业信息的传播者、企业信誉的建立者和产品形象的维护者。

③ 通过渠道激励,整个渠道成员共同受益。生产制造商实现了营销目标;中间商获得物质或精神上的利益提升,进一步拓展了生存空间;消费者则通过更有效和活力的物流通道得到个更大优惠与便利。

3.1.1.3 渠道激励的前提

了解渠道成员的需求和问题的常规方法是通过渠道的交流来实现,包括渠道直接交流和渠道间接交流。其中,直接交流有:与销售人员交流,与销售商的交流,从公司刊物、产品资料中获得信息等。间接交流有:从各种商业刊物等各种媒介中获得信息,与政府官员等外界保持联系等。但是这些交流所提供的信息并未通过正规的计划,并且提供的信息也不全面和及时。所以，对于渠道经理来说，更有效的获得信息的方法可以从以下四个方面来考虑。

(1) 制造商对渠道成员进行研究　在实际中，制造商对最终顾客的研究已经非常普遍。对顾客希望得到的产品、品牌偏好、购买行为及其他信息都研究的非常透彻，并且投入的研究经费也较大。但是，对分销渠道成员的研究却非常少见，甚至很多有实力的制造商也没有做这项工作。据估算制造商对分销渠道成员进行研究的支出不足研究经费预算的1%。但事实上，不对分销渠道成员进行研究会引起他们之间的很大分歧，大大降低分销效率。举例来说，某制造商认为经销商不关心产品的销售情况，因为经销商的销售人员在访问顾客时从来不带制造公司的产品样品。而从经销商的角度看，他们认为制造商不关心对经销商的销售支持，因为制造商的产品样本不适合销售人员携带。如果不针对这个问题进行研究，那双方的误解就不会消除。结果是制造商对经销商的需求及问题进行了研究，研究发现经销商不愿意带产品样品的原因很简单，此制造公司的产品样品设计用公文包携带，而其经销商的销售人员根本不带公文包。知道这一信息后，制造商重新设计了产品样品，使它小到能够用口袋携带，从而使问题得到了解决。

(2) 由外部机构进行研究　由外部机构来对渠道成员的需求和问题进行研究可以获得完全客观的信息，特别是对于那些没有市场研究部或市场研究能力有限的制造商来说，依靠外部研究机构可以获得从其组织内部无法得到的专家技能。例如，一家主要的高档酒类生产厂家过去依靠自己的销售人员"研究"其批发商的效率，但他们的研究结果总是与销售数据及零售反馈不一致。采用第三方研究机构后，通过与零售商的深入交流，了解他们对批发商的态度和看法，生产厂家对批发商的表现有了更真实的认识。这一结果使得该酒类生产厂家能够对其营销渠道进行大的重组。

(3) 分销渠道审计　渠道经理应该对分销渠道进行定期审计。通过审计，可以了解渠道成员对制造商的营销计划的看法，例如，产品的目标市场；价格策略；新产品的市场开发情况；销售人员的表现等。另外，在进行分销渠道审计时，必须详尽地确定制造商与批发商、制造商与零售商之间的相关条款。

通过定期审计，了解哪些是不变的因素，哪些是逐渐消失的因素，哪些是新出现的因素等，从而把握分销渠道的发展趋势。

(4) 经销商委员会　经销商委员会应当由制造商最高管理层的代表及渠道成员主要负责人的代表组成。制造商最高管理层的代表应当包括主管营销的副总经理、销售总经理及销售部门的其他高层管理人员；经销商方面的成员应当包括所有经销商5%～10%的代表。有两位执行主席，一位是由经销商成员选举产生，另一位是由制造商销售部门的高层管理人员担任。

通过经销商委员会，可以带来三个方面的显著优势：一是通过渠道成员参与制定计划，从而能促进渠道成员对一些政策的认同；二是通过经销商顾问委员会，使各渠道成员有了一个充分讨论相互需求和问题的场所；三是能增进渠道成员的相互理解和信任。

3.1.2　渠道激励的实施方法

(1) 向中间商提供适销对路的优质产品　提供适销对路的优质产品，这是对中间商的最好激励，就是说生产部门应该把中间商视为消费者的总代表，只有这样，这些商品才能顺利地进入终端市场。

（2）给予中间商尽可能丰厚的利益　此措施用以提高经销商的积极性，特别是刚刚进入市场的产品和知名度不高的产品更应该如此。

（3）协助中间商进行人员培训　许多产品需要安装调试、维修、改装、施工、技术改造以及其他业务的技术咨询，这些生产企业不能完成或不能全部完成的工作，就必须请中间商代为完成，因此就必须要帮助中间商培训人才。

（4）授予中间商独家经营权　即指定某一经销商为独家分销商或独家代理，这种做法能够调动中间商的经营积极性。中间商经营一种产品，特别是作为大企业或者名牌产品的独家分销商，可以提高其在市场的声望和地位。

（5）双方共同开展广告宣传　生产企业在当地做广告时，应充分听取和采纳一级批发商的建议，同时商讨有关问题，共同策划，共担风险。

（6）对成绩突出的中间商在价格上给予较大的优惠　对分销商来讲，最直接的动力就是能取得较丰厚的利润，中间商在较大差价带来的较丰厚的利润的驱动下，会积极拓展市场，力求尽快把货物销售出去。

（7）对工作认真负责的中间商给予额外的奖励　如在铺市陈列、网络维护、市场稳定、提前付款等方面表现优秀的中间商应给予奖励，鼓励其继续发扬，做到更好。

案例思考

善于"画饼"的海尔

以前，海尔和他的渠道成员在讨论下一年、下一季度或下一个月的任务目标时，总想向对方相比上次多压一点货，比如上次压了 50 台电脑，下个月就说 70 台应该没问题吧，对方一想，确实差不多，这样，环比增长实现了，双方都挺高兴。

其实这就好像大多数笔记本厂商都在说 2010 年的任务目标是 100％同比增长，任务订得高些，不管能不能实现，至少让大家有紧迫感，得玩命去干。完成了，给员工高额奖金，渠道给高额返点什么的，这是传统的激励方式。

不过最近，海尔在渠道激励方面采取了一个新的方法，相当有效。

首先，海尔把当地市场份额第一的厂商找出来，比如通常是联想，就让当地的海尔渠道商看一看联想的代理这一年这一季出了多少货。

其次，把当地市场容量算一算，比如按人口、购买力，然后告诉他，这个市场未来会是多大，现在才有多少，你的空间就算出来了。

接下来，要让渠道商明白你的空间不是竞争对手给你让出来的，是你通过自己的努力和上游的配合做到的，然后让渠道商考虑决定是否要做当地市场份额第一的渠道商。

当地渠道商听了这样一个前所未闻的思路，觉得有奔头了，积极性高了，开始想方设法开拓更多的下级渠道，营业额在 3 个月之内竟然从几万元爆发式增长到 50 万。而且劲头十足地要去争当第一，因为认识到下面的市场太大了。

海尔白电在 2009 年的同比增量，是 7 年前总销量的 7 倍！你不能想象，很多海尔白电的县级经销商，2009 年的销售额都从几百万规模增长到了几千万的规模，个个都发了大财。

因此，企业在不同发展时期的激励方式是不一样的，特别是在发展中的区域，到处是机会，你不看长远，不抓住机会去拼一把，那你要后悔一辈子。

问题：
请你结合案例说明下，海尔是如何"画饼"的，你是如何理解的。

中间商在中国市场的地位

中国市场是一个很奇怪的市场，它既不是一个生产商做主的市场，也不是一个终端零售商做主的市场，主宰这个市场的，是非常容易被一般消费者所忽视的中间商。很多企业打广告，一掷千金，他们不是打给产品的最终消费者看的，而是打给产品的中间商看的。中间商看了广告，或许就会来进他们的货，他们的货就能够迅速铺到市场上，所以，我们经常会看到一种十分奇怪的代理商或中间商现象，只要代理商、中间商喜欢你的产品，你的产品就会在短时间内铺得到处皆是，而如果中间商、代理商不再喜欢你的产品，你的产品就会从市场上消失。在中国市场上，一些产品上个年度销售还十分火爆，下个年度就可能突然在市场上找不到了。原因可能并不是产品不好，市场不需要，消费者不欢迎，而是厂家没跟中间商、代理商搞好关系，得罪了这些中间商。

3.2 分销渠道激励的内容

3.2.1 分销渠道的内容形式

渠道激励的内容丰富多彩，激励中间商的形式多种多样，但归根结底不外乎物质激励与精神激励、直接激励与间接激励等内容形式。

3.2.1.1 物质激励与精神激励

（1）物质激励

物质激励永远都不失为一种有效的激励形式，追求利益是渠道的天性。如果运用得当，物质奖励往往会起到非常好的激励效果。

中间商作为独立运营的企业，获取利润是其进行经营活动的根本目标，因此，生产制造商可以根据中间商的经营目标和需要，在谈判与合作时提出一些商业利益上的优惠条件来实现对中间商的鼓励。

具体包括以下策略。

① 对中间商返利。返利是指厂家根据一定的评判标准，以现金或实物的形式对中间商进行的滞后奖励。其特点是滞后兑现，而不是当场兑现。从兑现时间上来分，返利一般分为月返、季返和年返三种；从兑现方式上来分类，返利一般分为明返、暗返两类；从评判标准上来分类，返利可以分为销售返利和过程返利两种。在这我们重点说明下销售返利和过程返利。

销量返利。我国大多数企业对中间商采用的方式是销量返利政策，即根据中间商销售量的大小来确定返利比率，中间商销量做得越大，返利比率越高。这种销量返利政策的目的在于较大限度地提升中间商的销售积极性，鼓励中间商尽可能多地销售本企业产品。在产品进入市场初期，这一政策的作用较为明显，是帮助企业尽快提高市场占有率及品牌知名度的有效手段。但当产品进入快速发展期或成熟期时，企业销售工作的重点逐步转向稳定市场，随着竞争的日益激烈,销量返利也可能导致中间商窜货乱价等短期行为。

过程返利。过程返利政策则是依据渠道激励的全面性原则,根据企业所处的不同阶段对中间商在营销过程中的管理及投入(包括销售量、铺货率、安全库存保有量、区域销售政策的遵守、专销程度、配送效率和付款及时性等指标)进行综合评定来确定返利标准。与销量返利相比,过程返利既可以提高中间商的利润,从而扩大销售,又能防止中间商的不规范运作,有助于渠道的长久发展。

② 给予中间商价格折扣。制定各种价格折扣政策,给予中间商最优惠的价格,实质上是变相地让利给中间商,这是渠道利润分配的一种手段,体现了厂家和中间商"利益共享"的渠道激励思想。

③ 放宽信用条件。通常相对于生产制造商而言,许多中间商的资金实力都非常有限,他们对付款条件也会较为关注。因此,企业应针对此类渠道成员的特定需要,通过对其诚信度的调查,适当地放宽对付款方式的限制,甚至可在安全范围内为其提供信用贷款,帮助其克服资金困难,如此也能达到较好的激励效果。

④ 各种补贴。针对中间商在市场推广过程中所付出的种种努力,企业可以带有奖励性质地对其中一些活动加以补贴,如广告费用的补贴、通路费用的补贴、商铺陈列的补贴等,如此既拓展了产品的市场广度和力度,也能提高渠道成员的工作积极性。

概括地说,物质激励作为激励渠道成员的一种重要手段,能最大限度地满足中间商的利益保障需要,激发其工作热情,但过多地使用物质激励也可能会导致渠道出现价格失控、管理失控的混乱局面,同时还需要承担企业利益损失的风险。因此,企业应在了解中间商实际需要的前提下,以建立长远稳定的发展渠道为目标,有针对性地适度使用物质激励政策。

(2) 精神激励

物质激励固然非常重要,但要想对所有的中间商都能产生巨大的激励力量,还必须配合精神激励才能达到理想的效果。如果能使中间商感到自己受到重视,在渠道中有较大的发言权和自主权,那么必然会形成较强的凝聚力和渠道忠诚度。虽然确实有少数中间商只看重短期经济利润,不去关注企业的长远发展,但最终真正做强大的都是那些注重企业成长、有长远战略眼光的中间商。因此,满足中间商的这部分需求也是一种有效的激励方式。

① 通过协商、咨询等方式使中间商参与企业的战略制定及业务管理工作,一方面能帮助企业直接获取目标客户的信息反馈,另一方面也可满足渠道成员归属和被认可的需要,最大限度地提升其工作积极性。

② 企业在管理中适当授权给中间商,如赋予其独家经营权或者其他一些特权,对中间商来说也是一种很好的激励方法,可以满足其地位提升心理的需要,使其产生较强的成就感和责任感,从而达到较好的激励效果。

③ 加强与中间商的合作范围和力度。将渠道成员间单纯的产品供销合作,拓展到共同进行产品的研发与改进、市场开发与推广和售后服务等领域,以进一步扩大产品品牌的知名度。在全面合作的基础上,增进渠道成员间的沟通与感情,维持了较好的渠道稳定性,同时不断提升的品牌效应也可使渠道成员长期受益,成为对其最好的激励。

④ 在专业性上对渠道成员进行全方位的培训。如产品培训、行业培训、销售及维修人员培训,甚至市场营销培训等,将对渠道成员产生一定的吸引力和感召力,在渠道整体经营能力不断提升的同时,也减少了渠道的冲突和摩擦。

⑤ 及时了解渠道成员的实际困难并帮助解决。如当中间商出现较大的人员变动、组织

结构不清晰或信息通讯不畅等问题时,企业可在控制自身风险的前提下尽力为其提供帮助,以维持渠道的稳定性、增强渠道的凝聚力。

总之,对渠道成员的激励必须从不同企业的实际需要入手,结合多种方式对其进行帮助和鼓励。只有物质激励与精神激励相结合,才能达到理想的激励效果。

3.2.1.2 直接激励与间接激励

(1) 直接激励

直接激励指的是通过给予物质或金钱奖励来肯定经销商在销售和市场规范操作方面的成绩。实践中,公司多采用返利的形式奖励经销商的业绩,销量返利旨在提高销售和利润。事实上,销量返利就是为直接刺激经销商的进货力度而设立的一种奖励。在实际操作中,销量返利有三种形式。

① 销售竞赛。对在规定的区域和时段内销量最大的经销商给予丰厚的奖励。

② 梯级进货奖励。对进货达到不同等级数量的经销商,给予一定的返利。如年累计进货达10000件,每件返利0.5元;累计进货达20000件,每件返利0.7等。

③ 定额返利。若经销商达到一定数量的进货,给予一定的奖励。比如,每进货100件赠送1件。

(2) 间接激励

间接激励就是通过帮助经销商进行销售管理,以提高销售的效率和效果来激发中间商的积极性。间接激励的方法多种多样,主要有以下几种。

① 帮助中间商建立进销存报表,进行安全库存数和先进先出库存管理。进销存报表的建立,可以帮助中间商了解某一周期的实际销货数量和利润;安全库存数的建立,可以帮助中间商合理安排进货;先进先出的库存管理,可以减少即将过期品的出现。

② 对零售商提供间接激励,帮助零售商进行零售终端管理。零售终端管理的内容包括铺货和商品陈列等。通过定期拜访,帮助零售商整理货架,设计商品陈列样式,在举办促销活动时,做一个漂亮的堆头或堆箱陈列。

③ 对中间商提供专业培训。在国际市场上,企业经常向中间商提供培训销售和维修的人员、商业咨询服务和帮助。比如美国福特汽车公司在拉丁美洲培训代理商,训练的内容是拖拉机和设备的维修和使用。这一培训工作大大促进了福特汽车公司和当地代理商的合作,也提高了代理商的工作效率。

④ 共同开展广告宣传和市场推广。当某一新产品进入一个新市场的时候,它通常不为销售者所知晓,中间商一般不愿意经营这种产品,除非企业提供强有力的广告宣传。与中间商合作,共同承担广告宣传费用或提供推广支持,这样既可减轻中间商的经济负担,又减少了企业的销售阻力,从而达到双赢的目的。

实际上,间接激励达到的效果可能比直接激励重要得多,因为从本质上讲,销量返利是一种变相降价,是对明日市场需求的提前支取,是一种库存的转移,尽管它可以提高渠道成员的利润,焕发经销商的销售热情,为竞争者的市场开发设计路障,但它只能创造即时销量,而且为经销商实施低价越级销售提供了可乘之机。而提供管理和销售帮助的间接激励则是一种致力于建立协作双赢关系的手段,有利于产品战略的调整和创新,符合企业可持续发展战略的长远考虑。

3.2.2 渠道激励的重点措施

企业可以采用各种各样的方式对其中间商、分销商进行激励,但从目前的营销实践来看，使用频率最高、激励效果最明显的渠道激励措施，主要有返利、渠道促销、销售竞赛等几类形式。

3.2.2.1 关于返利

(1) 返利的概念

返利是指厂家以一定时期的销量为依据，根据一定的标准，以现金或实物的形式对经销商的利润返还或补贴。

返利的作用体现在：对生产厂家来说，是希望最大限度地激发经销商销售自己产品的积极性，通过经销商的资金、网络，加速产品的销售，以期在品牌、渠道、利润等诸多方面取得更高的回报；对经销商来说，则是厂家对自己努力经营其产品所给予的奖励，是其经营利润的主要来源之一。

(2) 返利的功能

返利具有两种特殊功能，即激励和控制，这两种功能是相辅相成的，二者之间是一种互动关系。

返利首先是一种激励手段，它能刺激分销商按时、提前或超额完成之前制定的销售任务。由于返利对经销商而言是一种额外利润收入，而且门槛要求不高，只要实现了销售就会有相应的返利，所以能够起到激励经销商的作用。

同时，返利也是一种控制手段，厂家利用经济杠杆对分销商实施控制。返利是有一定要求和标准的，达不到要求（如销量目标、回款率、退货率等）则不能获得返利，所以获得返利并不是一件轻而易举的事情，特别是高比例的返利。除了对经销商有销量或销售额方面的要求之外，企业一般还会要求经销商不能有严重违规行为，否则将受到扣减返利甚至取消返利的处罚。返利的控制功能由此可见。

(3) 返利的目的

企业常常通过给予物质或现金奖励来肯定经销商在销售量和市场规范操作方面的成绩，刺激经销商努力达到销售目标和开拓市场。在企业高返利政策的诱导下，经销商会尽一切努力把销量冲上去，争取把高的返利拿下来。我们说，追求利润是渠道的天性，这对于厂商双方来讲都是有利的。不过，不同的企业制定返利政策的指导思想也就不一样了，下面是企业返利政策的指导思想。

① 以提升整体销量或销售额为目的。促使经销商提升整体销量或销售额是返利最主要的目的，返利也因此常常与销量或销售额挂钩，经销商随着销量或销售额的提升而享受更高比例的返利。

某企业产品的返利政策

销售区域	年销售额/万	返利/%	备注
省级代理商	30～120	2	①每年合同年终统一按照合同销售量执行返利；②返利实行级差返利；③此返利年终以相同价值的油品统一结算；④返利油品不计入次年销售额；⑤防冻液的返利政策另行通知
省级代理商	120 以上	3	
地市级代理商	30～60	1	
地市级代理商	60 以上	2	

其他返利政策补充：①免费配送宣传资料；②单批进货在1万元以上配有促销品；③单批进货在5~10万元的代理商有1%促销品。

② 以完善市场为目的。实际上，这是返利发挥其控制功能的一种形式，除与销量或销额挂钩之外，返利还将与提高市场占有率、完善网络建设、改善销售管理等市场目标相结合。

③ 以加速回款为目的。将返利直接与回款总额挂钩的返利方式，可以有效加速资金回笼的速度和进程。

④ 以扩大提货量为目的。这种返利往往采取现返的方式，类似于价格补贴。大多数时候，此类返利分为两部分，一部分采用现金返利方式兑现，另一部分则是一段时期之后根据这段时期总的销量或销额再进行返利，即累计销售返利。

⑤ 以品牌形象推广为目的。此类返利有时候也被称为"广告补贴"，与销量或销额挂钩，并参照补贴市场的实际广告需求确定返利比例。需要说明的是，此类返利与销量或销额返利并存，不同市场的两部分返利的比例关系不是一致的。

⑥ 以阶段性目标达成为目的。这是为配合企业阶段性销售目标的完成特别制定的阶段性返利。例如，企业为促使经销商进货、增加库存，可采取阶段性返利政策，经销商若超过此期限进货则不再享受此项返利政策；企业新产品上市推广阶段也通常采用特殊时期特殊产品的高返利，以促使短期销售上量，达到市场突击的效果。

(4) 返利的分类

① 按返利兑现时间分类。通常返利是滞后兑现，而不是当场兑现。所以从兑现的时间上来分，返利可分为以下几类。

及时返利。及时返利是以每单销量为依据的返利。这种返利方法是在购货时即进行返利，一般采用票面折扣的方式。其优点是计算方便，兑现快捷；缺点是无过程，影响市场价格，不是返利本身的初衷。小商贩常采用这种形式。

月度返利。月度返利是以月度的销量为依据的返利。月度返利有利于对经销商进行即时的激励，让经销商随时可以看到返利的诱惑，也比较容易根据市场的实际情况、淡旺季来制定合理的任务目标和返利目标底线，操作起来非常灵活。但这种返利方法对公司财务核算有比较高的要求，而且月度返利金额往往较小，诱惑力不够，还容易出现投机心理，引起市场大起大落等不稳定现象。比如经销商往往为了追求本月的高返利而拼命压货，导致下月的销售严重萎缩。这种方式往往被一些走量较快的消费品企业采用。

季度返利。季度返利是以季度的销量为依据的返利。这种返利方法既是对经销商三个月销售情况的肯定，也是对其后三个月销售活动的支持。这样就促使厂家和经销商在每个季度结束时，可以对前三个月合作的情况进行总结和反省，相互沟通，共同研究市场情况。季度奖励一般是在每一季度结束后的两周内，由厂家选择一定的奖励形式予以兑现。季度返利方式在企业中往往不被经常采用。

年度返利。年度返利是以年度的销量为依据的返利。这种返利方法是对经销商完成当年销售任务的肯定和奖励，一般是在次年的第一季度内兑现。年度返利便于企业和经销商进行财务核算，容易计算营销成本，且便于参考退换货、销售任务目标等政策因素，而且年度返利账面金额往往比较大，对经销商有一定的诱惑。年度返利能够有效缓解企业结算压力，同时也有利于企业资金周转。对经销商来说，虽然返利周期比较长，对其即时性激励不够，但也有持续激励的效果，经销商经营一年下来有一个良好的盼头。加上兑现时间与企业年会相吻合，企业可以借此总结、激励和安排明年目标，所以此种形式被大多数企业所采用。

② 根据返利兑现方式分类，可分为明返和暗返两类。

明返。明返利指明确告诉经销商在某个时间段内累积提货量对应的返点数量，是按照与经销商签订的合同条款，对经销商的回款给予的定额奖励。明确的返利，对调动经销商积极性有较大的作用，但需要有配套的考核体系，对经销商比较熟悉和了解。

但是，明返是按量返利，也容易陷入恶性循环。明返利的最大缺点在于，由于各经销商事前知道返利的额度，如果厂家稍微控制不力的话，原来制定的价格体系很可能就会因此瓦解。为了抢夺市场和得到返利，经销商不惜降价抛售，恶性竞争。最终，厂家的返利完全被砸了进去，不但起不到调节渠道利润的作用，反而造成了市场上到处都是乱价、窜货的现象。

暗返。暗返利是指对经销商不明确告知，而是厂家按照与经销商签订的合同条款对经销商的回款给予的不定额奖励。暗返利不公开、不透明，就像常见的年终分红一样。它在一定程度上消除了一些明确返利的负面影响，而且在实施过程中可以充分地向那些诚信优秀的经销商倾斜和侧重，较为公平。但是，暗返利在过程中虽然是模糊的、不透明的，可是在实施的一瞬间，模糊奖励就变得透明了。经销商会根据上年自己和其他经销商模糊奖励的额度，估计出自己在下一个销售周期内的返利额度。

通常暗返利只能与明返利交叉使用，而不能连续使用，否则，暗返利就失去其模糊的意义了。

(5) 返利内容

① 产品返利。产品返利应包括主销产品、副销产品、新产品等不同的产品系列返利。企业通过对不同的产品线实施不同的返利标准来实现产品的均衡发展，鼓励经销商积极销售非畅销产品。例如，某酒厂设置的产品返利标准如下：珍品系列返利为2%，精品系列返利为1.5%，佳品系列返利为1%，新产品系列返利为5%。

② 物流配送补助。随着经销商职能的变化，经销商由原来的"坐商"变为"物流配送商"，产品的运输费用成为经销商的主要费用开支，这些开支包括车辆折旧费、汽油费、过桥费、司机工资等。如果这些费用不能从产品的返利中得到补偿，将会影响经销商销售这些产品的积极性，产品的销量也会随之下滑。所以，在返利系统中，设置"物流配送补助"项目，将有利于经销商积极地开展销售活动。

③ 终端销售补助。终端销售，主要是指需要收取进场费、陈列费、堆头费、DM费等费用的连锁超市和商场等K/A卖场。由于这些费用名目繁多、手续复杂、企业审核的工作量大，其真假难辨。同时，这些费用的多少又没有一个绝对的标准。而对于同一个项目的费用，不同的人谈判又可能有几种截然不同的结果。因此，应设置"终端销售补助"，将这些费用折合成比率，返利给经销商，作为通路费用补贴。

④ 人员费用补贴。为支持经销商在当地开展工作，有些企业会为其在当地聘请销售人员。然而，企业要实现对这些销售人员的管理和监控是很困难的，为了表示企业对经销商的人员支持，经过经销商申请，企业可折算成一定返利比例，作为对经销商所核定的人员编制的工资支持。

⑤ 地区差别补偿。由于产品在不同区域的市场基础不一样，产品知名度、美誉度也就不尽相同。有的区域市场基础好，产品销量自然要高，以产品销量为基础的返利标准，显然对市场基础差的经销商是不公平的。为公平起见，企业应设置"地区差别补贴"，以激发市场基础差的经销商的积极性。

⑥ 经销商团队福利。为把一盘散沙的经销商组织起来，企业应成立经销商行会、团队或互利会，并给予会员一定的返利作为会员福利，如给予经销商销量的1%作为加入行会的福利等。

⑦ 专销或专营奖励。专销或专营奖励是指经销商在合同期内，专门销售本企业的产品，不销售任何其他企业的产品，在合同结束后，厂方根据经销商销量、市场占有情况以及厂家合作情况给予一定奖励的企业行为。在合同执行过程中，厂家将检查经销商是否执行专销或专营约定，专销或专营约定由经销商自愿确定，并以文字形式填写在合同文本上，年终以返利形式兑现。

（6）返利的形式

返利兑现的常用形式包括现金、产品和折扣等。企业在选择兑现方式时，可根据自身情况进行选择，以方便客户和自己，起到激励和控制的作用。

① 现金。可以根据经销商的要求和企业实际情况，以现金、支票或冲抵货款等形式兑现。如现金金额比较大，企业可要求用支票形式兑现。现金返利兑现前，企业可根据事先约定折扣相应的货款。以现金兑现的方式刺激力度大，但因厂家资金压力大，很少被企业采用。目前大多数企业以冲抵货款的方式兑现返利，这对双方都是方便有利的。

② 产品。以产品形式返利，就是企业用经销商所销售的同一产品或其他适合经销商销售的畅销产品作为返利。需要注意的是，产品必须畅销，否则返利的作用就难以发挥。这种返利方式有利于厂家销售产品，而且以厂家产品价格核算返利金额，对厂家是非常有利的，经销商通常也会接受，但激励效果会略大折扣。倘若畅销品牌还可以，如果是一般品牌，经销商就不大乐意。

③ 折扣。账面折扣，这是一种常见的及时返利模式。其特点就是返利不以现金的形式支付，而是让经销商在提货时享受一个折扣，但前提是现款现货交易。厂商主要是通过这种模式减少自身的现金压力，尽快回笼资金。

（7）确定返利水平

国内已形成一定生产规模的厂家纷纷推出了对商家返利的政策，而且逐渐形成了各个行业的返利惯例和约定俗成的返利习惯比例。行业不同，返利的做法和比例也很不一样。然而，多大的力度才最合适呢？

返利作为额外的奖励，首先，必须具有一定的诱惑力。对于以利为先的商人来说，返利的力度必须能刺激经销商努力去提高销量，以获取尽量多的利益。其次，必须在严格财务核算的基础上确定奖励点数的范围。不同行业的利润率是不同的，所以点数的确定需科学、合理。返利的力度还需考虑行业利润和厂家的承受能力，毕竟返利是营销成本的一部分，企业在确定前要充分考虑同行业的水平、产品的利润水平、产品类别和竞争对手的返利水平等。隔行如隔山，对不同行业的了解和对竞争环境的把握，是科学合理的返利水平确定的关键。

3.2.2.2 关于渠道促销

如何选择一个适宜的进退自如的激励支点，已成为了经销商管理的瓶颈。渠道促销就是这个支点,撬动了经销商,销售就成功了一半。关键是如何找到一个支点,既能激励经销商努力地卖货,又不窜货乱价。经销商促销是厂家通过改善渠道状况、改善与一级经销商的关系和提升销售业绩的一种杠杆启动方式。由于借助经销商这个杠杆来间接启动渠道,在杠杆支点的选择上,即具体促销政策的制定和促销激励手段的使用上,面临着诸多变数。

(1) 促销政策的制定

好的促销政策可以促进销售,差的促销政策反而会使销量下降,所以在制定促销政策时一定要考虑好以下几个方面。

① 促销的目的。很多人认为促销就是增加销售额,这种观点有失偏颇,比较笼统,不便于企业管理、考核。所以企业在制定促销政策时必须明确促销的目的,明确促销能够增加多少销售额,增加多少批发商以及能够渗透多少终端店等。

② 促销力度的设计。设计促销力度,首先要考虑到促销能否引起分销商的兴趣,要能够吸引分销商参与,促销才有意义;其次要考虑促销结束后分销商的态度,是否能使其增加进货量;再次要考虑该力度是否会引起向周边窜货的行为,可以参考流通到周边的平均运输成本比例;最后还要考虑成本的承受能力以及产品的利润水平。例如,食品行业促销,一般将力度控制在5%以内以防止窜货;家电类资金密集型行业,比例会更低一些,1%就已经是不小的力度了。

③ 促销的内容。促销的内容一定要新颖,能够吸引人。可以是送赠品、折扣、联合促销、累计奖励、刮卡、换购、抽奖等。渠道促销以数量折扣、价格折扣、赠品促销为主,目的是突击销量。

④ 促销的时间。促销在什么时间开始,什么时间结束,一定要设计好,并要让所有的客户都知道。每个行业都有自己的销售高峰期(旺季),都有自己的淡旺季规律,一定要把握好行业规律,抓住促销的时机,才能达到最大的销量效果。

⑤ 促销活动的管理。促销活动在正常营销工作中占有很重要的位置,无论是公司统一组织、统一实施,还是分区组织、分区实施,从提交方案到审批、实施、考评、总结,都应当有一个程序,从而确保促销活动的过程控制,保证促销活动的执行效果。管理执行不到位,容易出现虎头蛇尾,影响活动效果,浪费促销资源。

(2) 促销激励的手段

企业对中间商的促销激励手段名目繁多、各不相同,大致分为以下三种。

① 经销商进行的促销激励

长期年度销售目标奖励。厂家设定一个销售目标,如果经销商在规定的期限达到了这个目标则按约定的奖励给予兑现;也可设定多个等级的销售目标,其奖励额度也逐级递增,激励经销商向更高销售目标冲刺。经销商的奖励最好不要为现金或货物等,以避免出现低价倾销或冲货等扰乱市场的行为发生。例如2000年宏宝莱公司将"新马泰港澳"15日游作为经销商年终激励奖,取得了极好的效果,使经销商获得了荣誉,得到了旅游,也开阔了视野,增加了学习沟通的机会。

短期阶段性促销奖励。厂家为提高某一阶段的销量或其他营销目标而开展一些阶段性促销奖励。相对于长期目标奖励,短期促销更有诱惑力,更能激发经销商的积极性。例如:百事可乐经常开展此类促销活动,如"即日起至月末经销商进货25件赠1件"等。

非销量目标促销奖励。除具有针对性的销量促销奖励外,开展如"产品专项经营奖励、铺货奖励、陈列竞赛"等一些营销目标奖励也是十分必要的。如华润啤酒公司、百事可乐公司的产品专项经营奖励，在一定程度上将竞品排挤在经销商的大门之外。

对经销商的促销必须注意两点：一是经销商为达到目标、取得额外利益会采取低价倾销的手段，为此奖励额度不宜过大，避免奖励现金或同类产品；二是促销期间大量囤货，一旦无力快速出货，待促销结束就得闲置一段时间才能进货，出现销售窒息现象。

② 对二级批发商进行的促销激励

有实力的厂家除了对一级批发商设计了促销奖励外，还对二级批发商进行了短期的阶段性促销，以加速产品的流通和分销能力。如"百威"啤酒公司在上海市场曾对其二级批发商签订奖励合约，凡在规定时间内达到销量目标并拥有50家固定的零售客户，即可获得相应价值的奖品，这一策略使其产品得以较快的速度铺到终端售点。当然，这样做同时也将渠道的竞争力提高了。

③ 对终端售点进行的促销激励

除了激励批发商的经销积极性，还应该激励零售商，提高他们进货销货的积极性。如提供一定的产品进场费、货架费、堆箱陈列费、POP张贴费、店庆赞助和年终返利等。为了吸引消费者的注意，还应借助于售点服务人员、营销员的主动推荐和推销，以扩大消费者的购买数量。

如"虎"牌啤酒针对酒店服务人员的促销奖励活动：只要服务人员向消费者推荐售卖了"虎"牌啤酒后，可凭收集的瓶盖向虎牌公司兑换奖品。目前，"瓶盖换物"已成为各啤酒厂家常年的销售补贴项目。但是，类似活动也有相应的弊端——促销一停，销售即降。

3.2.2.3 关于销售竞赛

经销商与销售人员一样，同样需要定期获得达到某一目标的动力。在短期销售竞赛活动中，获胜给予的奖励和认可能够提供直接的动力。虽然经销商获利与获得赞赏同等重要，但获利并不能带来赞赏。只有以奖杯奖品而不是金钱的方式给予的赞赏才能有助于推动经销商创造更加辉煌的业绩。更重要的是，赞赏不仅来自厂商，而且还来自家庭和朋友，因此，奖品能够带来快乐和激励效果。实践证明，"胜利"以及成为"最好"等荣誉能够对经销商提供真正的强效激励。

故此，厂商在渠道管理过程中经常开展一些销售竞赛项目，吸引经销商参与其中，将娱乐、工作、利益结合在一起，引进竞争的因子，通过追求一种荣誉，调动经销商以及全体销售人员的积极性，推动市场活动顺利开展，达到促进销售的效果。

(1) 销售竞赛的奖励标准

① 以销售额为奖励标准。包括全部商品的销售总额；特定产品的销售额，特定营销业务员的销售额；相对上一期的销售增长率和销售额的目标达成率。

② 以其他事项为奖励标准。包括销货回收比率；费用折扣占达成销售额的比率；新产品销售工具或广告诉求的创意水平；新顾客、新配销通路的开发业绩，商品陈列或营销技巧；论文或研究成果的发表状况。

(2) 销售竞赛的注意事项

销售竞赛要有一个清晰、明确的目标，要有合理的设计和公平的评判标准和落到实处的奖励。对于获得新客户、销售选购商品或处理积压存货这类目标，销售竞赛最能发挥作用。销售竞赛在增强销售和鼓舞士气的同时，也会带来一些不良后果。销售竞赛常常会导致进货过多、过度推销等，因此在选择销售竞赛方法时，也应注意防止负面作用。

在奖励的设计中，要注意的问题是要把物质奖励与精神奖励结合起来使用，如果只有精神奖励而无物质奖励往往对营销业务员没有吸引力，只有物质奖励而无精神奖励则不利于敬业精神的倡导。因此，奖励方式最好是在颁发奖状或荣誉证书的同时，附带发放一定的奖金和奖品，以同时满足营销业务员对利益和名誉的双重追求。

(3) 经销商销售竞赛设计的步骤

一是确定销售竞赛目标；

二是确定优胜者奖赏；

三是制定竞赛规则；

四是确定竞赛主题；

五是制定竞赛费用预算；

六是召开经销商动员和总结会议。

3.2.3 渠道激励"度"的把握

激励是通过一定的手段和方法，调动其对象的积极性和能动性的一种管理行为。根据社会心理学的"态度—行为"理论，人的态度决定人的行为及其效率。故此，渠道激励就是制造商希望通过持续的激励举措，来刺激中间渠道成员的销售热情，以提高分销效率的渠道管理行为。然而，渠道激励是一项复杂的系统工程，其激励在时效、形式、力度、频度、条件、执行等方面都显示出极大的变动性、灵活性、复杂性甚至微妙性。激励得当，它是渠道动力，可以激活渠道，推动渠道整体良性运行，而如果实施不当，出现激励过分、激励不足或激励失效等问题，它则可能变成渠道发展的阻力，甚至破坏力。所以，如何把握渠道激励各环节的"度"，找准渠道激励的"均衡点"，就显得至关重要。

3.2.3.1 "返利"——激励的"度"如何把握

顾名思义，"返利"就是制造商根据分销商所完成的销量（回款）或其他贡献定期给予分销商一定额度的利润补贴。它实际上是渠道利润的平衡和再分配过程，是制造商惯用的吸引和控制渠道成员的手法，并逐渐成为行业惯例。

(1) 关于返利的力度　返利应该多大力度（比例）才合适呢？这个问题困扰着许许多多的职业经理人。因为力度太小了，对渠道成员没有吸引力；力度太大吧，厂家利润不允许。而且，如果返利力度较大，聪明的分销商会将一部分预期返利打入价格，降低价格来销售，以博取更大销量和更多返利。这样一来，低价倾销、"窜货"、价格战在所难免，厂价有可能被卖穿（低于厂价），厂家的价格体系和市场秩序将会受到破坏。产品价格下降，渠道利润下滑，市场必将萎缩，甚至垮掉，这方面健力宝和旭日升给我们提供了沉痛的教训。然而，究竟多大力度才合适，由于各行业存在巨大差异，所以业界也没有定论。一般来讲，科技含量高的、资金密集型的行业，如家电，由于销量（销售额）比较大，所以返利额度一般比较小，以 1%~2%比较合适；而科技含量较低、劳动密集型的行业，如食品，由于销量（销售额）比较小，所以返利额度相对较大，在 3%左右比较合适，但不能超过 5%。为使返利真正成为激励力量而不是破坏力量，厂家在制定返利政策时必须参照两条标准：一是行业的平均水平，二是不至于引起冲货。此外，厂家一般设置的是"梯级返利"，即销量越大，返利越高。这里要提醒的是，适当拉开差距，兼顾公平，不能过分偏向大客户而轻视中小客户，注意上限的设置以及"过程返利"的实施。

(2) 关于返利的频度 返利在频度上一般有月度返利、季度返利、半年返利和年终返利几种。月度返利体现快捷、立竿见影的特点，为一些中小经销商喜欢，但厂家的财务管理难度增大，也容易导致短期行为，只适于部分经营快速消费品的中小企业采用。季度返利也追求快速兑现的承诺，让分销商看到希望并很快实现希望，有很强的成就感，且持续刺激，激励效果较好，往往适用于一些生产季节性较强的快速消费品的中小企业，如生产面包、新鲜牛奶和时装的企业，但同样存在短期行为和结算难度大的问题，且不利于渠道的长远规划，没有整体感。而半年返利很少企业有采用，只有少数一年召开两次年会的企业选择这种做法。年终返利是绝大多数厂家惯常使用的返利方式，因为一年是一个完整的销售周期，厂家可以对分销商进行一次完整的考核，通过每年一次的年会对上一年的销售工作进行总结，并兑现年终返利，同时，对来年市场进行整体规划，并制定新一年的目标和返利政策，所以，它是一种与目标激励相结合的全面、持久的激励方式，具有很强的生命力。

(3) 关于返利的形式 返利有返现金、返货款折扣、返物品、返优惠政策等。

返现金最刺激，经销商最喜欢，但对厂家不利，会加速厂家资金链的紧张。返货款折扣，即是将返利金额算出，在来年的货款当中扣除，这种方式对厂家有利，经销商也能接受，因此被广泛使用。有的厂家返物品，即将返利金额购买成物品送给经销商，如大卡车、三轮车、电脑等，以武装经销商，主要希望不会影响到价格体系，此法也未尝不可。另外一些厂家返优惠政策，比如价格优惠、渠道费用支持、广告支持、促销支持、人员支持等，其实，这些都是变相返利。此外，返利从操作上有明返和暗返（模糊返利）之分。明返让经销商心中有数，有刺激作用，但容易导致大客户低价销售而扰乱市场。模糊返利呢？大客户不敢贸然低价销售，因为不知道返利究竟多少，这对维护价格体系有利，因此不少企业采用。

(4) 关于返利的条件 到目前为止，很多企业采用的还是单一销量（回款）指标考核计算返利的形式，这种形式简单易操作，在市场经济的初期起到了催化剂的作用，但随着市场经济走向成熟、走向深入，我们不得不关注价格体系和市场秩序的时候，这种"结果导向"的返利形式就显得越来越落伍了。因为简单的销量返利会助长低价、冲货、不择手段、短期行为，对市场发展不利。所以，现在越来越多的厂家采用"过程导向"的综合指标（如目标销量完成、价格体系保持、市场秩序维护、品牌推广支持等）分解考核返利，即把返利总额分解到多个指标上分别给予考核，分别兑现返利，以弱化销量指标，强化市场维护和市场支持指标，旨在追求市场的良性、持续发展。而且，业界也在逐渐淡化返利的功能，强化分销商自身赢利能力的提高，这是未来的一种趋势。

3.2.3.2 "渠道促销"——激励的"均衡点"

"渠道促销"是厂家针对中间渠道商（经销商、代理商、批发商、终端零售商）所进行的促销活动，目的是刺激渠道成员的进货热情和销售积极性，其实质同样是渠道利润的再分配（厂家让利），也是厂家惯用的渠道激励方法。

(1) 渠道促销的时效问题

一般来说，新品上市、库存处理、旺季冲销量、淡季保市场，都需要进行渠道促销，这是厂家的惯用做法。渠道促销具有适度超前的特性。特别是季节性促销抢量，更需要恰当掌握适度超前的时机。就拿一般消费品来讲，一年至少有"五一、五四"、"国庆、中秋"、"圣诞、元旦"以及"春节"几个大的销售旺季，这几个时段的销量往往占到全年总销量的60%以上，所以，做好这几个时段的促销文章就显得尤为重要。根据行业运作规律，渠道促销应该在（终端）大旺季销售来临之前进行，因为商家有一个旺季前备货的过程。旺季前抢得先机进行针对渠道商的促销，可以抢占渠道的资金、仓库和陈列空间，挤压和排斥竞争对手，实现销量最大化并赢得竞争优势。而如果到了终端销售旺季才进行渠道促销，那就晚了，渠道商可能既没有资金也没有仓库来进你的货了。那应该提前多久进行才最合适呢？根据以往经验，提前15—30天都行，20天左右最好。因为太早，渠道商没兴趣，没准备，而且没精力顾及此事。太迟，渠道商无暇顾及，而且无力顾及。

（2）渠道促销的力度和频度

渠道促销在力度和频度上也非常讲究。力度太小了对渠道商没有吸引力，力度太大了，厂家没法承受，而且容易引发冲货。

促销次数太少，不利突击销量和拓展市场；促销太频繁了，又容易使渠道商厌倦。所以这个"度"的问题非常难以把握。根据以往经验，渠道促销的力度以"有吸引力且不至于引发冲货"为原则。比如食品的促销，一般控制在3%～5%的力度，这个力度有一定诱惑力，但又没有足够的空间支持冲货，因为从一个城市运到周边城市，运费也要3%～5%，冲货没有意义。所以，产品从一个城市运到周边城市的平均运费（比率）就是该产品在该城市可采用的促销力度的参考值。

此外，促销的频度也有讲究，合理的频度应该以"库存得以消化、价格已经反弹"为原则。上一次的促销在渠道中囤积的货物如果已经得到有效消化，渠道商已经开始以原价进货，批发价已经恢复到未促销时的水平，说明市场已经恢复良性，此时可以准备第二波促销动作，但最好持续一阵儿再进行，最好与旺季热点相吻合。因为渠道促销是透支未来销量，它往往造成销售价格下跌。如果促销过于频繁，库存未能很好消化，必然造成渠道积压严重，小则跌价窜货，影响价格，大则低价甩卖，导致渠道崩盘；如果促销过于频繁，渠道商会形成促销依赖症，不促销不进货，逼着厂家一次次加大力度促销，直至不堪重负而死去，旭日升的覆灭就是鲜活的例证；如果促销过于频繁，价格还没有反弹到正常水平又开始促销，势必形成降价惯性，价格会越卖越低，永远也反弹不上来。价格卖低，渠道利润会下降，厂家利润也会下降，渠道商会消极应对，整个渠道会因为驱动力不足而逐渐萎缩，到这时，离退出市场也就不远了。

（3）渠道促销的形式、执行以及区域连动因素

渠道促销有变相降价或升价两种形式，以降价形式为主。主要表现为进货折扣（现金折扣、数量折扣、功能折扣、季节折扣等）、赠品、抽奖、奖券、市场支持承诺（包括广告投入、终端促销、费用支持、人员支持等）以及其他促销措施，这些都是积极有效的渠道激励形式。但是，渠道促销在执行过程有很大的弹性，往往容易出现很大的漏洞而使本来很完美的促销方案效果大打折扣。比如说，折扣政策，厂家是希望刺激经销商大量进货，享受折扣，并且将折扣政策往下分解，让下游批发商、零售商也享受折扣，以促进他们积极进货。但如果执行或监控不力的话，经销商往往将折扣独享，囤积货物慢慢销售，这就违背了厂家开展渠道促销的初衷，刺激不了下游分销商、零售商。对于赠品、奖券以及市场支持等，情况仍然如此。此外，渠道促销还应该考虑区域连动因素。也就是说，一个地区的促销要考虑它对周边市场的冲击，包括价格冲击和市场秩序问题，要把一个大的区域市场当做一个整体市场来考虑，统筹安排，长远规划，才有利于整体市场的良性发展。所以，一个地区搞促销，最好控制到不会对另一地区市场造成严重影响。如果控制不了，最好同时进行，可以考

虑以同样力度但以不同方式促销，以避免雷同而影响促销效果。

可见，在渠道激励问题上，商家希望多多益善，厂家则要考虑投入产出。如何找到这个"均衡点"，恰当把握激励的"度"，既能有效激励，又能兼顾公平，这是摆在每一个市场管理者面前的一道难题。而渠道激励是分销渠道得以持续有效运行的动力来源，是它驱动着渠道物流、商流、资金流、信息流的不停运转，以实现渠道增值，同时激活渠道活力。追求利益是渠道的天性，渠道本质上由利益所驱使，渠道激励就是渠道利益的"重新分配"。分配得好，它会形成渠道动力，推动渠道有效运行，提高企业分销效率和效益；分配不好，它则会成为渠道破坏性的力量，导致渠道冲突，影响厂商关系。

为此，我们提出渠道激励的六大基本原则：具体问题具体分析（因时因地因企业而异）的原则；物质激励与精神激励相结合（两手都要硬）的原则；成员愿望与渠道目标相一致（目标一致性）的原则；激励的重点性与全面性相结合（兼顾公平）的原则；激励的及时性与长期性相结合（持续发展）的原则；激励的投入与产出相匹配（效益性）的原则。只有掌握了以上渠道激励的辨证原则，我们才能理解渠道激励的复杂性和微妙性，才能更好地把握渠道激励的"度"和"均衡"，以发挥其最大效益，实现分销最优化，并且推动整体渠道的协调、健康发展。

361 的渠道激励方案

一、目标

使 361 公司在同行之中获取核心竞争优势，吸引优秀的渠道商到企业来、开发渠道商的潜在能力、促进他们充分发挥其才能和智慧、留住优秀渠道商、造就良性的竞争环境、调动他们工作积极性，提高企业绩效。

二、步骤

（1）同时通知相应的渠道商相应的激励方案。

（2）在约定的时间内统计好应得到奖励的渠道商，并及时给予相应的奖励金。

（3）向相应的渠道商大力发放得到奖励的渠道商名单。

三、组织措施

1. 直接激励（物质激励）

（1）对中间商返利，根据销售额的一定百分比返利；或者设置一定的销售额梯度，进行梯度式（台阶）返利、设置销售年终奖等。

（2）放宽信用条件，增加渠道商一定的、合适的决定权。

（3）各种补贴，比如商店的维护费用、产品在运输、存放等过程中的损害补贴。

（4）设立市场支持奖励金，奖励一部分大力推广本公司产品、品牌的渠道商。

（5）（期限）提货返点，对提货积极的渠道商返还一定的资金。

（6）老品（滞销品）促销，向渠道商低价抛出老品（滞销品）。

（7）福利促销，向在促销活动期间的一部分积极渠道商提供之后合作过程中的一些特定的福利。

（8）阶段奖励/模糊奖励，在不同的阶段，给予渠道商一些模糊的奖励，让渠道商无意间尝一些甜头。

2. 间接激励（精神激励或者是帮助中间商进行销售管理）

(1) 提供适销对路的优质产品。

(2) 帮助经销商建立进销存报表，做安全库存数和先进先出库存管理。

(3) 帮助零售商进行零售终端管理。

(4) 帮助经销商管理其客户网来加强经销商的销售管理工作。

(5) 库存保护。

(6) 产品及技术支持。

(7) 积极开启促销活动。

(8) 协助中间商进行人员培训。

问题：

(1) 在本例中，361公司的激励目标是什么？

(2) 假设你是该公司的主管，你认为上述激励方案可行否？还有可改进之处吗？

拓展阅读

(1) 进场费（也叫进店费）是商场和超市利用其在市场交易中的相对优势地位，向供货商收取的一种费用。

(2) 商品陈列指以产品为主体，运用一定艺术方法和技巧，借助一定的道具，将产品按销售者的经营思想及要求，有规律地摆设、展示，以方便顾客购买，提高销售效率的重要宣传手段，是销售产业广告的主要形式。

(3) 堆头：在商场和超市中，一个品牌商品或一系列商品以单独摆放形成的商品陈列，一般都是放在花车上或箱式产品直接堆码在地上，称为"堆头（堆码）"。通常用于较容易大量销售、适合堆放的主推商品。

堆头费：因为其陈列方式和地点与货架陈列不同，引起的注目率也不同，故供货商要向超市缴纳一定的费用才能申请到堆头，这个费用叫"堆头（堆码）费"。

(4) DM费。美国直邮及直销协会（DM/MA）对DM的定义如下："对广告主所选定的对象，将印就的印刷品，用邮寄的方法传达广告主所要传达的信息的一种手段。"DM除了用邮寄以外，还可以借助于其他媒介，如传真、杂志、电视、电话、电子邮件及直销网络、柜台散发、专人送达、来函索取、随商品包装发出等。DM与其他媒介的最大区别在于：DM可以直接将广告信息传送给真正的受众，而其他广告媒体形式只能将广告信息笼统地传递给所有受众，而不管受众是否是广告信息的真正受众。

(5) KA卖场。KA即KeyAccount，中文意为"重要客户"、"重点客户"，对于企业来说KA卖场就是营业面积、客流量和发展潜力三方面的大终端。确切的指国内国外大型连锁超市、卖场，单店面积至少拥有3000平方米以上；卖场内的商品种类要齐全，能满足大多数人的一次性购物需求，人流量大，经营状况良好。

国际著名零售商如沃尔玛、家乐福、麦德隆等，或者区域性零售商，如上海华联、北京华联、深圳万佳等，都是KA卖场。

课后小结 ▶▶▶

在任务3分销渠道的激励管理中，我们通过两个方面的学习，了解和掌握了以下内容：

_____

_____

_____

思考与分析 ▶▶▶

1. 什么是渠道的激励？
2. 渠道激励的作用及意义是什么？
3. 渠道激励的内容包括哪些？
4. 请详细介绍返利政策。
5. 如何进行渠道中的促销政策？
6. 如何把握渠道激励的"度"？

实训操作 ▶▶▶

【实训操作名称】

请为你企业的渠道设计有效的激励措施。

【实训操作目的】

就某一制造商的渠道运作情况，为其运行中的渠道设计有效的激励措施。

【实训操作要求】

1. 以先前实训时的组别为依据，每组选组长一人。
2. 在规定的时间内完成该公司产品的分销渠道设计方案。
3. 上述相关内容的呈现以 PPT 形式，并由组员进行具体说明。
4. 上述相关内容资料整理采用 Word 文档形式、汇报呈现以 PPT 形式，并由组员进行详细讲解及说明。

【实训评分标准】

任务3实训成绩100分

＝操作表现40分（第1项）＋汇报20分（第2项）＋内容40分（第3项）

第1项：规定时间内，小组成员讨论表现，协调分工任务分配是否合理（40%）；

第2项：组员 PPT 汇报情况（20%）；

第3项：PPT 内容的完整及合理性（40%）。

【实训评分方式】

采用组内成员互评与教师打分相结合的方式，学生互评与教师打分分值所占比例分别为 30%、70%。

【可展示成果】

1. 整理完整的 Word 文档。
2. 内容合理完整的 PPT。

项目二 分销渠道的维护管理

任务 4 分销渠道的冲突管理

学习目标 ▶▶▶

知识目标

了解什么是分销渠道冲突，理解分销渠道冲突的类型及危害，认识分销渠道冲突的实质。

技能目标

能对分销渠道中的冲突进行预防，会制定对策解决窜货。

素质目标

通过对分销渠道冲突管理的学习，引发学生对渠道冲突管理的思考，培养学生主动思考面对渠道冲突的问题，除了审时度势地运用恰当的措施外，还应该考虑哪些问题，充分调动学生的学习积极性。

案例导入 ▶▶▶

樱花卫厨利用"渠道冲突"启动上海市场

渠道冲突是每个企业都希望能避免的现实。然而有些企业却以冲突作为手段来启动市场，当品牌有一定影响力时再进行渠道盘整并对市场严加管控进行区域精耕而成为市场的领导品牌。

樱花卫厨是一家专业从事厨卫电器生产和销售的合资企业，主要产品为燃气热水器、油烟机、灶具等。为了打开上海市场的局面，负责该区域销售的高经理在对上海市场进行了几个月的实地市场调研后，制定了利用"渠道冲突"启动上海市场的攻克计划。

高经理一改避免渠道的冲突的做法，详细规划各区域的网点数量、网点的性质组合、规定网点基本条件的渠道管理策略，大胆执行对所有业务人员的考核，除了销售额之外，将网点开发数量作为重要的考核指标的策略。不管客户是哪种性质和处在哪个区域，只要能销售樱花公司产品的都可以成为销售网点。短短几个月时间与公司签约并进行实际交易的网点客户几乎翻了一番。

早在网点开拓的时候，高经理就开始进行各终端资源情况的调查与分级了，经过销售高峰价格战的洗礼，对各终端网点和特殊渠道的经营能力与背景情况更是有了肯定的把握。公司就势召开了"上海区域销售商暨新产品上市推广会"，会议邀请了事先已进行了洽谈的目标客户。在会上，公司宣布了新的一年确保经销商的利益并重振其信心的上海市场经营计划，主要内容包括精简渠道网点、统一价格、严禁窜货和价格管控的相关措施，对违反价格规定者给予严厉的处罚直至取消其经销资格。会上新推出的十几款功能和造型升级的产品让经销商满怀信心，而新产品的利润和政策保障措施使经销商吃了定心丸。

接下来的行动就按照原先预定的计划进行了，对一些小网点或不能满足公司要求的网点停止了供货，对原先价格已乱的机型进行了集中处理，对恶意降低零售价的客户毫不留情地进行了处罚。经过一段时间的渠道盘整与市场整顿，樱花的渠道和网点又重新焕发了生机。通过战略性的渠道调整和投入新品策略，樱花卫厨（中国）有限公司成功地启动了上海市场，并取得了巨大的成功。

案例提示：渠道成员之间都是独立的利益主体，有着各自的利益诉求。当他们之间的利益纽带遭到破坏，其合作关系势必要受到影响，进而产生冲突。作为一个开放的市场体系，构建一个运作顺畅的渠道系统，就不得不解决渠道的冲突问题。

鉴于此，在任务4我们将从渠道冲突入手，探寻导致渠道冲突的原因，并提出解决渠道冲突的措施。

知识链接

4.1 分销渠道冲突分析

对分销渠道成员的冲突进行研究和分析，解决渠道冲突问题、理顺渠道关系是渠道组织管理的另一方面的重要内容。

4.1.1 什么是分销渠道冲突

分销渠道冲突，是指某渠道成员意识到另一个渠道成员正在从事会损害、威胁其利益，或者以牺牲其利益为代价获取稀缺资源的活动，从而引发它们之间的争执、敌对和报复等行为。

一般地说，分销渠道冲突是一个渐次发展的过程。这一过程主要包括以下5个发展阶段。

（1）潜在冲突阶段　这是指冲突的早期潜伏状态，表现为渠道成员之间目标的差异、角色不一致以及对现实认知差异和缺乏有效沟通等情形。

（2）知觉冲突阶段　渠道成员开始认识到其他成员之间存在着潜在冲突。

（3）感觉冲突阶段　在这个阶段，开始出现以一方或多方的紧张、压力、焦虑和敌对情绪为特征的冲突，但尚未出现冲突行为。

（4）明显冲突阶段　这时表现为渠道成员之间行为上的冲突。渠道成员之间出现争执，甚至出现抵制、报复等对抗行为。

（5）冲突余波阶段　表现为冲突得到解决后所产生的一些积极或消极的影响。

渠道管理者在渠道关系开创之初，对冲突的客观存在应有足够的认识和必要的准备。不要等到冲突行为发生时才忙于寻找答案，不然会影响冲突问题解决的效率和效果。

冲突和竞争往往被混淆。实际上，冲突和竞争是有区别的。用一个例子可以说明这一点。例如，有两个人同时去应聘一个职位，如果两者都以尽量展示自己实力的方法力争得到该职位，那么他们在进行竞争。如果其中至少有一个人通过其他方法，如设法阻止另一个人去应聘，或在另一人应聘时捣乱，那么他们之间就发生了冲突。渠道冲突区别于一般的渠道竞争。渠道竞争是一种间接的、不受个人情感因素影响的、以目标为中心的渠道成员之间的竞争行为。渠道冲突是一种直接的、受个人情感因素影响的、以对手为中心的渠道成员之间的争执、敌对和报复行为。竞争与冲突最重要的区别就在于是否干预对方的活动。具体到渠道关系中，当一个渠道成员需要跨越的障碍是另一个渠道成员而不是市场时，该成员就面临着冲突。在分销渠道中，成员之间的适度竞争不仅不会产生消极影响，而且有可能使顾客获得更好的产品和服务，有利于整个渠道组织绩效的提高。如果竞争发展到竞争双方相互诋毁、不择手段时，竞争就会演变成为冲突。

冲突并不一定是坏事，有合作才会有冲突。

4.1.2 分销渠道冲突产生的原因

4.1.2.1 分销渠道冲突的实质

渠道冲突的实质是利益冲突。利益原则是所有商业活动的最高原则。各种各样的渠道冲突最终归结为一点，那就是利益的分配和对利益的追求。销售管理的实质是利益管理，实际上就是利益分配。渠道冲突表现出一种强大的推动力量，迫使企业管理者不断积极地检讨和提高其渠道管理水平。企业只有及时调解渠道冲突，才能达到与渠道成员"双赢"的目的。

以下因素都会引起渠道成员之间的利益冲突：目标不一致；角色、权利不仅明确；移情销售竞品或另选经销商；处理库存、冲销量而降价；产品质量或促销问题引起顾客投诉；压货或产品滞销使库存积压；货款拖欠问题；渠道政策不公；渠道支持力度不够；售后服务不周；沟通不畅造成误解；一方发展滞后等。

4.1.2.2 分销渠道冲突产生的原因

(1) 渠道冲突产生的根本原因

生产商和中间商在经济利益上经常会存在矛盾和分歧。生产商要以高价出售，并倾向于现金交易，而中间商则希望支付低价，并要求优惠的商业信用；生产商希望拥有更大的市场占有率，获得更多的销售增长率和利润，而多数中间商则希望在本地维持一种舒适的地位，最好是独家销售；生产商希望中间商能够将折扣体现给买方，而中间商却将折扣留给自己。总之，中间商和生产商在经济利益上的较量一直都没有停止过。

所以，在追求自身利益最大化的激烈竞争中，生产商和中间商很难同心同德，步调一致，往往是各行其是，各自为政。因此可以说，利益驱动是造成渠道冲突的最直接、最根本的原因。

(2) 分销渠道冲突产生的具体原因

具有一定相互依赖关系的渠道成员之间，差异性越大越难达成统一的协议。但由于相互依赖性的关系存在，使得双方又不能置彼此之间的差异性于不顾，于是这些彼此之间的差异必然伴随着一定的意见分歧，导致冲突的最后发生。渠道成员之间的差异性主要表现在以下几个方面。

① 目标差异。如果同一渠道系统中的所有成员有着共同的目标，那么他们的效率就会大大提高，整个渠道的效率也会最大化。然而，每个公司事实上是一个独立的法人实体，即渠道中每一个成员都有其雇员、股东或所有者，因而每个渠道成员均有自己的目标。这些目标中的某些可能会重叠，另一些则可能与其他成员的目标有很大差异甚至背道而驰。当渠道成员的目标之间不一致或不相容时，就容易产生冲突。

② 领域差异。渠道成员对领域的不同界定也同样会导致渠道内的冲突。渠道的领域一般包括四个主要元素：作为服务对象的人口、覆盖的地域、渠道成员的定位与角色以及营销中涉及的技术和政策问题。

③ 信息差异。信息差异是指渠道成员所获得的信息以及与事实之间的差异。任何一项决策或选择活动都要经过信息的收集、可行性方案的设计和方案的选择几个阶段。其中，信

息的收集是决策活动的第一步，它将为整个决策活动提供各种有用的信息，整个决策活动就是建立在信息收集的基础上的。但由于各种原因，渠道成员之间所获得的信息可能存在差异。

a. 信息来源的渠道不同。有自上而下的信息，如上游生产商、批发商向下游批发商、零售商的信息传递；也有从下往上的信息，如下游批发商、零售商向上游批发商、生产商的信息传递；还有同级之间传递的信息，如同级生产商、批发商、零售商之间的信息传递。有正式渠道的信息，也有非正式渠道的信息。不同来源渠道的信息会有很大的差异，如果渠道成员之间不进行沟通交流，信息差异就永远存在。

b. 信息的非对称性。是指有些渠道成员拥有或掌握某些"私有信息"，这些信息只有他们自己了解，而其他成员并不了解。其"私有信息"可能是由于这个成员的特殊地位所致，也可能是由于这个成员具有某方面的专业知识和技术专长而获得。

c. 信息传递过程中的偏差遗漏。信息在渠道成员间的传递过程中往往会经过比较多的层次，每个层次的成员都会对信息进行自己的处理、筛选、解释，在此期间难免发生一定的信息偏差和遗漏现象。

d. 信息的处理方式不同。在渠道成员间传递的信息，有时只是一个简单的事实，每个成员都会对它进行一定的处理；但由于处理的方法、手段以及在选用上的差别，也会导致信息差异。

④ 认识差异。即使各方收集的信息完全相同，渠道成员由于各种原因也会有不同的结论，因为成员之间存在认识上的差异，这些认识上的差异必然伴随着结论分歧，导致渠道中矛盾冲突的发生。一般来讲，认识的差异往往来自于大、小公司对于管理的不同理解。一个大的生产商要进入新的领域，进一步拓展业务，面对于小的批发商，扩张意味着其当前控制权的丧失，往往会拒绝扩展业务。在这种情况下，大、小公司的管理层将难以达成共识，冲突也在所难免。在给定的情形下，渠道成员也会根据可获得的信息以及先前的经验，对现实做出不同判断。例如，生产商可能预期近期的经济形势比较乐观，希望分销商经销高档商品，而分销商对于经济形势的预期并不乐观，那么分销商在销售高档商品上就会比较保守。因此，当渠道成员对实现预期目标采取不同方法，或者对问题采取不同的解决方法时，冲突也会产生了。

（3）奖励制度的不健全

为了激发渠道成员的积极性，渠道内部往往会制定相关的奖励或惩罚制度，将渠道成员的行为与渠道最终绩效结合起来。但是这种看似理所当然的制度有时却变成了渠道冲突产生的推动力之一，尤其是奖励制度针对个体成员而非渠道整体绩效时，更容易导致冲突的产生。虽然渠道个体成员的行为是完全独立的，但渠道成员之间的行为又是相互依存、相互联系的。

生产商在与中间商签订正式经销合约时，以试销期间的销售量加上推广、促销投入后的市场销售量提升进行评估，最后形成一个年度目标，年终根据完成量与目标量的比较，决定年终奖励的多少。有些生产商为确保完成年初提出的经营目标，在年中时盲目加量，超过中间商的实际消化能力，导致中间商在完不成任务的情况下向其周边地区低价倾销，迫使其他中间商也效仿。这样一来，整个渠道就会出现无序销售。

（4）竞争机制管理不当

在同一地区内分销同一家生产商产品的中间商之间，竞争是无法避免的，协调各分销商的竞争关系，将有利于生产商在这一地区渠道的有序发展，但如果竞争机制管理不善，反而会加剧各分销商的不良竞争行为。尤其是当他们为争取同一家目标客户时，相互之间出现破坏性竞争行为的趋势就更加明显，中间商之间竞相压价，甚至不惜相互诋毁对方，不仅降低了产品形象，也损害了渠道成员之间的关系，这对该地区渠道的健康发展是极为不利的。

（5）渠道外部环境发生变化

渠道外部环境的变化也会促进渠道内部矛盾冲突的发生。随着渠道环境的不确定性和复杂性的增加，竞争日趋激烈，渠道成员压力也越来越大，必然在渠道中产生一定的冲突。此外，在全球化的大趋势下，国际环境对企业的影响已经越来越重要，文化差异引起的冲突也不容忽视。

产生渠道冲突主要是由渠道成员之间的利益冲突、相互依赖、目标差异以及对现实理解的差异等造成。在实际中，一定要具体问题具体分析。只有找出冲突的真正原因，才能对症下药，治标治本。

4.1.3 分销渠道冲突的类型

发生在分销渠道关系中的冲突，可以按照以下四种标准进行分类。

（1）按照渠道成员的关系类型，可把渠道冲突分为水平冲突、垂直冲突和多渠道冲突。

水平冲突是指同一渠道中同一渠道层次的中间商之间的冲突。这种冲突可能出现在同类中间商之间，如两家超级市场，可能出现在同一渠道层次的不同类型的中间商之间，如超级市场和百货公司。

垂直冲突是指同一渠道中不同层次的成员之间的冲突，例如，批发商与零售商之间的冲突，批发商与制造商之间的冲突。

多渠道冲突是指当某个制造商建立了两条或两条以上的渠道向同一市场出售其产品（服务）时，发生于这些渠道之间的冲突。例如，康柏公司对其传统的分销渠道进行调整，建立了邮寄和超级市场两条新渠道，因而遭受了传统经销商的抵制。

（2）按其产生的原因，可把冲突划分为竞争性冲突和非竞争性冲突。

所谓竞争性冲突是指两个或多个渠道成员在同类或类似的市场上竞争时发生的冲突。例如，两个批发商在同一区域市场的竞争，同一区域的超级市场与百货公司之间的竞争，制造商自有零售店与并存于这一市场经销本企业产品的零售商之间的竞争。所谓非竞争性冲突，是指渠道成员在目标、角色、政策及利润分配等方面存在不一致引发的冲突。例如，经销商与代理商对制造商的定价和促销政策持不同意见而引发的冲突、两个代理商为获得制造商较优惠的政策而相互诋毁等。

（3）按照其显现程度，可把冲突划分为潜在冲突和现实冲突。

潜在冲突是指渠道成员由于在目标、角色、意识和资源分配等方面存在着利益上的差异和矛盾，而这种差异和矛盾还没有导致彼此行为上的对抗的一种冲突状态。现实冲突是指渠道成员彼此之间出现的相互诋毁、报复等对抗行为的冲突状态。

潜在冲突之所以存在是因为渠道成员彼此合作和分工而产生的相互依赖性，以及各自利益上的差异性。潜在冲突会因为渠道设计不良或者环境变化，特别是渠道成员基于各自利益考虑对渠道关系的种种干涉而发展成为现实的冲突。渠道管理者在开创渠道关系阶段就应了解潜在的渠道冲突以及考虑如何在将来处理这些冲突。这样有利于减少现实的摩擦和冲突。

当然，有许多事情是难以预料的，在渠道运作的过程中，会有事先预料不到的事件发生而引发渠道成员冲突。这时，就需要渠道管理者及时地识别并化解冲突，以免延误有效化解冲突的时机。

(4) 按其性质，可以把冲突划分为功能性冲突和病态性冲突。

所谓功能性冲突是指渠道成员把对抗作为消除渠道伙伴之间潜在的、有害的紧张气氛和病态动机的一种方法时的冲突状态。这种冲突具有建设性。功能性冲突一般具有下列特征：一是调和冲突无需多大的成本；二是相异的认知可产生新的、更好的观点；三是攻击行为并没有失去理智或不具破坏性，冲突有利于提高整体绩效。

所谓病态性冲突是指渠道成员之间敌对情绪和对抗行为超过了一定限度并因此对渠道关系和渠道绩效产生破坏性影响时的冲突状态。当渠道成员之间缺乏理解或者渠道中出现强制的官僚主义的渠道管理行为时，这些行为会导致渠道成员追逐"个体利益"的倾向（即所谓的渠道机会主义行为）。病态性冲突对渠道关系具有破坏性，会带来严重的消极后果。病态性冲突分散了成员为实现目标而作的努力。渠道资源不是主要用于实现既定目标，而是用于报复对方所采取的行动之中。这种冲突会导致成员彼此不信任、不满和敌对。旷日持久的冲突会在渠道组织中造成一种不良风气，影响渠道绩效，甚至会引起渠道关系的破裂。

以上按四种分类方法对冲突行为作了归类和分析，目的是想从不同角度去考虑渠道关系中的冲突问题，找出妥善的解决方法。渠道成员应投入时间和精力去设计好渠道构架和"游戏规则"，以降低潜在冲突发展成为现实冲突的可能性。在每个渠道关系阶段，渠道成员都应能了解"事先"和"事后"冲突发生的原因并采取相应措施以确保冲突是"功能性"而非"病态性"的。

4.1.4 分销渠道冲突的利弊

(1) 渠道冲突的危害

在激烈的市场竞争中，许多渠道冲突都会对渠道产生不利的后果，如中间商窜货的问题、打价格战的问题、进销存的管理问题等。概括起来，渠道冲突的危害主要有如下几点。

① 破坏渠道成员间的关系，损害双方的利益。许多渠道成员间的冲突都是从一些微小的局部利益摩擦或认知误差产生的，如果协调不力，将可能使冲突一方针对另一方采取严重的报复行为，由此不仅会导致冲突双方的关系由相互依存的合作伙伴变成势不两立的竞争对手，而且会使其出现明显的目标偏移，将提升渠道业绩和获取企业利益的营销目标抛于脑后，甚至可能做出不顾一切打击对方的非理智行为，最终损害双方甚至整个渠道的整体利益。

② 降低整个渠道的销售业绩。在充分竞争的市场环境中，产品销售的成功需要整个渠道成员的共同努力，任何一个环节的冲突都会导致整个销售业绩的下降。

③ 使整个渠道的规则体系受到破坏。在渠道建设初期，生产制造商通常都会制定一整套渠道成员的行为规范，借以规定中间商的权利和义务，并以此为标准对中间商予以检查和评价。规则的主要内容包括价格政策、付款方式、中间商的区域范围以及双方应提供的特定服务内容等方面。某些中间商为了获取更大的利润，常常超越规定区域进行销售或擅自压低商品价格。如果不能及时发现并制止这种行为，必将使渠道其他成员由于担心利益受到损害而纷纷效仿，最终导致原有的价格体系、经销商区域划分规则完全崩溃。

④ 影响产品品牌在消费者心中的地位。对消费者来说，判断一个产品品牌价值的高低，

最直观的标准是应该具备可靠的质量、稳定的价格、放心的服务、良好的口碑，而渠道成员间的恶性冲突则常常将这些毁于一旦。

（2）渠道冲突的益处

有些时候，渠道成员之间的冲突是积极而有益的，这种冲突可能会促使渠道产生一种新的更有效率的运作模式，或者使渠道成员间互相监督、互相促进，关系变得更为密切。另外，渠道冲突还可以成为判断冲突双方实力及商品热销与否的"检验表"。在这种冲突中，渠道成员都非常明白他们之间的互相依赖性，在将对方作为竞争对手进行挑战的同时，互相指出对方的弱点并监督改进，以此共同提高彼此的业绩。这种积极冲突的有益之处在于以下方面。

① 使渠道沟通变得更加频繁和有效。冲突的产生使双方都意识到沟通的必要性和紧迫性，冲突中的沟通会更加务实和有针对性。

② 把渠道冲突转化为渠道活力。管理学中强调一种"鲶鱼效应"，即只有在一个激烈竞争的市场中，企业才会保持旺盛的生命力。同样，渠道成员只有在冲突不断产生和解决的过程中，才能更加清晰地认识到自己的问题所在和对方的实力，并及时加以修正和提高，最终达到共同超越的效果。

③ 使渠道管理更加科学、客观、规范。在很多情况下，渠道冲突的产生都是由于渠道成员对渠道利益和资源分配不满意造成的，因此，冲突的解决过程必然是渠道管理者综合考虑各方面利益，使渠道的权利分配和系统资源体系更加合理的过程。同时，冲突将使得渠道成员共同建立起一套完善的冲突处理的标准规则和制度体系，从而健全整个渠道的管理体制。

④ 客观上强化了生产制造商的"领袖"地位。在水平渠道冲突中，由于冲突双方平等的权利、地位及特殊的利益依存关系，往往使中间商在解决冲突时无法直接向对方施加压力，转而寄希望于生产制造商能为自己"主持公道"，如此便自然地将生产制造商的地位进行了提升，同时增强了中间商对生产制造商的依赖性。

H微波炉企业的渠道之争

刘经理是H微波炉的区域销售经理，负责西南地区C市的微波炉销售工作。C市微波炉经销商主要有3家。

第一家是传统卖场百货企业。该经销商始终把H微波炉品牌作为第一主推品牌，其销量约占微波炉总销量1/4，是H微波炉不可或缺的客户。

第二家是新兴品牌华强电器。它在当地影响力大，经营品牌众多，是区域独家代理。刘经理就任以来，经过一番艰苦谈判，最终才真正进入华强电器，但付出的代价是：以区域内最低价供货、先货后款以及提供大量的市场支持和优惠的政策支持。

第三家是一家全国专业家电连锁企业正荣连锁。不过该连锁企业在C市只有一个门店，销售情况也不佳。但是从长远来看，正荣在C市的发展潜力还是较大的。

正当刘经理为拿下华强而欣慰时，一场价格战让刘经理猝不及防。在未经H微波炉企业同意的情况下，正荣连锁在当地媒体发布H微波炉企业一款微波炉的降价信息，而这款微波炉是由华强独家经销且是华强畅销和主推的产品。华强获知消息后，立即也开始大幅度降价，比正荣连锁公布的价格还低。百货企业得知华强全面下调H微波炉价格后，也不得不参与到这场价格战中来。这样，H微波炉在C市的渠道全面失控，致使销售陷入困境。（资料来源：影响力中央研究院教材专家组编著．渠道为王：销售渠道建设3部曲．北京：电子工业出版社，2009．）

问题：

该案例是一个很典型的区域市场的渠道冲突问题，主要涉及区域市场内大客户矛盾及价格混乱的问题。假如你处在刘经理的位置上，你会如何整合资源，妥善处理C市三大巨头的"价格竞争"？

拓展阅读

鲶鱼效应

挪威人爱吃沙丁鱼，尤其是活鱼，挪威人在海上捕得沙丁鱼后，如果能让他活着抵港，卖价就会比死鱼高好几倍。但是，由于沙丁鱼生性懒惰，不爱运动，返航的路途又很长，因此捕捞到的沙丁鱼往往一回到码头就死了，即使有些活的，也是奄奄一息。只有一位渔民的沙丁鱼总是活的，而且很生猛，所以他赚的钱也比别人的多。该渔民严守成功秘密，直到他死后，人们才打开他的鱼槽，发现只不过是多了一条鲶鱼。原来鲶鱼以鱼为主要食物，装入鱼槽后，由于环境陌生，就会四处游动，而沙丁鱼发现这一异己分子后，也会紧张起来，加速游动，如此一来，沙丁鱼便活着回到港口。这种被对手激活的现象在经济学上被称作"鲶鱼效应"。

4.2 分销渠道冲突的处理

分销渠道冲突的出现，并不一定都是坏事。事实上，一定程度的渠道冲突和矛盾显示出企业分销网络的活跃，也有助于渠道成员的竞争和优胜劣汰。但当冲突的结果导致销售业绩下降、分销目标难以实现时，就应该采取措施慎重处理。渠道冲突如果处理不好，会严重影响企业市场分销目标的实现，甚至会给企业带来灭顶之灾。因此，正确的方法不是要消除冲突而是要对冲突进行有效管理，首先就是要对渠道冲突做前期防范工作。其次在处理渠道冲突时，应根据渠道冲突产生的原因，具体问题具体分析，选择适用有效的处理策略。

4.2.1 分销渠道冲突的前期防范

（1）做好分销渠道的战略设计和组织工作　首先，企业应根据市场环境的变化，力求以最低总成本达到最大限度的顾客满意，确定企业基本分销模式、目标和管理原则。其次，企业应结合自身的特点，选择由自己组织还是交由中间商承担组织商品分销的职能。一般而言，在消费市场上生产商大多采用与其他经营主体合作的分销渠道，而在生产资料市场上，常见的是企业的一体化组织模式。

（2）做好中间商的选择工作　企业选择中间商一般应把握几项原则：中间商要有良好的

合作意愿；中间商要认同本企业及企业产品，要有敬业精神；中间商要有较强的市场开发能力和经营能力，有相当的实力；中间商的经营范围要与本企业的产品一致，有较好的经营场所。

(3) 权利和义务的规范与平衡　为了减少渠道冲突的发生，作为生产商，首先要制定有关政策，明确渠道成员的角色分工和权力分配，以规范渠道成员的权利和义务。特别要注意以下四个方面。

① 价格政策。为了鼓励中间商进货，或者为了保证企业产品足够的销售量，企业可制定一张价格表，对于不同类型的中间商给予不同的折扣；或者对于不同的进货量给予不同的折扣。对于该价格表的制定，企业一定要非常慎重，要合情合理，因为中间商对于各种商品的价格及各种折扣、回扣都十分敏感。

② 买卖条件。对于提早付款或按时付款的中间商，企业可根据其付款时间给予不同折扣。这样即可对中间商起到激励作用，同时对于企业的生产经营也是十分有利的。企业对于次品的回收或价格调整做出适当的保证，这样既可解除中间商的后顾之忧，也可鼓励中间商放手进货。

③ 中间商的地区权利。企业一定要明确每个中间商相应的地区权利。企业可能在许多地区有特许经营人，对此，中间商尤为关注的是在其邻近地区或同一地区有多少特许经营人，以及他本人有多大特许权。因为，中间商都喜欢把自己所在地区的所有交易权都归于自己。此外，企业在邻近地区或同一地区特许经营人的多少，以及企业对特许经营人的特许权的承诺，均会影响到中间商的销路，从而影响到中间商的积极性。

④ 双方应提供的特定服务内容。其内容应包括生产商方面的广告宣传、资金帮助、人员培训、装潢设计、设备维修等；也包括中间商方面的，如信息的提供、联合促销、专人专场的销售等。为慎重起见，对于双方应提供的特定服务内容最好用条约形式固定下来。条约规定的服务内容应使中间商满意，让其觉得有利可图，从而愿意花大力气去推销生产商的产品。当然，作为生产商最重要的就是要把握好双方都满意的尺度。

在规范了渠道成员的权利与义务的基础上，生产商还可以制定一些针对中间商的激励措施。例如，赋予中间商以独家经营权、开展促销活动、资金资助、协助中间商搞好经营管理、提供信息；与中间商结成长期的伙伴关系或采取其他的一些经济上的奖励。

(4) 建立渠道成员之间的交流沟通机制　渠道成员间的良好沟通是保证渠道畅通的一个很重要的条件，有效的沟通可减少彼此间的不理解和不信任，有利于加强合作。沟通也是解决早期冲突的有效途径。由于最初的分歧往往是潜在的或隐约感知的，因此，加强彼此之间的交流就显得尤为重要，渠道成员之间及时准确的信息传递将有助于消除渠道内部的误解和冲突，有利于渠道合作。沟通包括信息沟通和人际沟通。

作为企业一定要建立相关的沟通机制，以实现渠道中的信息共享，保证在同一个分销系统中信息的畅通。如召集中间商参加咨询会议，及时听取反馈意见；或者进行角色互换，在两个或两个以上渠道成员之间交换成员，使不同的渠道成员更加了解对方的政策和立场，彼此间有了深入的了解，在制定决策时就能充分考虑对方的诉求从而减少双方冲突的发生；鼓励在渠道内部和渠道之间建立合作关系。

渠道管理者要时刻观察和关注渠道成员，衡量他们的满意程度并收集意见和建议，及时地发现问题。

(5) 预先设计解决渠道冲突的策略，加强危机管理　在确立共同目标、加强信息沟通与合作的基础上,渠道管理者必须预先设计好解决渠道冲突的预案,加强危机管理的意识,建立健全危机管理机制。

(6) 合理使用渠道权力,防止权力滥用　渠道冲突往往与干预太多有关,而干预的基础是权力。因此,能否恰当地使用权力,关系到能否有效地避免冲突的发生。使用非强制权力有利于建立信任和加强合作,而使用强制权力往往会导致不满,甚至冲突。因此,在权力的使用上要慎用强制权力,多用非强制权力。

4.2.2　解决分销渠道冲突的流程

渠道冲突尽管具有一定的可控性,但仍然是不可避免的。所以,渠道管理者应正视渠道冲突,积极做好渠道冲突的管理工作,将渠道冲突控制在一个适当的可控范围之内,确保渠道健康、高效地运作。

解决渠道冲突的流程主要包括以下3个步骤,如图2-4-1所示。

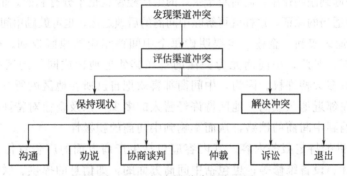

图 2-4-1　解决渠道冲突流程图

(1) 发现渠道冲突　发现渠道冲突的主要方法有以下几种。

① 定期检查渠道,及时听取渠道成员对各种问题的反馈。

② 进行市场销售渠道审计,即对渠道的环境、目标、战略和活动进行全面、系统、独立和定期的检查,这样做的目的主要是希望据此发现问题、找出问题,提出正确的行动方案,以保证渠道计划的顺利实施;或修正不合理的渠道计划,提高总体销售绩效。

③ 定期召开经销商大会。在大会上,渠道管理者可以介绍企业的新政策,表扬优秀的经销商,对经销商进行知识、技能和产品等方面的培训。这样做还有一个非常重要的目的,就是创造宽松和谐的气氛,让经销商们发泄不满和牢骚,这样渠道管理者就可以直接了解到渠道中存在的冲突和矛盾,并想办法加以解决。

(2) 评估渠道冲突　渠道冲突必然会对渠道成员的关系和渠道绩效产生一定的影响。渠道管理者必须判断渠道冲突到底是处在何种水平:是低水平冲突、中等水平冲突还是高水平冲突。

(3) 保持现状或解决冲突　低水平和中等水平的渠道冲突具有积极的一面,渠道管理者可以暂时置之不理,但高水平冲突对分销渠道可能带来破坏性的影响,必须及时解决。

海天公司分销渠道管理中的冲突处理

海天公司是一家拥有100多年历史、以生产调味品(如酱油、味精、醋、调味酱等)为核心业务的大中型企业。目前拥有固定资产上亿元，年销售额超过6亿元，企业设备先进，技术领先，管理良好，职工凝聚力强。特别是近几年以来，海天公司导入CIS系统，采用了合理的广告策略、公关宣传攻势，一改过去陈旧落后、鲜为人知的小型企业形象，成功地树立了开放进取、质量上乘、服务良好的新形象。目前市场占有率迅速扩大，成为国内调味品行业领头羊，海天酱油全国销量第一。

然而，调味品行业虽有一定的技术含量，但传统的生产方式仍使该行业处于劳动密集型状态。调味品是人们日常生活的必需品，这种与人们日常生活的密切相关性使得该产品难以采用高价策略。在调味品市场，一方面由于境外的品牌入侵、各地区的地方保护主义和人们长期以来形成的消费本地产品的习惯，市场竞争十分激烈，各分散的市场区域需要海天公司提供更多的销售人员，需要销售人员对分销商提供更多的服务。而另一方面，分销商多为个体经营者，各分销商尚处于春秋战国的混战之中，公司的资金回收速度较慢，销售利润也十分薄。这无疑对公司实行资本经营、扩大生产规模和向更高层次发展形成了阻碍。

为了改变这种状况，公司决定加大分销商（批发商）的开发，完善对分销商的管理和指导，采用了较宽的选择式分销策略，利用众多分销商的资源来加大市场开发的力度。另外，随着海天实力的增强和信誉的提高，公司改变了过去免费铺市和代理销售的做法，价格策略在对分销商的信贷支持方面降低了，力争采用现款现货的经销方式，以加快货币资金的回笼速度。然而，新的政策导致了分销渠道开发与管理过程中的冲突有增无减。

第一，公司营销部门人力资源供给和市场需求的冲突。市场的扩大和较宽的选择式分销策略的实施，需要公司提供一大批素质较高、经验较丰富、懂得分销管理的营销人员。目前公司销售人员虽然具有丰富的推销经验，但在分销管理上缺乏系统的知识和经验。

第二，公司销售部门与分销商的冲突主要体现在两个方面：一是利益冲突，分销商开发市场希望海天能在当地多做些广告宣传，而同时又不希望将分销商的利益减少。作为成本开支，广告投入必然会造成公司让给分销商的利润下降，"名利难以两全"的矛盾十分突出。二是支付条件的冲突。公司的"现款现货"的做法在一些地区惹怒了不少分销商，他们说："人家都能给我代销，你们为什么不行？什么名牌？名牌有什么了不起，我们还是卖本地货算了！"

第三，分销商之间的冲突。这方面的冲突也主要体现在两个方面：一是不遵守游戏规则，分销商之间互相渗透，进行跨地区销售。二是不按公司规定的指导批发价销售，为抢占市场压价销售，形成一定程度的恶性竞争。

第四，分销商（批发商）与零售商之间的冲突，主要也体现在利益分配、结算方式等方面。为此，大型超市还有所谓的进场费的要求，也引起了冲突，而分销商往往会把这种冲突向后转移至公司，要求公司解决（如要求公司出进场费）。

问题：

(1) 在以上情景中，此案例中的冲突属于什么冲突？

(2) 针对这些冲突，你认为应该如何处理？请给出处理办法或方案。

解决冲突的典型方法(表 2-4-1)

表 2-4-1 解决冲突的方法

方法	原因	具体做法	作用
沟通法	同一渠道成员之间,往往由于各自情况不同而缺乏了解,即使进行沟通,有时也难以消除误会	成员之间互派管理人员到对方地区工作一段时间,让有关人员理解对方的特殊性	经过人员互换,可以让双方更好地互相了解,更能设身处地站在对方立场上考虑问题,以便在共同目标的基础上,妥善处理一些渠道内部冲突
劝说法	通过劝说来解决冲突,其实就是在利用领导力促使双方和谐共处	强调通过劝说而非其他方式来影响渠道成员的行为	劝说可以让存在冲突的渠道成员改善沟通,履行各自的承诺,减少因职能分工引起的冲突
协商谈判法	谈判的目的在于调停成员间的冲突。妥协也许会避免冲突爆发,但不能解决冲突的根源,所以需要协商	在谈判过程中,每个成员应放弃一些东西以避免冲突的发生,利用谈判法要视成员的沟通能力而定	用此类方法解决冲突可使每位成员形成一个独立的战略方案,以确保问题解决
仲裁法	当渠道成员发生冲突时,由于冲突双方有利益关系,所以看问题难免有失偏颇,故需要第三方介入	请求非渠道成员的第三方介入,调停渠道冲突	第三方从中调和仲裁,往往可使冲突更容易解决

4.3 分销渠道的窜货管理

4.3.1 窜货概述

(1) 窜货的概念

窜货,又称"倒货"或"冲货",就是产品越区销售,它是经销网络中的厂家分支机构或中间商受利益驱使跨区域销售产品,从而造成市场倾轧、价格混乱,严重影响厂家声誉的恶性经营现象;其根本原因在于目前厂商之间单纯的买卖经销的利益关系。商品流通的本性是从低价区向高价区流动,从滞销区向畅销区流动。因此,同种商品,只要价格存在地区差异,只要同种商品在不同地区的畅销程度不同,就必然产生地区间的流动。

(2) 窜货的类型

按窜货的范围来划分,可以分为国际间窜货和地区间窜货。国际间的窜货可能是各跨国公司进行市场扩张的手段。例如在印度,柯达、富士就是以水货胶卷的低价销售来打败当地的民营企业的。按窜货的性质来划分,可以分为良性窜货、恶性窜货和自然性窜货。

① 良性窜货。良性窜货是指经销商的流通能力强,货物经常流向非目标市场。在市场的开发初期,良性窜货对企业是有好处的。一方面,在空白市场上企业无须投入,就提高了其知名度;另一方面,企业不但可以增加销售量,还可以节省运输成本。只是在具体操作中,企业应注意,由于由此而形成的空白市场上的通路价格体系处于自然形态,因此企业在重点经营该市场区域时应对其再进行整合。

② 恶性窜货。恶性窜货是指为获取非正常利润,经销商蓄意向自己辖区以外的市场倾销产品的行为。经销商向辖区以外倾销产品最常用的方法是降价销售,主要是以低于厂家规

定的价格向非辖区销货。恶性窜货给企业造成的危害是巨大的，它扰乱企业整个经销网络的价格体系，易引发价格战，降低通路利润；使得经销商对产品失去信心，丧失积极性并最终放弃经销该企业的产品；混乱的价格将导致企业的产品、品牌失去消费者的信任与支持。最终致使企业辛辛苦苦建立起来的销售网络毁于一旦。

除此之外，企业还必须警惕另一种更为恶劣的窜货现象——经销商销售假冒伪劣产品。假冒伪劣产品以其超低价格诱惑着销售商铤而走险。销售商往往将假冒伪劣产品与正规渠道的产品混在一起销售，掠夺合法产品的市场份额，或者直接以低于市场价的价格进行倾销，打击其他经销商对品牌的信心。

③ 自然性窜货。自然性窜货是指经销商在获取正常利润的同时，无意中向自己辖区以外的市场倾销产品的行为。这种窜货在市场上是不可避免的，只要有市场的分割就会有此类窜货。它主要表现为相邻辖区的边界附近互相窜货，或是在流通型市场上，产品随物流走向而倾销到其他地区。这种形式的窜货，如果货量大，该区域的通路价格体系就会受到影响，从而使通路的利润下降，影响到二级批发商的积极性，严重时可发展为二级批发商之间的恶性窜货。按窜货主体来划分，自然性窜货可以分为经销商之间的窜货、分公司之间的窜货及企业销售部"放水"等。

a. 经销商之间的窜货。企业在市场开发初期，由于实力有限，往往将产品委托给经销商代理销售。由于不同经销商实力不同，不同区域市场发育也不平衡，甲地需求比乙地大，甲地的货供不应求，而乙地则销售不旺，加上企业对分管两地的经销商的考核只重视硬指标（销售量、回款率、市场占有率），忽视软指标（产品知名度、品牌美誉度、客户忠诚度），各地业务员和经销商为了自己的利益，会想办法完成销售任务。

b. 分公司之间的窜货。也有很多窜货是企业自身造成的。分公司制度通常是有强大实力的企业，在各销售区域分派销售人员，组建分公司，相对独立但又隶属于企业的营销制度。分公司的最大利益点在于销售额，一些企业对分公司、业务员制定的销售目标太高，分公司、业务员为完成销售目标，就低价将产品抛售到相邻的市场上。一些企业内部管理不完善，也使得业务员为一己私利争夺市场而窜货。他们往往为了完成销售指标，取得业绩，就将货物卖给销售需求大的兄弟分公司。分公司之间的窜货将使价格混乱，最终导致市场崩溃。

c. 企业销售总部"放水"。企业由于管理监控不严，总部销售人员受到利益驱动，违反地域配额政策，使区域供货平衡失控，造成市场格局不合理。

d. 经销网络中的销售单位低价倾销过期或者即将过期的产品。对于食品、饮料、化妆品等有明显使用期限的产品，在到期前，经销商为了避开风险，置企业信誉和消费者利益于不顾，采取低价倾销的政策将产品倾销出去，扰乱了市场价格体系，侵占了新产品的市场份额。

4.3.2 窜货的危害

对于成熟产品、成熟市场来说，恶性窜货无异于慢性自杀，这就是为什么好卖的产品往往不挣钱，热销产品会突然间销声匿迹的原因。

首先，以低价为特征的"窜货"势必会卖低被窜市场的产品价格，破坏该地区价格体系，引发价格战，致使被窜地区分销商利润受损，由此产生对厂家的不满，失去销售信心。因为价格一旦被卖低，当地分销商不得不跟风降价，否则没法销售。而价格这东西很微妙，一旦拉低，很难回升到原来的水平。如果反复竞价，最后很可能把价格卖穿，大家都没有利润，分销商失去信心而转为经营其他品牌和产品，此时竞品乘虚而入，取而代之。所以，

"窜货"遵循的是"窜货——低价——跟风竞价——卖穿价格——失去信心——萎缩退市"的规则,它为对手提供商机,这绝不是危言耸听,旭日升、健力宝等知名品牌的黯然退市就是一个明证。因为价格是市场的命脉,价差(利润)是渠道运行的根本动因,价格体系的维护和稳定对于任何企业来讲都是一种挑战,任何对价格体系的破坏都会招致市场的惩戒。

其次,以低价为特征的跨区域"窜货"必然会引起该地区的价格混乱,为假冒伪劣者提供了空间。同时,混乱的价格使消费者担心买到假冒产品而对该品牌不敢问津,进而影响消费者的消费信心和品牌忠诚,客观上缩短了该产品的生命周期,这是极为危险的,因为"营销是一场战争,竞争对手是我们的敌人,我们要占领的阵地是消费者的头脑"。

第三,"窜货"必然会影响品牌形象,伤害品牌。因为"窜货"带来的是价格波动,市场混乱,消费者怀疑,分销商不满,这些负面的影响都只能由品牌来承载,因此都会伤及品牌,影响品牌的美誉度,进而影响消费者的满意度和分销商的忠诚度。而这些对于企业经营者来说都是至关重要的。

第四,"窜货"会引起分销商之间的互相倾轧,引发渠道冲突,殃及整个渠道关系。这种冲突首先表现为渠道利益的争夺。因为"窜货"抢夺的是本属对方的销售量和利润,同时降低了对方原来的利润水平。另一方面,这种冲突也是双方渠道权力的争夺。争抢地盘、争抢客户等报复行为,其实都是为了获取渠道控制权。这些冲突的受害者不单是被窜一方,还有厂家、品牌和市场,甚至消费者。

4.3.3　窜货的根源

"窜货"虽然由分销商所为,但它是由于厂家的销售政策和管理原因所致。分销商并不是天生就是"窜货"的,而往往是由于厂家制度的偏颇和管理的不力所迫使和诱发。因为厂家大多是"渠道领袖",是渠道规则的制定者和执行者,当然要为渠道问题承担主要责任。

纵观渠道"窜货"现象,不外乎有以下几大诱因。

(1) 冲销量　厂家给分销商下达的销售任务太高,迫使其为了完成任务而斗胆跨区销售,因为不完成销售目标脸上无光,在厂家没有地位,甚至危及经销权,更谈不上获取优惠政策。

(2) 搏回扣　厂家在渠道促销、年终返利等方面力度过大,也会诱使分销商为搏高额返点而大肆"窜货"。因为追逐利润是渠道的天性。

(3) 清库存　与上述两点相联系,为冲销量,搏扣点,或者厂家销售管理不严,品类管理不当,拼命压货,也会造成分销商部分产品积压、滞销,如果厂家不能及时帮助分销商消化库存,那么,分销商必然铤而走险,低价抛货以化解库存风险,这种现象非常多见。

(4) 抢地盘　厂家在划定各分销商的经营区域或渠道领域时模糊不清,或存在交叉和真空部分时,往往会出现分销商之间以低价冲货争抢地盘和争抢客户的现象。

(5) 报复行为　因厂家违约,未兑现承诺,或者因撤换区域分销商引发冲突,或者分销商之间有过节,都会引发分销商的恶意报复行为,目的在于以少量低价产品扰乱区域价格,为对方添乱。

(6) 价格差异　分销商之间获得的优惠政策不同,会产生价格差异,这是导致"窜货"的内在动因。如果厂家实行价格歧视,对于不同的分销商,其返利、扣点、渠道促销、费用支持差距较大的话,实际上就是为"窜货"创设了利润空间。一些厂家过分倚重大客户的政策常常会导致"窜货"的结果。

(7) 绩效考核　如果厂家按结果导向对销售人员以单一销量考核,收入与销售量直接挂钩的话，销售人员出于自身的利益考虑，会默认、纵容，甚至协助分销商有目的的向外区"窜货"，这是管理制度本身的偏漏造成的。

除此以外，由于市场发育程度不均，或者相邻两地供求不平衡，也会导致成熟市场向周边非成熟市场以变相低价（贴运费）的形式"窜货"，这是客观原因。分销商有时也会用畅销产品低价的形式搭带非畅销产品销售到外区（俗称"带货"），形成事实上的"窜货"，这是主观原因，但无论如何，"窜货"的主要根源在厂家，治理的根本也在于厂家。

4.3.4 窜货的处理及预防对策

"窜货"不能根除，但可以治理。分销渠道成员都是独立的经济实体，往往都有各自独立的利益追求，从这个意义上讲，跨区域冲货是无法完全避免了，但我们总是有办法去减少和控制这种恶性冲突的发生。试想，有谁看见可口可乐大量冲货，有谁看到通用汽车乱价？娃哈哈控制窜货的成功经验也告诉我们，"窜货"是可以控制的。

（1）消除窜货产生的条件

窜货的发生需要三个条件：窜货主体、环境、诱因。所以，要想从根源上解决窜货问题，就必须从这三点入手。

① 选择好经销商（窜货主体）

在制定、调整和执行招商策略时要明确的原则就是避免窜货主体出现或增加。要求企业合理制定并详细考察经销商的资信和职业操守，除了从经销的规模、销售体系、发展历史考察外，还要考察经销商的品德和财务状况，防止有窜货记录的经销商混入销售渠道。对于新经销商，企业不是太了解他们的情况，一定做到款到发货。宁可牺牲部分市场，也不能赊销产品，防止某些职业道德差的经销商挟持货款进行窜货。此外，企业一定不能让经销商给市场拓展人员发工资，企业必须学会独立承担渠道拓展人员的基本工资与补贴。

② 创造良好的销售环境

制定科学的销售计划。企业应建立一套市场调查预测系统，通过准确的市场调研，收集尽可能多的市场信息，建立起市场信息数据库，然后通过合理的推算，估算出各个区域市场的未来进货量区间，制定出合理的任务量。一旦个别区域市场进货情况发生暴涨或暴跌，超出了企业的估算范围，就可初步判定该市场存在问题，企业就可马上对此做出反应。

合理划分销售区域。合理划分销售区域，保持每一个经销区域经销商密度合理，防止整体竞争激烈，产品供过于求，引起窜货；保持经销区域布局合理，避免经销区域重合，部分区域竞争激烈而向其他区域窜货；保持经销区域均衡，按不同实力规模划分经销区域、下派销售任务。对于新经销商，要不断考察和调整，防止对其片面判断。

③ 制定完善的销售政策

完善价格政策。许多厂家在制定价格政策时由于考虑不周，隐藏了许多可导致窜货的隐患。企业的价格政策不仅要考虑出厂价，而且要考虑一批出手价、二批出手价、终端出手价。每一级别的利润设置不可过高，也不可过低。过高容易引发降价竞争，造成倒货；过低调动不了经销商的积极性。价格政策还要考虑今后的价格调整，如果一次就将价格定死了，没有调整的空间，对于今后的市场运作极其不利。在制定了价格以后，企业还要监控价格体系的执行情况，并制定对违反价格政策现象的处理办法。企业有一个完善的价格政策体系，经销商就无空可钻。

完善促销政策。企业面对销不动的局面，常常是促销一次，价格下降一次。这就表明企业制定的促销政策存在着不完善的地方。完善的促销政策应当考虑合理的促销目标、适度的奖励措施、严格的兑奖措施和市场监控。

完善专营权政策。在区域专营权政策的制定上，关键是法律手续的完备与否。企业在制定专营权政策时，要对跨区域销售问题作出明确的规定：什么样的行为应受什么样的政策约束，使其产生法律约束力。此外，还应完善返利政策。完善的营销政策可以从根本上杜绝窜货现象。

(2) 有效预防窜货策略

① 制定合理的奖惩措施

在招商声明和合同中明确对窜货行为的惩罚规定，为了配合合同有效执行，必须采取一些措施，具体措施如下。

交纳保证金。保证金是合同有效执行的条件，也是企业提高对窜货经销商威慑力的保障。如果经销商窜货，按照协议，企业可以扣留其保证金作为惩罚。这样经销商的窜货成本就高了，如果窜货成本高于窜货收益，经销商就不轻易窜货了。

对窜货行为的惩罚进行量化。企业可选择下列模式：警告、扣除保证金、取消相应业务优惠政策、罚款、货源减量、停止供货、取消当年返利和取消经销权。同时奖励举报窜货的经销商，调动大家防窜货的积极性。

② 建立监督管理体系

把监督窜货作为企业制度固定下来，并成立专门机构，由专门人员明察暗访经销商是否窜货。在各个区域市场进行产品监察，对各经销商的进货来源、进货价格、库存量、销售量、销售价格等了解清楚，随时向企业报告。这样一旦发生窜货现象，市场稽查部马上就可以发现异常，企业能在最短时间对窜货做出反应。

企业各部门配合防止窜货的发生。比如，企业可以把防窜货纳入企业财务部门的日常工作中。财务部门与渠道拓展人员联系特别紧密，多是现款现货，每笔业务必须经过财务人员的手才能得以成交。因此财务人员对于每个区域销售何种产品是非常清楚的。所以只要企业制定一个有效的防窜流程，将预防窜货工作纳入财务工作的日常基本工作中，必将会减少窜货现象的发生。比如，利用售后服务记录防止窜货。售后记录记载产品编号和经销商，反馈到企业后，企业可以把产品编号和经销商进行对照，如果不对应就判断为窜货。

利用社会资源进行防窜货。方式一：利用政府"地方保护行为"。与当地工商部门联系，合作印制防伪不干胶贴。方式二：组成经销商俱乐部，不定期举办沙龙，借此增进经销商之间的感情。方式三：采取抽奖、举报奖励等措施。方式四，也是最好的方式，即把防伪防窜货结合起来，利用消费者和专业防窜货公司协助企业防窜货。

③ 减少渠道拓展人员参与窜货

建立良好的培训制度和企业文化氛围。企业应尊重人才、理解人才、关心人才，讲究人性化的方式方法，制定人才成长的各项政策，制定合理的绩效评估和酬赏制度，真正做到奖勤罚懒，奖优罚劣。公正的绩效评估能提高渠道拓展人员的公平感，让员工保持良好的工作心态，防止渠道拓展人员和经销商结成损害企业利益的共同体。

内部监督渠道拓展人员。同时不断培训和加强对市场监督人员管理。

④ 培养和提高经销商忠诚度

随着行业内技术的发展与成熟，产品的差异化越来越小，服务之争成为营销竞争一个新的亮点。完善周到的售后服务可以增进企业、经销商与顾客之间的感情，培养经销商对企的责任感与忠诚度。企业与渠道成员之间良好关系的建立，在一定程度上可以控制窜货的发生，经销商为维系这种已建立好的关系，轻易是不会通过窜货来破坏这份感情的。有条件的或无条件的允许经销商退货，尽量防止经销商产品出现积压而窜货。

⑤ 利用技术手段配合管理

利用技术手段配合管理的效果和目的如同在交通路口安装摄像头：利用技术手段弥补营销策略缺陷，建立中选销售服务防窜货平台（简称 ChinaChoice），适时监视经销商，帮助收集窜货证据。基于这种目的，采用带有中选防伪防窜货编码的标签对企业产品最小单位进行编码管理，把防伪防窜货结合起来，便于对窜货做出准确判断和迅速反应。可借助消费者力量建立中选科技窜货预警平台，在矛盾激化前平息问题，保证整个销售体系的和谐、平顺。目前，许多先进的生产企业已经率先采用了中选科技防窜货技术。这种技术手段的特点是主要借助通讯技术和电脑技术，在产品出库、流通到经销渠道各个环节中，追踪产品上的编码，监控产品的流动，对窜货现象进行适时的监控。

(3) 窜货的善后

① 防止窜货的扩大。一是允许窜货经销商将所窜货在被窜货市场销售，直到被窜的货物被完全消化，但销售价不能低于企业规定的价格；二是责令窜货经销商停止窜货。

② 制裁窜货经销商。根据不同情况可采取以下方式进行惩罚：没收保证金、取消年终返点奖励、取消年终奖金、取消广告支持、取消经销资格。

③ 安抚被窜货经销商。当窜货发生时，企业或者被窜货经销商收购窜货产品，防止窜货冲击当地价格体系，同时给被窜货经销商适当的补偿，以减少其不满情绪。

娃哈哈加强控制窜货的管理

近年来，娃哈哈放弃了以往广招经销商、来者不拒的策略，开始精选合作对象，筛出那些缺乏诚意、职业操守差、经营能力弱的经销商。娃哈哈和联销体的其他成员签订了严明的合同。在合同中明确加入了"禁止跨区销售"的条款，并将年终给各地经销商的返利与是否发生窜货结合起来，经销商不敢贸然窜货。娃哈哈的政策使他们意识到：市场是大家的，品牌是厂家共有的，利益是共同的，窜货会损害双方的利益。

娃哈哈经常开展促销活动，但促销费用完全由娃哈哈自己掌控，从不让经销商和公司营销人员经手操作。娃哈哈在促销实践中发现，有的企业是按销量的百分比给经销商提取促销费用，销量越大，可供经销商支配的促销费用也就越多；有的企业让营销人员控制促销费用，经销商和营销人员将厂家拨给的促销费用是否全部用以推广，其实厂家难以掌控，因而一些经销商和企业的营销人员往往从促销费用中拿出一部分钱用于低价窜货把销量做上去。因此，促销费用由经销商和营销人员掌握，变相为低价位，造成新的价格空间，给经销商和营销人员窜货创造机会。因此，促销费用管理上娃哈哈杜绝了窜货。

娃哈哈和经销商签订的合同中给特约经销商限定了严格的销售区域，实行区域责任制。发往每一个区域的产品都在包装上打上了一个编号，编号和出厂日期印在一起，根本不能被撕掉或更改，除非更换包装。比如，娃哈哈 AD 钙奶有三款包装，在广州的标号是 A51216、A51345、A51207。这种产品包装差异化能较准确地监控产品的去向。企业营销人员一旦发现了窜货,可以迅速追踪产品的来源,为企业处理窜货事件提供真凭实据。

面对窜货行为,娃哈哈有严明的奖罚制度,并将相关条款写入合同内容。很多企业窜货之所以控制不了,一个很重要的原因就是厂家对经销商心慈手软,有许多经销商是多年的老客户,一时下不了狠心。可娃哈哈不理这一套,对越区销售行为,严惩不贷,决不讲任何情面,而且,娃哈哈在处理窜货上之严格,为业界之罕见。

娃哈哈专门成立了一个反窜货机构,巡回全国,严厉稽查经销商的窜货和市场价格,严格保护各地经销商的利益。娃哈哈把制止窜货行为作为日常工作常抓不懈,反窜货人员经常检查巡视各地市场,及时发现问题并会同企业各相关部门及时解决。

问题:

请结合娃哈哈对窜货管理采取的方法,谈谈娃哈哈对窜货管理的控制有什么特点?

 拓展阅读

窜货的原因及危害图示(图 2-4-2)

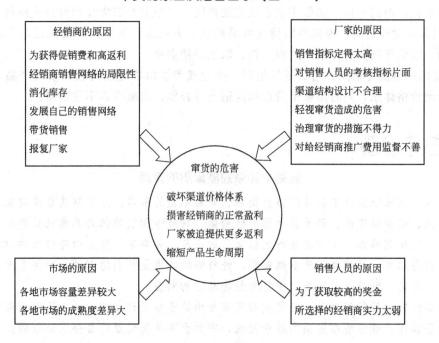

图 2-4-2 窜货的原因及危害

课后小结 ▶▶▶

在任务 4 分销渠道的冲突管理中,我们通过 3 个方面的学习,了解和掌握了以下内容:

思考与分析 ▶▶▶

1. 什么是渠道冲突？渠道冲突包括哪些类型？
2. 怎样理解"渠道冲突的实质是利益冲突"？
3. 什么是窜货？窜货的类型及表现形式是什么？
4. 试分析窜货发生的原因，结合实际谈谈解决窜货的对策措施。

实训操作 ▶▶▶

【实训操作名称】
请为渠道设计预防及处理冲突、窜货的管理措施。
【实训操作目的】
让学生亲身设计预防及处理渠道冲突、窜货的措施，使其具备熟练进行渠道管理的能力。
【实训操作要求】
1. 以先前实训时的组别为依据，每组选组长一人。
2. 在规定的时间内完成该公司产品的分销渠道冲突解决方案。
3. 上述相关内容的呈现以 PPT 形式，并由组员进行具体说明。
4. 上述相关内容资料整理采用 Word 文档形式、汇报呈现以 PPT 形式，并由组员进行详细讲解及说明。
【实训评分标准】
任务 4 实训成绩 100 分
＝操作表现 40 分（第 1 项）＋汇报 20 分（第 2 项）＋内容 40 分（第 3 项）
第 1 项：规定时间内，小组成员讨论表现，协调分工任务分配是否合理（40%）；
第 2 项：组员 PPT 汇报情况（20%）；
第 3 项：PPT 内容的完整及合理性（40%）。
【实训评分方式】
采用组内成员互评与教师打分相结合的方式，学生互评与教师打分分值所占比例分别为 30%、70%。
【可展示成果】
1. 整理完整的 Word 文档。
2. 内容合理完整的 PPT。

任务 5　分销渠道经销商的选择与维护管理

学习目标 ▶▶▶

知识目标

了解经销商选择的条件，理解招商工作的重要性，认识招商工作的组织实施。

技能目标

能组织招商工作,会设计经销合同,能筹备招商会议。

素质目标

通过对经销商的认知,让学生知道如何为企业选择合适的经销商,培养学生对招商工作具体实施的操作能力,以及对经销商的管理,进而在学习与实践过程中提升科学文化素养。

案例导入 ▶▶▶

国际调查公司对经销商的调查结论

一个国际调查机构对国际上的经销商进行调查,调查结论如下:你有一个好的产品,如果再有一个好的经销商的话,那么用户的满意度就可以维持在56%的水平;而当你有一个好的产品却有一个差的经销商的时候,用户的满意度只有36%,表现出来的就是你的产品不如竞争对手的产品。如果跟竞争对手比,你的产品较差,但是你有一个好的经销商,用户的满意度就能达到49%。而产品不好,销商也不好,用户的满意度就没有了,那就卖什么都没戏了。从这里可以看出,实际上品牌忠诚度在国际上也是绝对达不到100%的。而且仅仅有好的产品是不行的,没有一个好的经销商,用户的满意程度也是高不到哪里去的。你有个好的经销商,哪怕你的产品跟竞争品牌比可能稍微差了一点,你也会取得好的绩。这就是经销商的作用。丰田提出了"以人为本"的销售方式后,被全世界企业广为传诵;风神公司将"感心服务"的卡通画不但摆在了总部办楼门口,还张贴在了每个经销商的店里;上海通用汽车的总经理陈虹将其市场部与公关部联手帮助经销商创造良好的售车环境称为"情感营销"……尽管各大公司为它们的"爱心行动"取了不同的名字,但它们推广理念的方式基本相同——从经销商入手。

这时我们或许可以得出这样一个结论:经销商们才是厂商的第一用户。(资料来源:郑锐洪.分销渠道管理.大连:大连理工大学出版社,2007.)

案例提示:经销商素质的高低对企业市场开拓和市场提升起到关键作用。提高经销商的素质是每一个企业都在考虑的事情,但要实现这个目标并不容易。提高经销商队伍的整体素质,需要把好源头关,这个源头就是经销商的开发。本任务将对一个合格经销商应该具备的基本条件进行分析,提出经销商甄选的基本内容,并在此基础上提出如何组织和实施一个经销商开发的重要途径——招商会,以及如何操作与经销商的合同签订。

知识链接

5.1 经销商的选择

5.1.1 合适经销商条件分析

要想建立一个有效率的经销队伍,需要对合适经销商的条件进行分析,找到适合自己的,而不一定要最好的。生产商选择中间商都要有一定的标准或条件,一般包括以下条件。

(1) 经销商的网络覆盖能力

经销商的网络覆盖能力是指经销商现有的网络体系能够影响到的目标市场大小,包括两个方面：首先是区域方面，即该经销商能够在多大的区域范围内开展分销；其次是销售目标对象方面，现在的市场细分已经达到了较高的程度，依靠一个经销商将所有的目标客户通吃基本上不现实，但作为厂家来讲还是希望经销商能够可能多地覆盖到各个细分市场。市场网络覆盖能力是选择中间商的关键因素。

在对经销商的条件进行甄别的时候，我们要具体进行分析。如合作经销商的网络覆盖能力较差，则会直接影响公司产品的上市及销售，不利于公司快速抢占市场，完成对竞争对手的挤压，如果选择一个网络实力较强的客户对企业产品进入市场则有很大的好处。就企业快速提高市场竞争力而言，则倾向于选择网络覆盖能力强的经销商，对于一些资源不足以支撑强势经销商需要的企业而言，则需要回避过于强势的经销商。

（2）资金实力

资金实力是衡量一个合格经销商的重要因素。作为企业来讲，资金实力雄厚的经销商在网络建设、货品供应、资金流通周转、品牌推广等方面就具有了物质基础，而一个资金实力有限的经销商是很难将市场建设和品牌推广工作做得气势宏大的。因此，在现实中，各企业选择的经销商伙伴均要求具有较强的资金实力，如不具备该条件，各企业将不会将其作为选择的对象。对于具体企业，在对经销商的资金实力进行要求时，也需要结合实际情况进行考虑。

（3）信誉状况

守信是市场发展与合作关系建立的保证，财务状况良好并且重视信誉的中间商，不仅能及时付款，还可以在财务上向生产商提供一些帮助，如预付货款、分担一些促销费用或直接向顾客提供某些资金融通，允许顾客分期付款等，从而有利于扩大产品销售。因此对客户信誉状况考虑尤为重要。

当然这个信誉不仅指与厂家合作是否守信，还要考查对终端客户、对消费者是否负责。

（4）经营理念

随着市场的不断细分，渠道网络也在不断发展。有部分经销商确实能够通过自己辛勤的耕耘，逐渐随着企业的发展而不断完善自己的网络渠道建设，增强自己的服务功能而得以不断地发展；也有部分经销商秉持小富即安的思想，认为目前做得不错，没有必要再继续打拼了；还有一部分经销商为一些蝇头小利而不惜做出损害品牌和市场的事情。以上这些都涉及经销商的经营理念。所以，企业在选择经销商的过程中一定要关注这一问题，这关系着企业的整体发展。

（5）合作意向

合作意向是客户选择最关键的环节。经销商愿意与生产商合作，经销商就会积极主动地推销其产品，对双方都有好处。有些经销商希望生产商也参与促销，以扩大市场需求，并相信这样会获得更高的利润。因此，生产商根据销售产品的需要，确定与经销商合作的具体方式，考察被选经销商对生产商产品销售的重视程度和合作态度，再选择最理想的经销商进行合作。同时，生产商应尽量向自己的目标经销商展示产品的销售优势，使其对自己的产品有信心，相信生产商的产品有很好的市场潜力，从而积极销售，使双方获取利润。

（6）经营特长与经验

生产商选择经销商，还要考虑经销商的经营优势是哪些产品，与生产商的产品特征是否相符。例如，生产商的产品是体育用品，则选择体育用品专业经销商就会比选择一般的混合经销商要好很多。此外，从业经验也是生产商选择经销商的重要因素，许多经销商被有名牌产品的大企业选中的一个主要原因就是他们对销售某种产品很有经验。选择对产品销售很有经验的中间商就会很快打开产品的销路。

(7) 产品组合

中间商销售的产品种类及其组合情况是中间商产品政策的具体体现。很多企业希望中间商只销售自己一家的产品，但在实际市场运作中，中间商往往不可能只经营一家生产商所有的产品，而是多家企业的产品同时经营。中间商产品种类的多少，常常决定着顾客的多少，也决定着产品销售机会的多少，所以中间商的产品种类较多并不一定是坏事。

选择经销商是一个复杂的过程，除了上述 7 个基本条件以外，还有必要考虑经销商的促销能力、地理位置、综合服务能力等。总之，生产商对中间商的选择是否适当，不仅关系到分销渠道的畅通，而且关系到生产商营销活动的成败，所以，生产商应慎重选择中间商。

5.1.2 经销商的筛选步骤

生产企业在筛选渠道成员时，一般需要经过如图 2-5-1 所示的 4 个步骤。

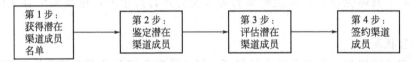

图 2-5-1 筛选渠道成员的 4 个步骤

(1) 第 1 步：获得潜在渠道成员名单 生产企业要想选择渠道成员，就要了解市场上有多少可供选择的企业，然后才能根据具体标准进行甄选。搜寻潜在渠道成员名单，可通过内部信息源，也可通过外部信息源。

(2) 第 2 步：鉴定潜在渠道成员 渠道开发者在选择渠道成员前，需对其进行鉴定。要制定出详细的鉴定标准，用标准来衡量、选择渠道成员。

(3) 第 3 步：评估潜在渠道成员 运用得当的方法，可以帮助营销总监更科学地选择潜在的渠道成员。选择渠道成员的方法很多，比较常用的有强制评分法、销售量分析法、销售费用分析法等。

① 强制评分法。强制评分法主要原理是对拟选择作为合作伙伴的每个渠道成员就商品分销的能力和条件，用打分法来加以评价。由于各个渠道成员之间存在分销优势与劣势的差异，因而每个项目的得分会有所区别。注意到不同因素对分销渠道功能建设重要性程度的差异，可以分别赋予一定的重要性系数，然后计算每个渠道成员的总得分，从得分较高者中间进行选择。

某电脑生产制造商决定在广东地区选择独家经销商，在广州市进行考察后，选出 3 家比较合适的候选人。电脑生产商希望经销商具有一定的经营规模、有良好的声誉和财务状况、有强大的销售实力和管理能力等。各个候选人在这些方面都有一定优势，但是没有一个十全十美。因此，电脑生产商决定采用强制评分法对各个候选人进行打分评价。如表 2-5-1 所示。

表 2-5-1 强制评分法选择渠道商

评价因素	重要性系数	渠道商 1		渠道商 2		渠道商 3	
		打分	加权分	打分	加权分	打分	加权分
A. 经营规模	0.20	85	17	70	14	80	16
B. 良好声誉	0.15	70	10.5	80	12	85	12.75
C. 销售实力	0.15	90	13.5	85	12.75	90	13.5
D. 管理能力	0.10	75	7.5	80	8	85	8.5
E. 合作精神	0.15	80	12	90	13.5	75	11.25
F. 产品线	0.05	80	4	60	3	75	3.75
G. 货款结算	0.20	65	13	75	15	60	12
总分	1.00	545	77.5	540	78.25	550	77.75

从表 2-5-1 的第一列可以看出，各个渠道商的优势与劣势是通过有关评价因素反映出来的。通过打分计算，从表 2-5-1 的"总分"栏可以看出，第二个候选人得到最高的加权总分，因而是最佳的候选人，该公司应当考虑选择他作为当地的经销商。强制评分法主要适用于在一个较小地区的市场上，为了建立精选的分销渠道网络而选择理想的零售商或独立经销商。

② 销售量分析法。通过实地考察分销商的消费者流量和销售情况，并分析其近年来销售额水平及变化趋势，渠道管理者可对其实际分销能力进行评估和评价，然后选择最佳候选人。

③ 销售费用分析法

a. 总销售费用比较法。应优先选择执行分销中销售费用最低的候选人。

b. 单位商品销售费用比较法。单位商品销售费用越低，越应首先选择。

c. 费用效率分析法。费用效率＝某分销商的总销售额（或总销售量）÷该分销商的总销售费用，所以费用效率越高，越是合适的潜在渠道合作者。

(4) 第 4 步：签约渠道成员　谈判并签约是企业选择渠道成员的最后一个步骤，也是关键的一步。企业与渠道成员谈判时，要注意：对利益的描述要具体、详细；表达同舟共济的意愿；提供较多的激励措施；进行双赢论述。所以企业在签订合同时一定要慎之又慎，因为一旦签约，便对双方具有法律效力。所以，合同的内容要详细、完整，切实保护双方权利，约束双方行为。

5.1.3 经销商选择策略

渠道成员的选择从某种程度上说是双向的：对生产制造商而言，是在选择渠道成员；对渠道成员来讲，是在选择供应商。因此，在选择渠道成员的具体操作中，不要忘记生产制造商自身的因素也会影响到对渠道成员的选择，根据企业自身情况采用不同的策略才是现实的做法。以下介绍几种实践中企业选择渠道成员时行之有效的实用策略。

(1) 分阶段选择策略

对于那些刚进入某行业的厂商或者刚进入某一个区域市场的厂商来说，由于其产品在该行业或该区域市场上有一个熟悉与适应过程，因此在渠道成员的选择上，就不必恪守一步到位的原则，而通常采取分阶段选择不同渠道成员的策略。

第一阶段，在渠道建立初期，通常可以接受一些基本符合厂商选择标准甚至低于选择标准的渠道成员的合作，这样可以迅速在该行业或该区域市场建立起渠道体系，尽快启动市场。

第二阶段，当厂商的产品在该行业或区域市场上逐步树立起形象，厂商的"话语权"增强后再通过严格考核以选择符合厂商标准的渠道成员作为厂商的长期合作伙伴，进而淘汰那些不符合厂商选择标准的渠道成员。

采用分阶段选择策略的好处是上手快，容易启动市场。不足之处是处理不当，容易造成厂商"过河拆桥"的感觉，甚至引发渠道动荡。为此，厂商在建立渠道体系之初，就应该与渠道成员有明确的说明，并加强对渠道成员的辅导，争取让渠道成员尽快成长起来，以符合厂商的选择标准。

（2）针锋相对选择策略

针锋相对选择策略就是属于市场跟随者性质的生产制造商，选择同行业中的市场领先者所选择的渠道成员的一种策略，适用于实力较强的市场进攻者。对于他们来说，其市场地位通常仅次于市场领先者，因此，在选择渠道成员的时候，通常以市场领先者的渠道成员作为参照或目标。

采取针锋相对选择策略的好处是紧逼市场领导者厂商，容易打开市场，提升形象。不足之处是容易受制于居于市场领导者地位的渠道成员。通常情况下，居于市场领导地位的渠道成员对于处于市场进攻者的厂商拥有更大的话语权，而后者为了争取到与处于市场领导者地位的厂商的同台竞争，往往愿意接受一些相对较为苛刻的代理条件。

（3）逆向拉动选择策略

详见项目1任务2拓展阅读"逆向重构渠道布局策略——分销渠道的逆向重构法"。

华帝的经销商选择

华帝作为中国燃具第一品牌，选择经销商的独特方式值得借鉴。华帝在成立初期，决定实行区域独家代理制制度：在每一区域只选择一家有实力、有诚信的一级经销商，通过一级经销商的网络优势发展二级代理商，直至终端销售。但这仅仅是一种想法而已，尤其是在华帝刚刚成立的1992年，当时的它仅仅是一个组装厂，所有配件全部靠外供，核心技术无从谈起，简单地说，也就是一个比较会上螺丝的工厂而已。

对于一个仅有100万注册资金的小企业，新创品牌的当务之急是得到消费者和经销商的认知。这方面，华帝具有实战经验，他们知道怎样把有限的资金用在刀刃上；广珠高速公路沿线名牌家电企业云集，全国的经销商都必须沿着这条公路到厂家提货，被誉为家电销售的"黄金之路"。华帝就在这条公路的前中后三段，离燃具界巨头万家乐和神舟厂门不远的地方各树立起一块硕大的广告牌，上面只写"华帝燃具"四个大字和销售热线，色泽简单明快，非常醒目，让前来提货的经销商过目难忘。

与此同时，华帝开始致力于营销网络的建设，在《羊城晚报》和《金融时报》连续刊登六次招商广告，向外发布企业发展的理念和思路以及全新的形象组合，诚聘各地经销商。当时，不仅在炉具行业，其他许多行业的厂家都在实行同一区域与多家经销商合作的策略，暗地里鼓励经销商之间相互竞争以炒作产品，而华帝则反其道而行之，率先实行了区域独家代理制度，从而最终建立了华帝独具特色的"华帝共同体"。

华帝表示，"在经销商的选择上，我们比较注重专业经验，如曾做过华帝产品或经销过其他燃具产品的经销商，这是首选。在二级市场上，不可能在'学历'上有太高的要求。在加盟时，我们会代表华帝集团与之签订加盟合同和经销合同，其中华帝根据市场特点还专门制定了装修保证金制度，即向店主收取1万元的装修保证金，在完成当年合同任务50%时返还一半，另一半在终止合作时返还，此举维护了店主对华帝的忠诚度，促成双方长期合作，也保证了华帝的利益。经销商对此比较理解，至今没有违反和终止合作的先例。"

问题：
华帝在选择经销商上有何可借鉴的地方？

有资金实力的经销商一定好吗？

企业通过自我定位后再来寻找合适自身发展的经销商，很多招商企业的目标总是紧盯着几家有资金实力的经销商。有资金有实力的经销商好吗，好。它们的资金抗风险能力强，网络优势明显，并不是说有资金有实力的经销商是所有企业的选择，有资金有实力的经销商其手头一般都有几个品牌在运作，他们并不能将全力放在你的产品之上，更有可能是为了制约你的产品在它所在地区的发展而来拿经销权。因此说，只有适合企业发展的经销商才是最好的合作伙伴，是企业的最佳选择。

5.2 招商工作的组织实施

招商是企业基于资源整合的目的，利用经销商在当地市场的网络，加快产品渗透步伐，以取得超越自身能力的发展空间和时间而进行的市场拓展活动。招商不仅是初创企业的快速拓展之道，还是建立市场通道的重要手段，更是企业迅速建立开放式价值链、实现传统销售模式不断升级和市场突围的重要途径。

在中国这样一个庞大且复杂的市场中，真正有能力构建自己销售网络的企业不足5%，而招商的根本任务就是完成经销商的招募。招商工作是一个复杂的工作，是一个牵一发而动全身的系统工程，想要运行有序，达到预期的目标，需要对招商工作加以细致规划和全局统筹。

要成功运作一次招商活动，需要高效开展以下4个工作任务。

5.2.1 确定产品

在终端铺货产品趋向同质化的情况下，一定要选择诉求点明确且具有很强差异化的产品来开展招商活动。适合用来招商的产品往往具有以下特征。

（1）选择具有持续发展空间的产品　一个好的产品一定是满足市场需求的产品，因此，无论是企业还是经销商，首先要选好市场，即强大的市场需求，其次才是为这个市场找一个好产品。好的招商产品应具有以下特征：具有广阔的市场空间；市场应该正处于导入期后期或快速成长期，市场风险很小；市场应该具有可操作性。

（2）选择功能过硬的产品　产品同质化、新产品开发不足是困扰营销的一个长期问题，开发科技含量高、使用效果好的产品始终是企业不懈的追求。从企业的实际运作中看，凡是功能过硬的产品都取得了不错的成绩，而在招商败北的产品中，一些热衷于制造概念的产品占很大的比重。不论是经销商还是消费者，都不会对纯概念性产品产生持续的兴趣，因此，没有良好效果的产品，只能造成市场投入的浪费，最终也被市场所淘汰。在招商运作中，如果选择一个功能过硬的产品，市场就已经成功了一半。

（3）选择能满足市场需求的产品　企业要实现产品顺利招商，不仅要关注经销商的需求，还要关注消费者的市场需求，只有把两者的市场需求有效结合，才能确保招商目标的顺利启动。只关注经销商的需求，无视消费者，无法保证后期市场的启动；只关注消费者，无视经销商，产品就不能顺利进入市场。在某种程度上讲，经销商的需求就体现了消费者的需求，几乎可以算是消费需求的风向标，因此，他们在选择产品时除了要考虑最基本的产品质量、价格等因素外，还要为产品最终的每一位消费者考虑，因为他们要解决买进后再卖出的过程。

（4）选择具有广阔利润空间的产品　招商价与零售价的价差就是经销商的利润空间。经销商在项目选择时关注的一个重点就是项目的投资安全性，这个安全性就是从收益的角度去考虑的，即经销该产品具有多大的利润空间，因此，利润空间就成为了经销商作出是否经销的关键性指标。对于经销商的利润关注，企业不仅无可厚非，而且还要想方设法满足经销商的利润要求，只有这样，经销商才会有和企业合作的动力。企业和经销商的关系从根本上讲是一种利益关系，如果缺乏了这种利益上的关系，两者的合作就失去了基础和意义。

此外，在招商产品的选择上，还可以关注独树一帜的品类，可以瞄准一个差异化的市场，或者是具有差异化的技术，比如，如今采用重要理念的护肤美容产品。

5.2.2　确定招商团队及招商政策

5.2.2.1　打造招商团队

在招商这个系统工作中，人的因素是最关键的。打造专业的招商团队是企业实现产品快速进入市场、支持企业快速提升影响力的核心措施，然而，现实中除专业招商的企业之外，一般的招商企业在团队建设方面是弱项。组建一个专业的团队首先要建一个领导班子，由三部分组成：一是班子的责任者；二是核心成员，他是全局问题的策划和支持者；三是重要的功能负责人，是参与班子决议的营销执行者。在重大问题的决策程序上应该是要求立项、调查、研讨、决策，主要程序应是"听多数人意见，和少数人商量，核心说了算"的。打造高效的招商团队需要做好以下 3 点工作。

（1）构建团队组织体系　招商作为营销工作的一项重要内容，需要企业在组织设置上予以体现出来。依据企业的规模，招商的组织体系大小也不尽相同，在招商的组织体系中一般包括招商总监、企划部、商务（招商）部，在商务（招商）部一般又设有招商经理、区域招商经理、区域协销经理、商务助理等具体职位。

（2）加强团队沟通与管理　一个没有思想的人是行尸走肉，一个没有核心理念的招商队伍只能是一盘散沙。所以，在沟通与管理中不但要教会员工如何运用各种技巧去招商，更重要的是团队必须要有凝聚人心的思想。"思路决定出路，细节决定成败"。招商讲究市场功底，讲究细节的累积，再高的招商目标也是由一个又一个大大小小的招商业绩累积而成的。

招商企业必须强调全员招商的观念，除了招商核心人员，物流、财务等辅助人员也要懂得公司产品的经销政策、产品知识。因为很可能有一天所有大区经理在招商会现场忙活，公司里只有后勤人员，而此时恰好有经销商来电话咨询问题，如果后勤人员是一问三不知，那会给经销商造成很不好的印象，相反，如果一个后勤人员能对产品、市场等方面理解透彻，经销商会对企业另眼相看。

因此一个优秀的招商团队应该具备：核心明确；员工优秀；严格科学的管理。同时在招商团队中要建立业务管理制度以规范操作流程和个人行为；建立业绩考核、绩效挂钩的薪资政策以激励员工的积极性，确保招商目标的实现。

(3) 完善团队培训　招商最怕认识不统一，人人都有一套评价体系和谈判标准，对产品、市场和招商各抒己见、各行其是，造成内部信息混乱，招商效率低下。高效而实战的招商培训是招商成功最重要的保障之一。通过培训，统一思想，统一全体成员的内在共识和言行标准，步调一致，共同推进。因此招商培训是打造一支优秀的招商团队必不可少的"内功"，所有招商人员不但要领悟到公司的战略思想，而且要掌握公司招商的核心优势在哪里，对经销商输出的市场投入预算、广告进程、操作方案，必须是口径一致的，这些目的的达成都必须依靠统一的培训。

公司招商培训的4大核心内容有以下几个方面。

企业及产品知识培训：企业情况，产品情况等；沟通技巧培训：接听电话、接待语言、洽谈技巧、仪表举止等；招商专业知识培训：招商流程、谈判技巧、表格填写等；招商要领培训：招商的战略步骤、目标分解、经销商定位、合同解读、市场操作方案、常见问题的解答与应对等。

在实战中发现，经过系统培训，团队的凝聚力和战斗力会得到快速的提升，招商人员能快速融入企业招商的氛围中，并在更短的时间内为企业招回真金白银。

5.2.2.2 确定招商政策

企业根据自己的经营目标和意图，通过经销商调查整理出资料，就可以制定对经销商有生命力的招商政策。招商政策同产品一样也要具有基本的特征和 USP（Unique Selling Proposition，独特的销售主张），它反映的是企业的经营意图、企业的经营模式和赢利模式。

根据招商厂家和经销商之间的关系，招商政策可以分为买断经销和厂家局部支持两种。前一种就是经销商买断厂家的产品，厂家只管生产和供货，经销商全权负责市场营销的一揽子方案；在这种方式下，厂家规定一个市场零售价，并以很低的价格，比如是零售价的1~2折的折扣给总经销商；总经销商拿钱提货，在市场方面，厂家不提供任何支持。另一种为厂家局部支持，有以下两种方式。

① 单纯的广告支持。就是经销商以一个合适的价格现款拿货，厂家负责广告，给予控制支持，其他市场推广工作由经销商自己完成。

② 厂家的促销与广告支持。就是厂家不仅有广告的"空中支持"，而且还有"地面部队"配合，帮助经销商搞好产品促销，负责上市推广、策划、促销、客情关系、终端辅导、区域维护等，经销商只需要进货、铺货和回款就行了。这种方式的折扣率相对较高，一般比买断经营的要高40%左右。采用这种方式有利于产品的深度分销，将单个市场做深做透，

这也有利于厂家对经销商的控制，防止商家窜货和低价甩货。

在操作招商政策时，除经销方式这一最为直接的内容外，还有以下几个方面的政策需要关注。

① 确定市场准入政策。市场准入政策是指企业根据营销渠道战略所确定的入选通路成员的条件。这个政策是在经销商遴选条件的基础上，对与经销商首次合作中资金投入所作出的规定，主要包括两个方面：首批进货量和保证金。首批进货量的规定在于能有效锁定经销商的经营精力，积极地开拓市场，因为只有前期有相当的投入才不会让经销商漫不经心甚至三心二意。而一定市场保证金的缴纳，使得经销商投鼠忌器，不敢轻易违背经销合同而做出不利于企业和市场的事情，如窜货、损害形象等。

② 制定价格管控政策。价格策略是营销4P策略中最为灵活也是最为敏感的策略。经销商在考虑与厂家的合作时，也会重点关注价格政策，而作为企业来讲，如果在价格管理和控制策略上出现失误，将可能会导致市场失控，招致经销商和消费者抱怨甚至抵制。一个好的招商方案应该合理确定与经销商合作的价格策略。具体包括以下几个方面：制定规范的价格制定步骤；预留合理的利润空间；制定遏制竞品的定价策略；合理预留风险投入。

企业有时为了抢夺经销商，倒是给经销商留足了利润空间，却轻易让出了自己的利润底线。市场竞争中充满了未知性，一旦市场出现不利状况，企业就很难有足够的利润周旋空间而导致企业亏损，往往会以牺牲产品质量或者减少市场投入来应对，而这些都是不利于企业和经销商持续稳定发展的。因此，企业要合理预留风险投入，以应对市场开发、品牌建设、市场推广等活动。

③ 制定市场支持政策。在招商活动中，一般都会不同程度地给予经销商一定的市场支持。如为经销商提供一定的物流配送、市场协销、活动支持、销售扶持、销售奖励，这些都属于对经销商的市场支持政策。市场支持政策的大小往往影响着经销商选择产品的信心，影响着后续市场经营的信心。一般情况下，利润空间大的产品，市场支持政策弱，利润空间小的产品，市场支持政策强。在企业支持方面，要考虑市场和经销商的实际情况，体现支持的科学性和系统性，让经销商真正理解企业的理念，只有产品真正实现了终端销售，企业和经销商才能获利或长久获利。支持的政策往往有下列几种：给经销商提供样品试用；给予经销商一定的退货保证；给予经销商信用赊销；提供以旧换新；举办展示、展览、演示等推广活动；提供经销商相关培训；特殊情况下的价格折让。

④ 合理确定返利政策。通过返利形式来激励和控制经销商，是招商政策中经常会出现的。返利的具体形式可以根据不同的标准划分为明扣和暗扣、阶梯返利和固定返利。

明扣的使用：所谓明扣就是厂家以明示的方式确定返利扣点。如果产品单品利润空间大而总量相对较小，厂家对市场的控制力较强且其控制具有说服力，这时可以采取明扣的方式进行返利。

暗扣的使用：暗扣与明扣相对应，是厂家根据具体情况确定与经销商的返利扣点。如果厂家对市场控制力较弱，需要借助经销商的力量来完成对市场的经营，可以通过调整扣点的形式机动控制和激励经销商。

阶梯返利的使用：阶梯式返利是随着销售量的增大而逐渐加大返利额度的一种返利形式。如果企业处在一个成长速度较快的市场，而且市场中还有很多的空白，可以采用阶梯返利的形式。

固定返利的使用：固定返利是指采取一个固定比例进行返利，在销量达到一定数量就可以获得。在企业所处市场已经比较成熟、各区域市场已经开发得比较到位的情况下采用固定返利形式。

⑤ 科学制定退出机制。企业与经销商的持续合作取决于双方的合理利益得以实现，一旦这个过程中出现预期目标难以实现的情况，不论企业还是经销商都可以选择退出合作。在一般的厂商合作中，处于强势地位的是厂家，因此，经销商在合作之中肯定要考虑厂家所制定的退出机制是否合理，这是经销商选择是否合作的重要影响因素。

在退出机制的制定中，厂家要充分考虑对经销商的保障体系，比如剩余货品的等值回收、使用道具（工具）的折价回收及合理市场推广费用的弥补等。此外，对于符合企业需要的经销商员工也可以考虑召入旗下。这些机制的建立可以有效消除经销商的后顾之忧，对整个招商工作起到非常积极的影响。

5.2.3　筹备招商会议

招商会议是招商运作中最为常用的一种形式，也关系到招商工作的成败。招商会议能否获得收益来源于整个工作，包括会前的周密细致准备、会议期间的精心设计和会后的积极跟进。

(1) 会前工作的操作　一次成功的招商应是在招商会议的前夕，通过地面的有效走动沟通、高空的支持配合、电话的有效跟踪沟通来精确掌握招商签约的人数与质量，而不是仅仅借助招商会议的规模气势与营销策划高手的"洗脑"来达成签约。就一个具体的招商会议来讲，需要进行周密的细节筹备，具体的工作内容有以下几个方面。

① 预先筹划、制订方案。
② 建立会务工作组织。
③ 宣传和推广招商信息。
④ 有针对性地发出邀请函。
⑤ 准备会议资料。
⑥ 准备招商资料。
⑦ 准备签约项目。
⑧ 与当地相关组织结构联系、合作。
⑨ 布置会场、准备视听设备。

(2) 会中工作的操作　招商会议的内容流程不能简单地以经销商所关心的问题为顺序。在具体的沟通中，首先将经销商最关心的问题放在后面谈，因为这是最难以完美回答、最易产生洽谈矛盾的地方。其次，经销商所关心的只是几个"点"，但其实理解"点"的问题需要"面"的内容来支持。如果撇开公司的全面描述这个"面"的背景，孤立地就事论事，双方是很难达成共识的。第三，前面的沟通是为后面沟通作铺垫的，如果在前面的沟通中已经充分引起了经销商的共鸣，则后面的问题解决就水到渠成了。

(3) 会后工作的操作　很多企业往往很重视会前准备和会中操作，认为能否签单就在这两个环节，其实会后工作也对签单有着极其重要的作用。在会中签单的经销商往往是一些已经深思熟虑的客户，对于一些还没有签单或者目前还不想签单的经销商，并不意味着就没有机会了，如果我们能够做好会后工作包括会后保障工作可以有效提升经销商对企业的满意度，进而促进其后续签约，另外，必要的会后工作还可以为以后的招商工作积累经验。会后工作一般会围绕以下内容进行操作。

① 积极跟进尚未签单的重点客户。对参与了招商会的客户进行重点、及时跟进，在最短时间内进行高强度的拜访，利用招商会的余热，完成签单。

② 妥善安排来宾的撤离与返程。对签约客户与未签约客户要一视同仁，千万不可有差异，此外还不能让客户感觉到与来时的待遇不一样。在客户离开时，要注意将钱财、款项交代清楚，不要让客户心存疑虑或不满。

③ 进行会后总结。总结招商会的经验教训，为以后的招商工作打下基础。

④ 编辑和制作宣传材料。招商会议结束后，最晚不要超过两天在公司能够发布消息的平台上进行信息发布，这对新老经销商都是一个有效激励。此外，还要将本次招商会的有效资料进行归类整理，最好能制成电子材料便于保存和传播。

5.2.4　设计与签订经销合同

要将招商行为转化为招商成果，合同的签订是最核心的衡量指标。经销合同是厂商双方合作的纲领性文件，对双方的合作方式、合作内容进行了必要的约定，也是双方当时意思一致的表示。如果合同涉及不合理，或者双方在签约前没有进行充分的信息沟通，就会导致一系列的合作困难。因此，在合同的签订中，双方都要保持高度的谨慎。

5.2.4.1　拟定招商合同中的十大关键条款

（1）经销区域　作为企业来讲，是希望经销商能够在指定的区域内经销产品，但基于对利益的追求，经销商常常会跨区域销售产品，如果降低价格恶意窜货则会对市场造成严重危害，因此，企业需要在合同中明确经销区域，该经销区域要具体明确，要写清是某省、某市、某县（区），以免产生销售交叉区，并规定相应的违约责任，让合同真正起到管控作用。

（2）任务指标　经销合同明确的任务指标是招商企业获利及持续经营的基础，也是保证产品市场份额扩大的硬性指标，合理的、科学的任务指标将促进经销商积极运作本产品。如在合同中规定："乙方自签订本协议之日起至××年××月××日止，以供货价从甲方购进某产品的总购货额为××万元人民币，以乙方打到甲方账户的货款为准。"在确定总任务额后，要将其分解到季度或月份中以便促进执行与考核。

（3）首批进货款　首批进货款是招商企业与经销商第一次实质性的交易，首批进货款到账意味着合作正式生效。招商企业应认真结合行业、产品等具体特点确定合适的首批进货额度，并督促经销商如期打款进货。如在合同中注明："本协议自签订之15日内，乙方须将首批货款××万元汇入甲方指定账户内。逾期未交足上述款项，则视为乙方解除本协议；甲方有权对该地区更换经销商。"

（4）价格条款　价格是招商企业与经销商共同关注的焦点，是市场管理的重中之重。如果价格失控，就会引起价格大战或者价格混乱，影响经销商和招商企业的整体利益，最终会影响整个渠道的运行。合同中规定的价格有招商企业规定的批发价、一级批发价、二级批发价和零售价，指导价和价格调动幅度要有明确的规定，才有被严格执行的可能。最为重要的是对结算价的明确界定，要清楚地注明结算价格是否含税、是否包括运费（何种运输方式的运费）。这些都要通过合同明确规定，严格监督实施，实现招商企业对经销商在价格领域的掌控。

（5）让利约定　一般包括批量让利、成长让利和管理让利三部分。批量让利的目的是鼓励经销商严格按照合同的规定，完成甚至超额完成年度销售额，完成得越好，得到的招商企业返利额也越多。批量让利应按合同规定及时兑付,这样才能调动经销商的积极性,不按时支付甚至久拖不付,就会挫伤经销商的积极性。

市场的开拓是循序渐进的,开拓市场初期,销量不会很大,随着市场被打开,销量也逐渐增大,成长让利条款遵循了这一规律,并给予经销商返利奖励,有效地调动了经销商的积极性,也方便招商企业安排生产。

管理让利是对经销商关于价格执行情况、遵守不窜货情况等招商企业对市场管理要求的执行好坏所给予的奖励返利。

让利条款一定注明相应的考核标准,不能用含糊语言,并将兑付时间与兑付形式界定清楚,以免出现误解和争议。

(6) 铺货要求 决胜在终端,现在各个企业越来越重视终端在产品销售中的作用,而现在的终端形式也越来越多,就拿医药保健品的终端来举例,就有药店、医药超市、便利店、大商场、诊所、医院等,一个经销商的实力,很重要的一点就是看他所拥有的终端资源。在合同中,对经销商铺货的速度和数量应有明确的要求,一是督促经销商按时按量完成,二是对没有能力的经销商起到隔离作用。

(7) 违约条款 这是经销商违反合同规定,但还没有达到应该解除合同的程度所执行的处罚条款。比如没有完成任务量、没有按合同规定的价格出货、铺货终端数量不够、少量窜货等行为。违约条款应根据事先洽谈与公司的规定详细地注明到合同中,关于处罚的程度一定要数字化,犯到哪条就能找到相应的处罚额度,这样能够方便执行和避免争议。

(8) 退换货条款 首先要明确退换货的条件或起因,一般有质量问题、包装问题、有效期问题等,并注明退换货的范围,以便执行,因为退换货直接涉及双方利益,双方对此条款都应该认真对待。其次,明确退换货的附加条件和作业流程、责任承担等,退换货的条件有货物完好、无破损和时间限制;作业流程有结算、运输方式与费用承担;责任承担应根据不同情况,明确归责,以免产生矛盾。如:"首批进货6个月后及8个月内,乙方可要求甲方原价回购首批未销完产品,同时乙方自动放弃经销权。如一方在此前曾经两次进货,或者违反本合同规定,则本条款的退换货规定自动失效。"

(9) 解约条款 招商企业应该帮助经销商开拓市场,遇到困难,应共同研究解决,平时应加强对经销商的管理,将问题消灭在初始状态。如解约,应把握好时机,防止经销商压货,以避免损失。如在合同中规定:"如乙方未能按照合同约定的年、季度进货额完成销售任务,甲方有权利自行进入市场;或发展新的经销商进入乙方经销区域内;或取消乙方经销权。如乙方有违反销售价格、未在规定的销售区域销售产品或其他违反合同规定的行为,甲方有权取消乙方经销权。"

(10) 权利与义务的规定 这是合同的核心部分,分甲方权利义务和乙方权利义务,主要内容有以下几个方面。

① 招商企业义务。
② 经销商义务。
③ 招商企业的权利。
④ 经销商权利。

5.2.4.2 签订招商合同应注意的事项

① 考察经销商是否合法存在,是否具有独立法人资格,如果对方是无独立法人资格的

挂靠单位，或单位产权不清，或是根本不存在的虚假单位，不要与其合作，以免造成不必要的损失。

② 签订合同时，经销商公司名称一定要和营业执照上的名称一致，并加盖公章；不能使用简写或法律上根本不承认的代号；不能以私人章或签字代替公章或合同专用章。

③ 要严格限定授权期限、区域，并明确经销商的权利和义务；严格规定产品的价格、退换货流程及责任。

④ 详细规定违约事项及规则问题；限定货款清算方式及日期。

⑤ 签订前要进行区域市场调研。招商企业要组织团队，到签约经销商所在区域市场进行市场调研，进行市场评估。开展调研的核心目的是：一是研究市场，为量身制定区域市场政策及营销策略奠定基础；二是根据市场潜力，确定恰到好处的首批进货量。因为经销商进货多了，长期压仓不走，打击经销商积极性，亦会造成商家资金压力，这不利于长期合作。

⑥ 制定区域市场策略。很多招商企业在新产品上市推广时，习惯于"天下一盘棋"地制定市场政策和营销策略，结果导致在一些区域市场上的水土不服。其实，采取"一地一策"是既现实又可行的，但是这样制定市场政策和营销策略时，要注意一定要维护整体市场秩序，保护经销商利益的同时，也要顾全企业大局。

⑦ 对区域经销商培训。对经销商进行培训，这是企业必须输出的资源。即使行业内资格较老的经销商，生产商也要把产品、品牌、文化、服务、业务流程、市场操作等方面内容对经销商加以培训。同时，要对经销商的操盘手、市场管理人员、一线代表、促销员等不同群体层提供不同的培训。

⑧ 进行样板市场考察。目前，业内很多企业都注重样板市场建设，并积极组织经销商进行参观考察、经验交流研讨，这样既可以增强招商的可信度与说服力，树立经销商信心，又可以很好总结市场经验，供后加盟者学习，在经销过程中少走弯路。

⑨ 确定首批进货量（额）。招商企业有责任科学地帮助经销商确定进货量，而不是孤立地认为首批进货越多越好。其实，对于以下几个指标：平均库存、安全库存、配送周期等，也有必要替经销商把关。那些不去考察市场而过度追求首批进货、月度最低进货等指标的生产商，注定要遭受市场的报复。

⑩ 销售宣传物提供。在签完合同后，厂商要把营销手册、宣传单（折页）、光盘、免费赠品、试用装产品等宣传资料及时提供给经销商。这里强调一点，在销售方面，招商企业也可以定向地为经销商策划、设计、制作，乃至投放宣传物，因为对于不同区域市场实施宣传与传播的工具可能并不相同。

招商中面临的未来市场充满变数，有很多方面需要详细论证、周密考虑，如果急于求成、仓促订约，必定后患无穷。一定要有规范、标准的协议，比如对窜货、违约金等问题必须明确无误地写入合同中，出现问题时如何终止合作也要有具体约定。

制定缜密、完善的招商合同是保障双方利益的前提，具有有法可依、有法必依的有效凭证，企业招商合同、违约条款的设计应体现双方共赢的主旨，在违约责任、仲裁方式、利润分配、双方责权、促销策略、市场支持、销售体系等条款上应公平、合理，确保招商价值链的每一个个体都有增值、增幅的潜质，以达到企业扩张运营业绩的目的。合同要体现公平、公正、自愿互利的原则。《加盟意向书》不能预先设置陷阱，也不能收取高额的所谓"保证金"，套牢经销商。

在拟定经销协议的时候，企业应该尤为注意对以下几个方面进行约定：其一，终端建设方面的条款，如铺市率及进度的要求、陈列、卖场生动化的要求；其二，销售信息方面的约定，如规范的报表系统；其三，建立产品专营小组的约定；其四，对品牌管理、市场管理、销售管理的约定；其五，对经销商实施支持的约定；其六，何种情况下企业可以发展新经销商进入市场，以发展不达标区域业务的约定等。

春兰是如何维系经销商的

江苏春兰集团实行的"受控代理制"是一种全新的厂商合作方法。代理商要进货，供销员必须提前将货款以入股方式先交给春兰公司，然后按全国规定提走货品，这一高明的营销战术有效地稳定了销售网络，加快了资金周转，大大提高了工作效率。当一些同行被"互相拖欠"拖得筋疲力尽的时候，春兰却没有一分钱拖欠，几十亿流动资金运转自如。春兰公司已在全国建立了13个销售公司，同时还有2000多家经销商与春兰建立了直接代理关系、二级批发、三级批发，加上零售商，销售大军已达10万之众。

春兰的经验虽然简单易行，但并不是所有的企业都能学到手。因为春兰用于维系经销商的手段并非单纯是"金钱"（即预付货款），更重要的是质量、价格和服务。首先，春兰空调的质量，不仅在全国同行首屈一指，而且可以同世界上最先进的同类产品媲美。其次，无论是代理商还是零售商，都在从销售中获得理想的效益，赔本交易谁也不会干的。而质量第一流的春兰没有忘记给经销商更多的实惠。公司给代理商大幅度让利，有时甚至高达售价的30%，年末给予奖励，这一点许多企业都难以做到。有的产品稍有一点名气，就轮番提价，想把几年的利润在一个早晨就通通挣回来，根本不考虑代理商和经销商的实际利益。再次是服务。空调买回去如何装？出了毛病找谁？这些问题不解决，要想维系经销商也是很难的。春兰为了免除10万经销商的后顾之忧，专门建立了一个强大的售后服务中心，近万人的安装、调试、维修队伍。他们实行24小时全天候服务。顾客在任何地方购买了春兰空调，都能就近得到一流的服务。春兰正是靠这些良好的信誉维系经销商的。同时经销商也给了春兰优厚的回报：他们使春兰空调在国内市场上的占有率达到了40%，在同行各企业中遥遥领先。

问题

（1）你对春兰维系与经销商关系的做法有何评价？

（2）从与经销商建立战略伙伴关系的角度，你认为春兰的做法中还有哪些值得改进的地方？

产品生命周期

产品生命周期理论是美国哈佛大学教授雷蒙德·弗农（Raymond Vernon）1966年在其《产品周期中的国际投资与国际贸易》一文中首次提出的。

产品生命周期（product life cycle），简称PLC，是产品的市场寿命，即一种新产品从开始进入市场到被市场淘汰的整个过程。典型的产品生命周期一般可以分成四个阶段，即介绍期（或引入期）、成长期、成熟期和衰退期。

（1）第一阶段：介绍（引入）期。指产品从设计投产直到投入市场进入测试阶段。

（2）第二阶段：成长期。当产品进入引入期，销售取得成功之后，便进入了成长期。成长期是指产品通过试销效果良好，购买者逐渐接受该产品，产品在市场上站住脚并且打开了销路。这是需求增长阶段，需求量和销售额迅速上升。

（3）第三阶段：成熟期。指产品走入大批量生产并稳定地进入市场销售，经过成长期之后，随着购买产品的人数增多，市场需求趋于饱和。此时，产品普及并日趋标准化，成本低而产量大。

（4）第四阶段：衰退期。是指产品进入了淘汰阶段。

产品生命周期是一个很重要的概念，它和企业制定产品策略以及营销策略有着直接的联系。管理者要想使他的产品有一个较长的销售周期，以便赚取足够的利润来补偿在推出该产品时所做出的一切努力和经受的一切风险，就必须认真研究和运用产品的生命周期理论。

产品生命周期曲线具有以下特点：在产品开发期间该产品销售额为零，公司投资不断增加；在引进期，销售缓慢，初期通常利润偏低或为负数；在成长期销售快速增长，利润也显著增加；在成熟期利润在达到顶点后逐渐走下坡路；在衰退期间产品销售量显著衰退，利润也大幅度滑落。

产品生命周期的特征。在产品生命周期的不同阶段中，销售量、利润、购买者、市场竞争等都有不同的特征，这些特征可用表 2-5-2 概括。

表 2-5-2 产品生命周期不同阶段特征

	导入期	成长期	成熟期		衰退期
			前期	后期	
销售量	低	快速增大	继续增长	有降低趋势	下降
利润	微小或负	大	高峰	逐渐下降	低或负
购买者	爱好新奇者	较多	大众	大众	后随者
竞争	甚微	兴起	增加	甚多	减少

5.3 经销商的管理

5.3.1 分销渠道成员的培训

渠道成员确定后，需要对分销渠道成员进行培训，才能够使渠道成员按照厂家所设计的任务去完成。生产企业经常为分销渠道成员提供销售和维修人员培训，进行商业资讯服务和帮助。例如，美国福特汽车公司在拉丁美洲培训代理商，训练的内容是拖拉机和配套设备的维修和使用。这一措施大大促进了福特汽车公司与当地代理商的合作关系，提高了代理商的工作效率。而分销渠道成员也常常将接受厂家的培训看成是其成长的一个过程，或是其承担销售任务的一个收益，因此对渠道成员的培训也成为培养渠道成员忠诚度的一项重要内容。

（1）分销渠道成员培训的内容

①产品技术培训。产品技术培训主要是要提高渠道的专业化水平。专业化，对渠道而

言就是要实现生产厂商与渠道商之间的产品技术、服务体系、业务模式、管理模式等方面的同步。专业化的渠道可以对内提高企业素质,对外提高服务质量,提高用户对生产厂商的信任度。渠道是生产厂商产品在市场销售这个过程的执行者,所以渠道商是生产厂商形象的代表,其服务质量所产生的影响对生产厂商至关重要,用户会更多地将其归于生产厂商的服务质量,况且就其对用户的影响来说,在多数情况下服务质量是产品质量的附属物,生产厂商向渠道商提供相关产品的专业技术、服务支持,以及相关的业务运作,是企业专业化向最终消费人群的有效延伸。因此,关于产品技术的培训一直是渠道培训的重点内容。

② 销售培训。对于任何一个用户来说,经销商销售人员对产品的理解、对产品能够给用户带来的好处的理解,以及对用户企业本身的应用环境的理解,都将对销售的成功与否起决定作用。销售培训的重点在于介绍产品的功能、竞争优势、竞争对手分析、成功案例分析、产品报价方法及其销售技巧等。

③ 管理培训。管理培训主要集中在企业文化、营销战略、战术及围绕生产厂商经营理念方面的培训,使渠道成员对生产厂商的经营理念、发展目标等有深刻的认识和认同。把生产厂商的思维方式、经营理念及科学的销售、服务理论和技能传递给渠道商。

(2) 分销渠道成员培训的方式

① 建立专门的培训学校。许多有实力的大公司专门建立培训学院,以承担对分销渠道成员及自身员工培训的职能。

② 公开课培训。这是最为常见的培训方式。常常针对新产品的市场开拓情况,进行定期、不定期的培训。公开课培训由培训师介绍实践经验,面对面授课,互动性强,培训效果好。

③ 项目现场培训。对于一些技术性强的培训,采取项目现场培训方式,培训效果更好。

④ 送经销商到高校参加培训。一些制造商将经销商送到高校参加相关的项目培训。如早期的伊利集团旗下的液态奶事业部曾经选送 30 多名优秀经销商到清华大学进行学习培训,使经销商接受现代营销理念。伊利集团负责人表示:这是基于企业可持续发展战略的长远考虑,经销商是维系企业与消费者最直接的桥梁。其眼界与素质的提高将能使企业更加深入地了解消费者的需求,这不仅有利于企业产品战略的调整和创新,也将有利于生产厂商及消费者的三方共赢。

⑤ 网上培训。网上培训具有突破时间和空间的限制、节约培训成本、培训双方互动性强、实施方式灵活便捷等特点,因而成为一些大型的供应商乐于采用的培训方式。但网上培训缺乏人与人之间面对面的交流,尤其是缺乏渠道成员之间的相互交流和沟通,培训效果受到一定的影响。

5.3.2 分销渠道成员的激励

对于分销渠道成员如何进行有效的激励,详见项目 2 任务 3 分销渠道的激励管理。

5.3.3 渠道成员资信评估与风险防范

渠道客户资信管理是指对渠道成员经营管理的全过程以及每一个关键的业务环节和部门进行综合性的风险控制,包括以渠道客户资信调查及评估为核心的事前控制,以交易中的业务风险防范为核心的事中控制,以及以应收账款的专业化控制为核心的事后控制。这里介绍一下渠道客户资信调查及评估与客户业务风险防范。

5.3.3.1 渠道成员资信调查

资信调查指收集和整理反映渠道成员信用状况有关资料的一项工作，它是财务主管进行应收账款日常管理的基础，是正确评价渠道成员信用的前提条件。

(1) 信用调查方法

信用调查的方法分为两大类。

① 直接调查法：是指企业调查人员直接与被调查渠道成员接触以获取信用资料的一种方法。这种方法能保证搜集资料的准确性和即时性，但如果被调查渠道成员不予合作，则调查资料就不会完成和准确。

② 间接调查法：是指通过对被调查单位和其他单位的有关原始记录和核算资料，进行加工整理获取信用资料的一种方法。这些资料主要来源于以下方面。

a. 会计报表。有关渠道成员的会计报表是信用资料的主要来源，因为通过会计报表分析，基本上能掌握一个企业的财务状况和盈利状况。

b. 信用评估机构。世界上许多国家都有信用评估的专门机构，这些机构会定期发布有关企业的信用等级报告。目前我国的信用评估机构有三类：一是独立的社会评估机构；二是中央银行负责组织的评估机构，一般由商业银行和各部门的专家进行评估；三是商业银行组织的评估机构。专门的信用评估机构评估方法先进，评估调查细致，可信度较高。

c. 银行。这是信用资料的一个主要来源，因为许多银行都设有信用部门，把调查往来渠道成员商业信用作为一个服务项目。

d. 其他机构。如财税部门、工商管理部门、证券交易所、消费者协会以及企业的主管部门等。

(2) 渠道成员资信报告的编制

通过不同的方式收集到渠道成员信息之后，业务经理或信用分析人员可以根据实际需要编制各种不同内容的资信报告。下面是一些常见的资信报告类型。

① 企业注册资料报告。通过考察企业的注册资料或商业登记资料，可以判断企业是否为合法成立。另外，通过企业的注册资料和实际资本可以估计企业的规模大小，并判定企业是否带有投机性质。

② 标准报告。是包括公司摘要、背景、管理人员情况、经营状况、财务状况、银行往来、公众记录、行业分析、实地调查和综合评述等内容的资信报告。标准报告提供被调查对象的全面情况，适用于一般的商业往来中对渠道成员的选择。深度报告是指如果企业觉得标准报告的内容显得单薄，还可以编制一份综合信用报告，其内容包括标准报告的所有内容，并在所有环节中进一步深化，使渠道成员信息更全面，更有深度，并附有对渠道成员近三年财务情况进行的完整综合分析。此类报告适用于交易金额较大，或较为陌生的渠道成员。

③ 财务报告。如果企业与渠道成员较为熟悉，对渠道成员除财务之外的情况均很了解，此时企业便可针对渠道成员财务信息编制财务报告，对渠道成员进行完整的财务分析，并与其所在行业的平均水平进行分析比较。

④ 特殊报告。如果企业认为某一渠道成员是企业最重要的渠道成员，对企业的生存与发展有很重大影响，就必须对渠道成员进行全面深入的调查，必须得到渠道成员更多的背景资料、财务数据以及市场状况分析方面的信息。企业可根据上述得来的信息编制特殊信用报告。

⑤ 连续服务报告。如果企业认为渠道成员需要定期调查与监控，可以根据标准信用报告的内容不断地编制连续服务报告，并随着时间的推移，随时以最新的信息对信用报告的内容进行更新和补充。

除上述资信报告外，企业也可以根据内部需要，编制各种分类报告以满足不同的需求。如主要管理人员背景报告、经营状况报告、历史发展报告等。

5.3.3.2 渠道成员资信评估

根据我国企业的现实情况，我们可以采用特征分析模型和5C评估法作为信用分析的基本出发点，实施渠道成员资信评估和信用限额计算。

(1) 特征分析模型

① 特征分析模型的概念：特征分析模型是指从渠道成员的各种特征中选择出对信用分析意义最大、直接与渠道成员信用状况相联系的若干因素，把它们编为几组，分别对这些因素评分并进行综合分析，最后得到一个较为全面的分析结果。

② 特征分析模型的分析指标。分为以下三组。

a. 渠道成员自身特征。这类因素主要反映那些有关渠道成员表面的、外在的、客观的特点。渠道成员自身特征指标包括：表面印象、组织管理、产品与市场、市场竞争性、经营状况、发展前景。

b. 渠道成员优先性特征。这类因素主要是指企业在挑选渠道成员时需要优先考虑的因素，体现与该渠道成员交易的价值，这类因素具有较强的主观性。渠道成员优先性特征指标包括：交易利润率、对产品的要求、对市场吸引力的影响、对市场竞争力的影响、担保条件、可替代性。

c. 信用及财务特征。这类因素主要是指能够直接反映渠道成员信用状况和财务状况的因素。渠道成员信用及财务特征包括：付款记录、银行信用、获利能力、资产负债表评估、偿债能力、资本总额。

由上述三组指标可以看出，特征分析模型涵盖了反映渠道成员经营实力和发展潜力的一切重要指标。

③ 特征分析模型的计算过程

特征分析模型的分析计算共分为4个步骤。

a. 根据预先制定的评分标准，在1～10范围内，对上述各项指标评分打分。渠道成员公司的某项指标情况越好，分数就应打得越高。在没有资料信息的情况下，则给1分。

b. 根据预先给每项指标设定的权数，用权数乘以10，计算出每一项指标的最大评分值，再将这些最大评分值相加，得到全部的最大可能值。

c. 用每一项指标的评分乘以该项指标的权数，得出每一项的加权评分值，然后将这些加权评分值相加，得到全部加权评分值。

d. 将全部加权评分值与全部最大可能值相比，得出百分比，该数字即表示对该渠道成员的综合分析结果。百分比越高，表示该渠道成员的资信程度越高，越具有交易价值。

④ 对渠道成员的资信进行评级

根据计算得到的综合分析结果，可以将不同的百分比列入不同的资信等级，得到渠道成员的资信评定结果。我们将百分比从1～100划分为6个等级，即CA1到CA6，分别表示渠道成员资信状况的程度，CA1最好，CA6最差。具体分级说明见表2-5-3。

具体来讲，我们可以按特征分析模型评估总表的要素来对渠道成员的资信进行评级。特征分析模型评估总表如表 2-5-3 所示。

表 2-5-3　渠道成员资信评估级

评估值/%	等级	信用评定	建议提供的信用限额 （大小与具体行业有关）
86~100	CA1	极佳：可以给予优惠的结算方式	大额
61~85	CA2	优良：可以迅速给予信用核准	较大
46~60	CA3	一般：可以正常地进行信用核定	适中
31~45	CA4	稍差：需要进行信用监控	小量——需定期核定
16~30	CA5	较差：需要适当地寻求担保	尽量不提供信用额度或极小量
0~15	CA6	极差：不应与其交易	根本不应提供信用额度
缺少足够数据	NR	未能做出评定——数据不充分	对信用额度不做建议

（2）5C 评估法

5C 评估法是分析影响信用的 5 个方面的一种方法。这 5 个方面英文的第一个字母都是 C，故称为 5C 评估法。这 5 个方面是：品质（Caliber）、能力（Capability）、资本（Capital）、抵押（Collateral）和渠道成员经济环境（Circumstance）。

① 品质（Caliber）。品质是指渠道成员的信誉，即履行偿债义务的可能性。企业必须设法了解渠道成员过去的付款记录，看其是否具有按期如数付款的一贯做法，与其他供货企业的关系是否良好，是否愿意尽最大努力来归还贷款。这种道德因素经常被视为评价渠道成员信用的首要条件。

② 能力（Capability）。能力是指渠道成员偿还应收账款的能力。渠道成员的流动资产越多，其转换为现金支付账款的能力就越强；渠道成员流动资产的质量越高，其转换为现金支付账款的速度就越快。通过对资产负债率、流动比率、速动比率和现金净流量等指标的考察，可以了解对其进行投资的安全程度。通过对资本金利润率、销售利税率、成本费用利润率等指标加以考察，可以对其有一个深入的了解。另外，如果客户的财务报告资料不易直接取得，这时就可以根据该企业所处的地位、经营历史和现状、福利待遇、生产设施和生产设备的更新替换等情况，从侧面进行了解。

③ 资本（Capital）。资本是指顾客的财务实力和财务状况，表明渠道成员可以偿还债务的背景。

④ 抵押（Collateral）。抵押是指渠道成员拒付应收账款或无力支付款项时，能被用作抵押的资产。这对于新的和不知底细的渠道成员尤为重要。一旦收不到渠道成员的应付账款，则可以用抵押品抵补。如果这些渠道成员能提供足够的抵押，就可以考虑向他们提供相应的信用。

⑤ 渠道成员经济环境（Circumstance）。渠道成员经济环境是指可能影响渠道成员付款能力的经济环境，如经济不景气，会对顾客的付款产生什么影响，顾客在该情况下会作出何种反映等，都会影响渠道成员的付款能力。

5.3.3.3　确定渠道成员信用额度

信用额度是指企业要求渠道成员支付其应收账款的条件。它包括信用限额、信用期限、现金折扣政策和可接受的支付方式。

(1) 信用限额　信用限额为未收回的应收账款余额的最高限额。企业假设超过该限额的应收账款为不可接受的风险。信用限额要根据企业所处的环境、业务经验及不同渠道的渠道成员来确定。决定信用限额的关键因素有：付款历史、业务量、客户的偿还能力、订货周期及其潜在的发展机会。一旦确定了信用客户，该客户应该有销量的增长。根据渠道成员的不同等级确定信用限额。在评估等级方面，可以采用以下几种方法：第一种是采用三类九等制，即把企业的信用情况分为 AAA、AA、A、BBB、BB、B、CCC、CC 和 C 九个等级。其中 AAA 为最优等级，C 为最差等级。第二种是采用三级制，即把企业的信用情况分为 AAA、AA、A 三个等级。其中 AAA 为最优等级，A 为最差等级。

(2) 信用期限　信用期限是企业允许渠道成员从购货到付款之间的时间，或者说是企业给予渠道成员的付款期限。如某企业给予渠道成员的信用期限为 50 天，则渠道成员可以在购货后 50 天内付款。信用期过短，不足以吸引渠道成员，会使企业在竞争中的销售额下降；信用期过长，所得利益会被增长的费用抵消，甚至造成利润减少。因此，企业必须规定出恰当的信用期限。

对于快速消费品来说，信用期限应较短，一般为 15 天、30 天和 45 天等，最多不得超过 60 天。保质期越短的产品，其信用期限越短。对于耐用消费品、工业品和资金占用量大的产品，信用期限会长一些，一般为 30 天、60 天、90 天、120 天，最多不超过半年。总之，资金周转越快的产品，其信用期限越短；资金周转越慢的产品，其信用期限越长。

(3) 现金折扣政策　现金折扣是在渠道成员提前付款的情况下，企业对渠道成员在商品价格上的优惠，其主要目的在于吸引渠道成员为享受优惠而提前付款，从而缩短企业的平均收款期。现金折扣的常用表示方式为折扣付款限期。如 5/10，表示在开出发票后的 10 天内付款，就可享受 5% 的价格优惠；3/20，表示在开出发票后的 20 天内付款，就可享受 3% 的价格优惠；N/30，表示在开出发票后的 30 天内付款，不享受价格优惠。

(4) 可接受的支付方式　银行结算办法规定的各种结算方式，从应收账款回收的及时性、安全性角度来看大致可划分为两个大类：一类是风险比较小的，即应收账款回收时间短、金额有保证的结算方式，主要有银行汇票、银行本票、汇兑支票和信用证等；另一类是风险比较大的，即应收账款有可能转为坏账损失的结算方式，主要有委托收款、托收承付和商业汇票等。作为企业来讲，可根据客户的盈利能力、偿债能力和信誉状况等分析选择适宜的结算方式，也就是说对盈利能力和偿债能力强、信誉状况好的客户可以选择风险较大的结算方式。虽说风险较大，但有利于购销双方建立一种相互信任的伙伴关系，扩大销售网络，提高竞争能力，有利于长期合作。对于一些没有业务往来的新客户和资信较差的老客户就适合选择一些风险较小的结算方式，通过这种结算方式来保证应收账款及时足额回收。

F 化妆品品牌受控于大户的窘境

F 品牌是国内化妆品业的知名品牌，该品牌是由业内著名的经销商黄先生销售的。黄先生在短短一年时间里，使 F 品牌的销量飞速上升，F 品牌的郑总很高兴。

但后来事情的发展却走向了反面。

首先，销售部门的功能在逐渐丧失。由于经销商拥有完善的销售网络和独立的销售队伍，F品牌销售人员的销售功能逐渐退化，最后完全失去了渠道市场的主动权。

其次，直销店的业务受到冲击。F品牌曾经在很多主要城市开了自己的直销店，但是经销商卖F品牌的产品，价格却比直销店低。这主要是由于黄先生得到的价格是企业能够放出的最低价格，黄先生的渠道运营成本比生产企业要便宜很多。

最后，窜货严重，市场秩序被打乱。黄先生在各生产企业拿的货价格都很低，这就给他窜货提供了便利。而黄先生的零售商是其多年的合作伙伴，郑总又很难掌控。

郑总该如何做？斩杀大户（重新招商、直接停货等）的方式过于张扬，很容易让原来的大户警觉，给其留下反击的机会，对企业也可能造成巨大的损失。而且一旦市场失控，企业就会得不偿失。

问题：

(1) 撬动黄先生这样的销售渠道、斩杀这样的大户势在必行，但是怎样在市场不受到震荡的情况下完成渠道的重新布局呢？企业以什么理由来麻痹黄先生，让其无所防范呢？

(2) 消灭大户后，企业如何迅速将新渠道重新建构起来呢？

拓展阅读

渠道成员管理心诀"推+拉"

1. 推动渠道成员的策略

生产企业推动渠道成员的方法主要是通过各种各样的销售策略，直接指向批发商和零售商，激发它们扩大销量，从而由它们把产品流转到消费者那里。其过程如图2-5-2所示。

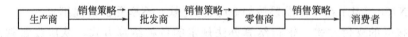

图2-5-2 推动渠道成员过程图

一般而言，在下列情况下，使用推动策略最容易取得成功。

(1) 最终消费者对特定的品牌没有强烈的品牌忠诚度。

(2) 最终消费者在商店里做出购买决定，喜欢即兴购买。

(3) 最终消费者知道他们在购买产品中的收益是什么。

许多放置在零售店收银柜前的产品都符合这些条件，如糖果、香烟、杂志、便利品等。营销总监经常使用的推动策略是人员销售和销售推广，具体有以下几个方法——免费样本、津贴推广、销售竞赛、购货折扣、广告折扣、销售返利、联营推广、信息支持、管理支持等。

2. 拉动渠道成员的措施

生产企业拉动渠道成员的措施主要是广告和其他宣传。营销总监可以通过创意新、高投入、大规模的宣传攻势，直接诱发消费者的购买欲望，实现由消费者向零售商、零售商向批发商、批发商向生产企业求购，从而实现由下至上的层层拉动购买。其过程如图2-5-3所示。

一般而言，营销总监运用拉动策略需具备下列条件。

(1) 购买时重要的。

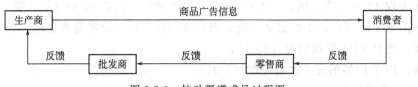

图 2-5-3 拉动渠道成员过程图

(2) 消费者察觉到竞争品之间的区别。

(3) 消费者在决定去哪里购买之前先决定他们想要购买的品牌。

拉动策略是直接刺激消费者的需求，并花大笔预算在广告上。如果做得有效，消费者就会向零售商要求购买该产品，而批发商又会向生产企业要求购买该产品，于是拉动了整个渠道系统。比如：商业广告（报纸、电视、广播、杂志）、公益广告等。

课后小结 ▶▶▶

在任务 5 分销渠道经销商的选择与维护管理中，我们通过 3 个方面的学习，了解和掌握了以下内容：

思考与分析 ▶▶▶

1. 适合经销商的条件分析应包括哪些内容？
2. 招商合同中的十大关键条款是什么？
3. 签订招商合同应注意哪些事项？
4. 如何对经销商进行培训？

实训操作 ▶▶▶

【实训操作名称】
请为企业设计一个合理的招商手册。

【实训操作目的】
通过学习，让学生自己动手设计适合本企业的招商手册，将所学知识融会贯通。

【实训操作要求】
1. 以先前实训时的组别为依据，每组选组长一人。
2. 在规定的时间内完成该公司招商手册。
3. 上述相关内容的呈现以 PPT 形式，并由组员进行具体说明。
4. 上述相关内容资料整理采用 Word 文档形式、汇报呈现以 PPT 形式，并由组员进行详细讲解及说明。

【实训评分标准】
任务 5 实训成绩 100 分

＝操作表现 40 分（第 1 项）＋汇报 20 分（第 2 项）＋内容 40 分（第 3 项）
第 1 项：规定时间内，小组成员讨论表现，协调分工任务分配是否合理（40%）；
第 2 项：组员 PPT 汇报情况（20%）；
第 3 项：PPT 内容的完整及合理性（40%）。

【实训评分方式】
采用组内成员互评与教师打分相结合的方式，学生互评与教师打分分值所占比例分别为 30%、70%。

【可展示成果】
1. 整理完整的 Word 文档。
2. 内容合理完整的 PPT。

任务 6　分销渠道终端的维护管理

学习目标 ▶▶▶

知识目标
了解什么是终端，理解终端的重要性，认识终端管理的内容。

技能目标
能对终端客户进行分类，能掌握管理终端客户的方法，会拜访终端客户。

素质目标
通过对终端的认知，结合实际终端案例，引发学生对终端管理的兴趣，培养学生自己分析问题的能力，并在学习中解决终端出现的问题。

案例导入 ▶▶▶

说不明白产品的导购员

某公司营销总监张某选择了几个时间，以消费者的身份到×××公司的专营店走了走。令他烦心的是当他问专卖店导购员："××公司价格比别的品牌贵，是不是广告费都摊到产品上了？"几乎所有的导购员都不能正面地从产品的性能角度很好地解释他的问题。××燃气灶的成本要比竞争品牌高，是因为产品的工艺、原材料等要优于竞争者，从而更好地保证了产品的质量，可是导购人员几乎都介绍不明白。转了几个竞品店，几乎所有的竞品都在拿这个点攻击他们的产品，现场就看到两个来买××品牌的消费者被竞品拉了去。张某有点着急，这样下去，销量怎么能增长呢？

案例提示：案例说明了在商品流通过程中，终端位于通路的最末端，也是整个链条最重要的一环。终端管理效果的好坏，直接关系到企业产品的市场表现。企业要实施有效的终端策略，必须要对终端有全面深入的了解。

鉴于此，在任务 6 我们将带领大家熟悉终端。

6.1 终端认知与选址

6.1.1 终端重要作用

6.1.1.1 对终端的认识

现代营销理论认为终端并不局限于售点或柜台，它指的是顾客与企业品牌、产品、价格、服务、品质、文化直接接触并产生交易的地点，由产品、人与展示系统构成。终端是销售渠道的终点，企业生产产品后，产品就像水一样流动，所有能把产品直接卖给最终用户的都是终端。在商品流动过程中，终端位于通路的最末端，也是整个链条最重要的一环。

终端是做什么的？终端有两大功能：实现产品销售和拥有顾客。成功的终端工作，不仅能卖出更多的产品，还能与顾客发展关系，建立起庞大的顾客群。终端工作的最高境界是培养一批愿意到终端购买产品的顾客。

6.1.1.2 终端的重要作用

终端是决定商品能否实现货币交换的关键场所，已经被大多数的企业认识到是产品销售的最重要的环节。在市场竞争如此激烈的今天，谁掌握终端，就意味着谁掌握了商战的主动权。具体来说，终端具有4大价值。

（1）缩短距离价值　产品与需求的关联是由产品力、物理距离和心理距离3个部分组成。产品力是产品与需求之间的对应程度；物理距离是渠道通路的长短和购买的便利；心理距离是认知、理解、偏好。

产品与消费者之间的物理距离和心理距离是相对应的，只有物理距离近了才能逐渐达到心理距离的贴近，只有经常看到的产品才是消费者最有可能购买的产品。所以产品只有占据终端市场，在销售点上与顾客见面，才有可能被顾客购买。销售工作的首要要求就是：把产品摆到零售店的柜台上，让消费者看得到、买得到。

（2）提供便利价值　一般来说，消费者对某种产品和品牌的忠诚度并不十分可靠，他们极有可能因为多花一毛钱（价格问题）或多跑100米的路（终端布点问题），而抛弃曾经在他身上投入的上万元的广告费，或者在决定购买的最后一刻将现金投入了竞争对手的钱箱。因此，让消费者在最方便和习惯购买的地方看到你的产品，离成交就会更近一步。终端是接近消费者的最前沿阵地，找到离消费者最近的地方就是终端的本质意义。

（3）提供快捷价值　终端作为企业产品与消费直接接触的场所，是整个销售通路的出水口，还有着快捷的作用。

终端是展示产品、品牌和企业形象的最佳舞台；终端是开展促销活动的最理想、最有效的场地；终端是接近消费者，了解"上帝"（消费者）声音的最佳途径——即完成信息反馈；终端可以使企业获取最真实的市场信息，为产品研发、营销策略调整等决策提供最直接、最快捷的帮助和依据；终端可以对整个分销渠道形成有利的"反拉"，对中间商形成最有效的鼓励和帮助；终端是拦截竞品的最后也是最有效的防线，又称"终端封杀"。

（4）促进购买价值　消费者的购买行为可分为计划性购买和冲动性购买。据日本卖场营销研究中心所进行的研究表明，消费者计划好的购买行为，会受到销售现场各种因素如店内陈列、广告物等的影响而改变。企业做好终端销售，就可以刺激消费者随机购买。

终端是产品包装的延伸，显示市场中竞争品越来越多，消费者越来越无所适从，品牌忠诚度越来越低。要使自己的商品能在商店里脱颖而出，厂家必定要在终端市场上投入更多的心血运作。

6.1.1.3 对终端的管理

（1）人员管理

人员的管理就是指导购员的招聘、筛选、入职、上岗等相关工作的管理。

（2）货品管理

货品管理是终端运营中一个最重要的环节，货品的管理包括了货品安全管理、进出管理、上市规划、销售分析、库存管理、订货管理等几个方面。

① 货品的安全管理。终端在进出货品时要仔细清点数目和产品的质量，对于能当场解决的就尽量当场解决。

② 货品的上市规划。根据当地市场情况和季节情况及时和代理商或是公司沟通，做好货品数量、款式、种类及上市时间等规划，以抢占先机。

③ 货品的销售分析。终端客户根据近期货品的销售情况和市场需求情况作汇总分析，分析销售品种、面料、花色、款式等，在第一时间对畅销品进行补货或补充类似替代货品，并对滞销货品进行退换、促销等处理。

④ 货品的订货管理。合理科学的订货既可以对库存消化，又可以促进当季的销售。终端客户根据市场情况开展货品销售分析及货品合理库存的预算，估计下一季度所需货品的品种、数量、款式等，再结合公司下一季度的产品开发情况，作出科学的订货指导计划。

（3）店堂管理

店堂的形象好坏直接决定了顾客进店与否，好的店堂形象就像一块磁石一样有巨大的吸引力，好的店堂要给人以一种对话的感觉，在第一时间内把人吸引住。好的店堂要做到干净、整齐、温馨、舒适、愉快，让人流连忘返。怎样才能做一个让人流连忘返的店堂呢？第一环境卫生，整个终端卖场无论是地面、玻璃、货架、道具、休息凳还是产品都要做到干净无尘，另外，卖场宽敞、灯光明亮、行动方便。第二产品丰富，摆放整齐。货品陈列出样美观大方、色彩鲜快、主题明确、搭配合理。橱窗有季节性、故事性、动态化。第三服务到位，感受温馨。即使是一杯茶、一本书、一句问候、一个手势、一个微笑都能够让顾客感动，感受温馨。

（4）账目管理

规范账目管理工作更有利于运营工作的开展，对货品销售的汇总、销售分析、货品的进出、库存管理、订货的指导、店铺的评估等有非常大的作用。账目的管理主要包括货品总账管理、明细账管理、报表管理和单据管理。

① 总账管理和明细账管理。所谓的总账是指终端店铺所有货品的大类账目，反映大类货品进销存每天的数据变化。明细账是指终端店铺所有货品的明细账目，反映所有货品明细进销存每天的数据变化和当天的实际库存情况，有利于客观直面地反映货品的畅销情况，可以及时对产品进行分类处理。

② 报表管理和单据管理。销售日报表、销售月报表、销售货品统计表等报表有利于账

目的核对和销售的分析。进货单、出货单、销售单等方便账目的基础数据的核对以及数据的汇总。

(5) 培训管理

优秀的导购员可以创造更多的业绩,对于导购员的培训工作包括上岗培训、技能培训、服务培训等。上岗培训包括行业知识、品牌知识、产品知识、店铺运营常识等。技能培训包括陈列培训、销售技巧、搭配技巧、账目管理、信息收集等。服务培训包括仪容仪表、服务礼仪、电话礼仪、客服礼仪等。

(6) 促销管理

终端客户根据市场需求、节假日、产品上市、季节性等因素为提升销售、消化库存、品牌宣传等制定开展相关的促销活动。促销活动一般的促销方法包括:第一卖场氛围的营造,营造相适应的节日氛围、季节氛围和活动氛围,并通过广告宣传造势;第二明确促销活动的主题、内容和促销方案;第三掌握库存,及时补充货源,有目的性和针对性地选择货品促销。

(7) 信息管理

掌握信息的准确性、及时性可以帮助终端店铺在目前激烈的市场竞争中始终占据主动,信息管理包括市场信息、品牌信息、货品信息等与终端相关的所有信息的收集和分析反馈工作。

(8) 客服管理

终端店铺的运营需要一个良好的环境,这就需要开展客服管理。客户客服管理包括政府相关部门的关系处理和顾客客服管理。政府部门客服管理包括工商、税务、物业及其他部门的关系处理,建立和谐良好的商业环境。顾客客服管理包括建立顾客资料,实行客户分类管理,对大客户进行节日问候、礼品赠送等关系维护。妥善处理客户有争议的事情或是投诉问题,在当地建立良好的美誉度。

6.1.2 终端的类型

6.1.2.1 对硬终端的认识

硬终端是从企业对终端管理的角度,将终端管理内容根据其性质的区别,相对而言进行分解而产生的概念。硬终端的内容主要包括:商品及包装、商品的形式、商品的附件、VI表现等;售卖形式(隔柜售卖、开架自选、体验销售、人员直销);宣传品(说明书、DM、POP、店招、广告牌、夹报、小报)、促销物、辅助展示物(展柜、冰柜、专用货架等);陈列位置与陈列方式;整洁度、美观度;与同类竞品相比的区别等。

(1) 硬终端的管理

硬终端的管理主要包括对POP(售点广告)的管理、对售点的宣传与展示,做到终端生动化。

① 对POP的管理

POP被称为"第二销售员",POP的作用是在有限的空间内能引起顾客的注意,可以配合媒体广告和主题促销,可以为促销和特价活动做广告,协助销售可以赢得店家支持。为了更好投放POP,发挥它的作用,需要掌握投放POP的方法:首先要确认在视线高度、最显眼的位置;其次是寻找售点广告位置,保留尽可能长的时间;第三是避开广告过于集中的地方;第四是争取客户许可,将旧的售点广告清除,定时对本产品POP进行清洁和更新;第五是确保每个终端都有本产品的POP；第六是坚持自己张贴。

② 对售点的宣传和展示

开展售点宣传和展示是实现销售关键的"临门一脚"。终端广告宣传品主要有6大类。帮助消费者做好明智选择的海报、说明书；帮助相关产品销售的纸箱上的标示牌、立牌；吸引消费者对高品质、高价位等商品投入注意力的说明书；加强全产品系列印象的吊旗；便利存货控制与清点工作的货架库存标示牌；改善店面外观的海报、红布条、旗帜。

在利用店面广告宣传品时，终端业务员应做到以下几个方面的内容：注意在同类产品的陈列位置上，不要放置两种以上宣传品；注意店面广告宣传的时效性。

通常，厂商可以透过以下途径，提供店面最有力的支持，以协助做好商品的展售工作。具体途径有：新产品津贴、陈列奖励、广告支持、试销、免费品尝活动、管理咨询服务、提供促销宣传品、货架陈列计划、商品展售计划、市场研究计划、提供说明书等资料。

③ 终端生动化

所谓终端生动化就是使企业终端与其他产品（尤其是竞品）有明显的展示差异，使消费者能明显地看到产品，了解并信任企业，产生购买行为。终端生动化的主要内容包括：商品（包括配件、附件）的陈列位置、陈列方式、整洁度、鲜明性及存货管理（安全库存）；售点广告物（DM、POP、小报等）张贴（或悬挂、摆放）位置、发放方式。终端生动化得以有效执行的关键是终端人员，因此，终端生动化对售点人员有如下要求。

a. 商品生动化陈列的要求。窗明几净，物清货明；标注清晰，明码实价；错落有致，抢眼价目；抓头拦尾，主次分明；旧前新后，前实后空；物以类聚，牌以群分。

b. 避免宣传品成多余。注意灯箱、展示架、POP、海报摆放张贴要得体、到位，不高不低，不偏不倚，正好迎接顾客的眼睛。一旦损坏必须马上更换，或宁可先拉下来，杜绝竞品"以偏概全"。

c. DM、小报、免费派发物必须摆放整齐、专业、合理，数量适中，派发态度不卑不亢，分清对象等。

（2）硬终端维护的方法

做好硬终端维护，必须做好以下3个方面的工作。

① 硬终端管理的基本要求。要对终端建设有一个正确的心态。要制定科学、规范的管理制度，培养一批水平高、能力强、经验丰富、能吃苦的执行人员。具体管理的方法并不复杂，关键在于人员管理和培训到位，终端维护是非常辛苦的，必须坚持不懈，勤恳踏实。

② 硬终端管理的方法

a. 货架、陈列柜投放时要注意4点：第一，搞好客情关系，作为对终端多种支持的一项；第二，给终端提供货架一定要求摆放在显要处，但前提是货架是终端所需要的；第三，货架及陈列道具等不能作为促销品赠送，否则成了终端的财产，被用来随意摆放其他产品甚至是竞品；第四，要有书面或口头协议，明确其使用范围和维护要求，便于今后的监督维护。

b. 在日常的拜访中要注意监督维护和检查落实。如果经常发现硬终端维护不好而业务员又不敢直接要求店主改进，这时的解决方法有如下几点：第一，见到不符合要求的要明确及时指出，尽量态度和蔼友善，但要给对方施加压力，只要坚持三到五次，店主就会逐渐习惯。第二，通过积分设奖加强对零售商的约束。如：正确位置摆放并维护20分；按要求满陈列，不摆放竞品 40 分；整洁维护 20 分；生动化陈列并主动推荐 20 分。每月兑现奖品一次。第三，对各级终端业务员有个标准，检查不合格的予以扣罚处理。好的终端陈列和宣传可以提升商店的形象和销量，通过销量提升促进终端上进行生动化陈列。

c. 业务员终端管理的 6 项工作程序

观察店情——陈列商品——及时补货、订货——调换不合格的产品——维护终端硬件管理、布置现场广告及其他售后服务——了解同类产品的竞争情况。

6.1.2.2 对软终端的认识

软终端与硬终端之间有着先后和互动的关系。只有做好了软终端，硬终端的管理和维护才是有效的，当然通过出色的硬终端管理也能促进软终端的建设。

(1) 软终端的定义

软终端的内容主要包括：终端人员素质、客情关系、经营意识认同度、广告支持力度、产品畅销度、产品美誉度、公司形象、服务内容及质量、销售政策、合作融洽度等。

可见硬终端是有形的、看得见、摸得着，可以用量化指标进行考核管理的内容；而软终端是无形的、看不见、摸不着却具有丰富内涵、极为重要的内容。

(2) 软终端管理内容

软终端的核心内涵是管理和营销人员的素质，指一切涉及与终端人员、终端零售商合作关系等无形的比较难以量化考核管理的终端资源。主要包括两个方面：一是终端导购人员的管理（包括店员和促销员的着装、素质、销售服务能力、素质与能力的提高与培训，与竞品导购人员的区别等）；二是终端商客情关系维护（包括终端经营意识认同度、服务内容及质量、销售政策、合作融洽度等）。未来终端竞争的重心将会由硬终端向软终端转移。

① 终端人员管理。人是决胜终端的决定因素。终端的业务员可分为 3 个主要的等级，即销售经理（业务主管）、业务代表（客户经理）、跑单员（理货员）。这里关键的是销售经理，"一个优秀的主管，就是一所好学校"。要重视终端人员队伍的组织和训练，加强培训、严明纪律、奖罚分明、提高士气、从实战中不断地学习提高。只有拥有一支训练有素的终端队伍，才能更好地进行终端建设。实际中，许多品牌的硬终端做得非常到位，但就是不卖货，主要问题出在软终端。终端的导购人员缺乏系统培训，技巧不足，导购成功率较低，厂家与中间商及零售商之间沟通不足也是软终端经常出现的问题之一。

② 客情关系管理

建立并维护好客情关系是终端业务员的主要工作职业之一。终端业务员要树立以下理念：营业员是"第一"顾客；营业员是顾客眼中的"专家"（25％的客户选择并相信营业员的介绍）；敬业精神和良好的言行规范是基础；要成为热情友好善于沟通的"桥梁"；让"八种人"（八种人：验货员、收货员、仓管员、理货员、柜组长、卖场主管、财务人员、采购主管）对企业及产品有好感，了解产品优点；赠送小礼品与真诚的笑容一样重要；坚持"四可标准"（四可标准：可亲、可信、可交、可爱），提供诚恳、优良的服务。

良好的终端客情关系会让企业获得许多意想不到的便利。作为企业来讲，在终端客情关系的维护上，要着力让终端在以下几个方面配合自己的工作：乐意接受企业的销售建议和积极销售公司推出的新产品、新包装；乐意使企业的产品保持突出位置和维护产品的清洁；乐意使企业的产品保持优秀的货架陈列和积极补货；乐意在销售企业的产品上动脑筋、想办法；乐意企业在店内外张贴广告 POP，并防范被他人毁坏或覆盖；乐意配合企业的店面促销活动；乐意按时结款，甚至会大量提前打款；乐意向企业透露有关市场信息和介绍销售机会；容易谅解企业的疏忽和过失。

6.1.2.3 终端商类型

终端商的分类主要按照终端店铺的结构特点，根据其经营方式、商品结构、服务功能，以及选址、商圈、规模、店堂设施、目标顾客和有无固定营业场所等因素确定。依据商务部对终端商的分类，终端商主要有：百货商店、超级市场、大型综合超市、便利店、仓储式商场、专卖店、购货中心等。此外，还有综合商店、食杂店、厂家直销中心、邮购、网上商店、便利店、社区 7 种类型的终端商。

6.1.3 终端的选址

6.1.3.1 商圈

商圈，是指商店以其所在地点为中心，沿着一定的方向和距离扩展，吸引顾客的辐射范围，简单地说，也就是来店顾客所居住的区域范围。无论大商场还是小商店，它们的销售总是有一定的地理范围。这个地理范围就是以商场为中心，向四周辐射至可能来店购买的消费者所居住的地点。

商店的商圈一般由以下三部分组成。

主要商圈（Primary Trading Area）。这是最接近商店并拥有高密度顾客群的区域，通常商店 55%～70% 的顾客来自主要商圈。

次要商圈（Secondary Trading Area）。这是位于主要商圈之外、顾客密度较稀的区域，约包括商店 15%～25% 的顾客。

边际商圈（Fringe Trading Area）。这是指位于次要商圈以外的区域，在此商圈内顾客分布最稀，商店吸引力较弱，通常只是偶尔光顾商店。位于边缘商圈内的顾客通常为商店创造的销售额仅占 5% 左右。

商圈分析是经营者对商圈的构成情况、特点、范围以及影响商圈规模变化的因素进行实地调查和分析，为选择店址、制定和调整经营方针和策略提供依据。

商圈分析是新设零售店进行合理选址的前提。新设零售在选择店址时，总是力求较大的目标市场，以吸引更多的目标顾客，这首先就需要经营者明确商圈范围，了解商圈内人口的分布状况及市场、非市场因素的有关资料，在此基础上，进行经营效益的评估，衡量店址的使用价值，按照设计的基本原则，选定适宜的地点，使商圈、店址、经营条件协调融合，创造经营优势。

商圈分析有助于零售店制定竞争经营策略。零售店为取得竞争优势，广泛采取了非价格竞争手段，如改善形象、完善服务、加强与顾客的沟通等，这些都需要经营者通过商圈分析，掌握客流性质、了解顾客需求、采取针对性的经营策略，赢得顾客信任。

商圈分析有助于零售店制定市场开拓战略。商业企业经营方针、经营策略的制定或调整，总要立足于商圈内各种环境因素的现状及其发展规律、趋势。通过商圈分析，可以帮助经营者明确哪些是本店的基本顾客群，哪些是潜在的顾客群，力求保持基本顾客群的同时，着力吸引潜在顾客群，制定积极有效的经营战略。

商圈分析有助于零售店加快资金周转。零售店经营的一大特点是资金占用多，要求资金周转速度快。零售店的经营规模受到商圈规模的制约，商圈规模又会随着经营环境的变化而变化。商圈规模收缩时，零售店规模不变，会导致流动资金积压，影响资金周转。因此，经营者通过商圈分析，了解经营环境及由此引起的商圈变化，就可以适时调整，积极应对。

6.1.3.2 有效终端

（1）有效终端的确认

在确定终端之前，要对商圈进行确认并对终端地址进行调查分析，其分析的内容包括：家庭人口及收入水平、人口密度调查、客流量调查、行人去向、购买力的分析、竞争程度等。对预选终端地址进行评估确认时，要注意把握"客流"就是"钱流"的原则，即以适应流向人口分布、吸引广大顾客购物为原则。

在开展具体终端选择时，应以车站附近、商业区、影剧院、公园、工厂、机关集中之地、学生聚集地附近、住宅区地段、学校地段、临街铺面等标准选取。

（2）有效终端店铺的设计

① 终端招牌设计

招牌是顾客抵达门店的第一个接触点，帮助顾客第一时间了解商店经营的产品及服务。在繁华的商业区里，消费者往往首先浏览的是大大小小、各式各样的商店招牌，寻找现实自己购买目标或值得游逛的商业服务场所。因此，店铺的标志和招牌的设计与安装，对消费者的视觉刺激和心理影响是很重要的。

② 橱窗设计

在现代商业活动中，橱窗既是一种重要的广告形式，也是装饰商店店面的重要手段。一个构思新颖、主体鲜明、风格独特、手法脱俗、装饰美观、色调和谐的商店橱窗，与整个商店建筑结构和内外环境构成的立体画面，能起到美化商店和市容的作用。精美的橱窗不但能吸引顾客关注的目光，进而能使顾客产生某种联想，激发顾客的购买欲望。

③ 店内布局设计

店铺的店内布局主要包括以下内容：出入口的安排、主副通道的宽度、商品补充路线的选择、非营业场所与营业场所的连接、商品布局等。店铺是一个以顾客为主角的舞台，而顾客对哪些最为关心呢？日本的连锁超市做过一次市场调查，得出的结论是：消费者对商品价格的重视程度只占5%，而分别占前三位的是，开放式易进入占25%，商品丰富、选择方便占15%，明亮清洁占14%。

同时终端店铺的店内布局合理，商品陈列美观，不仅有利于消费者选购商品，而且给消费者设计了一个优雅舒适的购物环境，营造出良好的环境形象。

另外，店内通道的设计科学与否也影响顾客的合理流动，比如常用的直线式（格子式）就是将货架和通道平行摆放于店堂，各通道宽度一致，还有斜线式和自由流动式，这几种方式各有优缺点，应在实际中合理设计。店内的光线、饰物、声响、气味、空气、温度等都能对顾客的感官产生较强的刺激力，使他们置身于明亮的光线、悦耳的音乐、靓丽的色彩、清新的空气构成的舒适购物环境之中，观赏、选购商品。同时，舒适的工作环境也能使营业人员精神饱满，情绪高涨，提高工作效率和服务质量。

肯德基的选址策略

肯德基对快餐店选址是非常重视的，选址决策一般是两级审批制，通过两个委员会的同意，一个是地方公司，另一个是总部。其选址成功率几乎是百分之百，是肯德基的核心竞争力之一。

通常肯德基选址按以下几步骤进行。

一、商圈的划分与选择

1. 划分商圈

肯德基计划进入某城市，就先通过有关部门或专业调查公司收集这个地区的资料。有些资料是免费的，有些资料需要花钱去买。把资料买齐了，就开始规划商圈。

商圈规划采取的是计分的方法，例如，这个地区有一个大型商场，商场营业额为1000万元算1分，5000万元算5分，有一条公交线路加多少分，有一条地铁线路加多少分。这些分值标准是多年平均下来的一个较准确的经验值。

通过打分把商圈分成好几大类，以北京为例，有市级商业型（西单、王府井等）、区级商业型、定点（目标）消费型、还有社区型、社区商务两用型、旅游型等。

2. 选择商圈

即确定目前重点在哪个商圈开店，主要目标是哪些。在商圈选择的标准上，一方面要考虑餐馆自身的市场定位，另一方面要考虑商圈的稳定度和成熟度。餐馆的市场定位不同，吸引的顾客群不一样，商圈的选择也就不同。

二、聚客点的测算与选择

1. 要确定这个商圈内最主要的聚客点在哪

例如，北京西单是很成熟的商圈，但不可能西单任何位置都是聚客点，肯定有最主要的聚集客人的位置。肯德基开店的原则是：努力争取在最聚客的地方及其附近开店。

过去古语说"一步差三市"。开店地址差一步就有可能差三成的买卖。这跟人流动线（人流活动的线路）有关，可能有人走到这就该拐弯，则这个地方就是客人到不了的地方，差不了一个小胡同，但生意差很多。这些在选址时都要考虑进去。

人流动线是怎么样的，在这个区域里，人从地铁出来后是往哪个方向走等。这些都派人去掐表，去测量，有一套完整的数据之后才能据此确定地址。

比如，在店门前人流量的测定，是在计划开店的地点掐表记录经过的人流，测算单位时间内多少人经过该位置。除了该位置所在人行道上的人流外，还要测马路中间的和马路对面的人流量。马路中间的只算骑自行车的，开车的不算。是否算马路对面的人流量要看马路宽度，路较窄就算，路宽超过一定标准，一般就是隔离带，顾客就不可能再过来消费，就不算对面的人流量。

肯德基选址人员将采集来的人流数据输入专用的计算机软件，就可以测算出在此地投资额不能超过多少，超过多少这家店就不能开。

2. 选址时一定要考虑人流的主要动线会不会被竞争对手截住

人们现在对品牌的忠诚度还没有那么高，我就吃肯德基看见麦当劳就烦，好像还没有这种情况。只要你在我跟前，我今儿挺累，干嘛非再走一百米去吃别的，我先进你这儿了。除非这里边人特别多，找不着座了，我才往前挪挪。

但人流是有一个主要动线的，如果竞争对手的聚客点比肯德基选址更好那就有影响。如果是两个一样，就无所谓。例如北京北太平庄十字路口有一家肯德基店，如果往西一百米，竞争者再开一家西式快餐店就不妥当了，因为主要客流是从东边过来的，再在那边开，大量客流就被肯德基截住了，开店效益就不会好。

3. 聚客点选择影响商圈选择

聚客点的选择也影响到商圈的选择。因为一个商圈有没有主要聚客点是这个商圈成熟度的重要标志。比如北京某新兴的居民小区，居民非常多，人口素质也很高，但据调查显示，找不到该小区哪里是主要聚客点，这时就可能先不去开店，当什么时候这个社区成熟了或比较成熟了，知道其中某个地方确实是主要聚客点才开。

为了规划好商圈，肯德基开发部门投入了巨大的努力。以北京肯德基公司而言，其开发部人员常年跑遍北京各个角落，对这个每年建筑和道路变化极大、当地人都易迷路的地方了如指掌。经常发生这种情况，北京肯德基公司接到某顾客电话，建议肯德基在他所在地方设点，开发人员一听地址就能随口说出当地的商业环境特征，是否适合开店。在北京，肯德基已经根据自己的调查划分出商圈，成功开了56家餐厅。

问题：

为什么肯德基开一家火一家呢？开店如何选址？

拓展阅读

终端管理的7个字

终端管理归结起来7个字：五问、四看、三一样。这7个字概括了企业在有效管理终端的过程中做的所有一切。

五问：问销量、问效益、问趋势、问需求、问竞争。

四看：看陈列、看库存、看客流、看记录。

三一样：处理问题像警察一样、关心关怀像家人一样、扶持帮助像老师一样。

6.2 终端的铺货

6.2.1 终端铺货的6个步骤

铺货成功的关键在于坚持以经销商为主，充分发挥企业自身优势和销售人员的主观能动性，定好、用活促销品。为此，营销总监在终端铺货管理时，一定要建立规范的组织并制定好一定流程。通常说来，铺货的一般流程如图2-6-1所示。

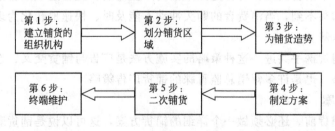

图 2-6-1 铺货的一般流程

6.2.1.1 建立铺货的组织机构

一般来说，终端铺货的机构主要由经销商的营销总监、业务经理、片区主管、业务员、

仓管员、财务人员、司机、企业的驻地销售主管和相关销售人员等组成。建立终端铺货机构的目的不是为了简单地铺货，它涉及协助经销商的一系列营销活动，如终端包装、终端理货、终端促销等各个方面。而这里主要讲述终端铺货机构中的企业销售代表与经销商是怎样做的。因为在实际运作中，铺货必须以经销商人员为主，企业铺货人员为辅。营销总监在铺货环节应该做的工作，就是弄清终端铺货是怎样进行的，并建立起规范的管理制度，给相关人员制定明确的岗位职责。

6.2.1.2 划分铺货区域

一般来说，营销总监可将终端铺货市场分为 3 类：批发市场、店铺货场、便利店市场。在这 3 类终端铺货市场中，批发市场相对集中，铺货不存在较严格的区域划分，主要是对店铺货场和便利店市场的划分。针对这两种铺货市场，营销总监在区域的划分上可采用以下几种方法。

① 城市中心、近郊、周边县城及重点镇的划分。

② 城市行政区域的划分。

③ 按主要街道进行划分。

不管是哪种划分，营销总监都要根据产品的性质、企业的资源、经销商的资源来划分。但一般来说，任何产品的终端铺货都可遵循以下顺序：先城市后农村，或先农村后城市，或城市、农村一起进行。一般企业多采用先城市后农村的做法，在城市主要按街道区域划分。但也有许多国内企业，是以农村包围城市进行发展的。

6.2.1.3 为铺货造势

造势是终端营销的核心，通过造势可唤起目标消费者的好奇心，激发其从众心理，活跃现场气氛，从而使其产生购买冲动。营销总监需要考虑的，就是如何为产品找来更多的消费者注意，在企业进行铺货的过程中，铺货与广告的关系问题是每一个营销总监所面临的最现实问题，下面是营销总监在铺货中常采用的几种广告策略。

(1) 铺货先行广告后行　这种策略也都是很多营销学理论中所强调的，首先完成铺货，在铺货之后 1~2 周，再开始做广告。这种策略的优势是广告投入风险相对来说较小，广告费用相对减少；劣势是难以开发有实力的经销商，缺乏广告的支持，企业铺货阻力大，容易造成市场"夹生饭"。

(2) 广告先行铺货后行　这种策略的优势是可以有效地消除潜在经销商的顾虑，生产企业可以快速形成一个销售网络；劣势是如果铺货严重滞后，就会造成广告浪费，导致看到广告的消费者想买却买不到，当消费者的购买冲动不能及时、快速地转化为现实购买，那么消费者的热情就会退却。

(3) 广告与铺货携手共进　这种策略的实施方法是广告与铺货交叉、迭次进行，在效果上好于前两种策略，也是许多营销总监青睐的铺货广告策略。

6.2.1.4 制订方案

在进行终端铺货前，还必须做一个详细的铺货方案，这可以说是铺货顺利与否的关键。

6.2.1.5 二次铺货

一次铺货和终端促销进行一段时间后，要及时进行二次铺货。二次铺货是整个终端铺货工作必不可少的环节，也是经常被生产企业和经销商所忽视的环节。二次铺货主要工作如下。

(1) 对已铺货的市场区域进行巡防，了解一次铺货的终端销售情况，做到及时补货并做好相关激励政策的落实。

(2) 检查区域内的空白市场，对遗漏的终端查缺补漏，同时对未能进入第一次铺货的终端进行二次谈判，争取进入。

(3) 优化网络质量，清理淘汰那些积极性不高、陈列效果较差、违反价格政策以及出货能力较差的终端。

当然，营销总监应该提醒本企业铺货人员，在和经销商进行沟通和协商时，在方式、方法上要讲究技巧和尺度，避免出现较大冲突，给市场造成负面影响。

6.2.1.6 终端维护

铺货结束后，还要对终端进行维护，这也是生产企业的销售人员必须做的工作，即销售人员要将各个终端激励政策、结算时间、进货数量、陈列标准和竞争对手情况等资料及时记录，形成动态的终端档案。不仅如此，营销总监还要指导销售人员，对终端A、B、C市场制定相应的维护标准和管理规范，保证日常终端维护工作的效果，这样才能将铺货的成果巩固和扩大，形成真正的终端优势。

营销总监在指导销售人员维护终端时，应注意如下注意事项：加强沟通，给予终端商支持和管理指导；关注竞争对手的品牌，攻击其薄弱环节；重视二次铺货。

6.2.2 化解铺货阻力的5种方法

销售的首要问题是解决产品和消费者见面的问题，其次才是让消费者愿意购买的问题。对产品而言，铺货就是抢滩登陆，产品一旦铺进商店，该店便可能成为该产品的永久阵地，同时占用了零售商的有限资金，降低了其对竞争产品进货的可能性。由于终端的货架资源有限，零售终端的进入门槛越来越高，新产品又层出不穷，尽管铺货很重要，但铺货还是有一定的难度。特别是对于中小企业来说，产品知名度不高，企业的推广费用有限，终端铺货总会遇到很大的阻力。那么，营销总监应采取什么样的策略才可以有效减少这些阻力呢？

6.2.2.1 铺货前做好市场调查

实施有效的终端铺货调查是化解铺货阻力的第一关。营销总监只有仔细分析市场机会及企业优势，才能充分了解和分析目标市场、销售终端等状况，从而顺利开展铺货，且防止资金及人员的浪费。市场机会就是企业获取利润的机会，即市场上未满足的需求。所以，为了得到市场机会，企业终端建设人员必须对铺货的场所进行专门的调查研究，千方百计地寻找、发掘、识别市场信息，然后加以分析、评估，以确定是否对该销售场所铺货或者采取什么样的方式铺货。

终端调查中最重要的就是对消费者的调查，调查程序和内容如下。

① 对消费者购买行为进行观察。观察时应以30分钟为一个观察期。

② 对消费者年龄段进行分析。对消费年龄段的划分应切合实际。

③ 对消费者的职业进行分析。对于消费者的职业，通常划分为学生、家庭主妇、白领阶层、蓝领阶层、无业人员等，但具体划分时，必须结合铺货的产品进行分类和分析，以做出切合实际的判断。

④ 计算各类消费者的百分比。规定各类消费者的总和为100%，计算各类消费者的百分比。

⑤ 再以"多少人来买"进行分类，计算相应的百分率。

⑥ 在上述基础上，进一步按各类商品计算。

⑦ 与其他终端卖场进行对比。进一步观察记录消费者的购买行为，并与其他终端卖场进行对比分析，确认同样的消费者购买行为有何不同。

⑧ 记录消费者其他方面的情况。

铺货前进行深入细致的市场调查，会使铺货行为有的放矢，减少进入阻力和代价。

6.2.2.2 制定铺货激励政策

为减少铺货阻力，特别是在产品上市时，营销总监一般要配合经销商给予渠道成员一定的铺货奖励，从而拉动下一级批发商和零售商进货。

铺货激励政策有很多种，最常用的有定额奖励、开户奖励、坎级奖励（坎级奖励又叫台阶式奖励，计算坎级奖励的时候，需要做的就是按照商家规定的不同的"坎"，分段计算利益。举个例子，比如你替别人卖东西卖出十份以内，每份给你分红 2 元，当超过十份但又在二十份以内，每份就给你分红 3 元，当再多的时候每份就给你 4 元）、进货奖励、陈列奖、促销品支持、免费产品和现金补贴、铺货风险金等。

6.2.2.3 赠送铺货产品

营销总监如果采用现款铺货无疑会提高推广成本，这对于快速消费品而言得不偿失，与其花费大量的财力去现款铺货，还不如通过赠品的方式把实惠让渡给零售商。

赠品策略很多企业都在采用，但是赠品又是一把双刃剑。一方面它在一定程度上可以促进产品铺货，树立企业形象；另一方面如果运作不好，不但效果大打折扣，还会使企业的利润受到不必要的损失。那么营销总监该如何用好赠品策略呢？

① 制定和购买赠品要制定预算。在预算的范围内制作和购买赠品，可以防止赠品的无计划制作和购买超出企业可以承受的范围。

② 制作和购买赠品要考虑和结合市场需求。如果赠品市场不接受，赠品就等于一堆废品。

③ 赠品使用要考虑竞争产品的情况。如果赠品已经被竞争产品在市场使用过，营销总监再在同样的市场使用同样的赠品，则赠品的价值和效果就不会很出彩。

赠送铺货产品适用于上了货架后就会产生自然销量的低价快速消费品。通常情况下，单价较低、容易购买的产品，就比较适合采用这种方式，如调味品、膨化食品、饮品等。通过赠送铺货产品的方式启动市场不失为一种高效、科学的铺货策略。

6.2.2.4 抓标杆，立典型

在铺货的过程中，营销总监可以重点出击，先启动少部分优质终端，抓标杆，立典型，形成榜样。这样做的目的主要是建立经销商和零售商的信心。通过少部分优质终端做好铺货工作，为其他终端形成示范，进而为全面占领市场打下基础。采用这种方法时，可选如下策略。

（1）点、线、面联动 这种策略的要诀是"以点切入，以点带线，以线带面"。具体操作方式是，以优质的铺货点的启动来拉动各类销售终端的铺货。由点到线，使产品成系列；然后再由线到面，增加铺货面；最后开辟出一个属于自己的全方位、立体化的市场空间。

优质铺货点的认识方式有许多种，例如，营销总监可以选取交通便利、辐射面大、经营状况良好的卖场作为试点，租借大零售终端的场地，做现场促销。

（2）启动终端市场的领头羊 大型零售终端是终端市场的领头羊。它们本身便能为企业

带来巨大的销量,更重要的是其对整个零售商群体具有很强的示范效应。同时,它们是消费者最常光顾的购物场所,是消费者了解市场信息的最主要渠道之一。所以,营销总监要千方百计地开发其最大示范潜力,把工作做到实处。

(3) 建立榜样店来减少铺货阻力　对于营销总监来说,在铺货时还可以通过建立榜样店的模式,来减少铺货阻力。营销总监可以集中营销资源,开发一些容易突破的局部市场,建立榜样市场或榜样店,将有限的人力、物力、资金集中,促使该局部区域市场良性循环,营造良好的销售氛围。然后,再利用该榜样市场的示范功能来影响其他区域市场。

6.2.2.5　巧搭顺风车,撬动消费者杠杆

营销总监可以采用巧搭顺风车的策略,也就是把入市较难的新产品或者是弱势产品和畅销产品捆绑销售,利用原有畅销产品的渠道来带动销售,提高新产品的铺货率。

产品在铺货时如果阻力实在太大,可以考虑先从消费者角度逆向启动,以消费者为杠杆撬动经销商。企业只要赢得了消费者,经销商对该产品就有了信心,就会主动要求经销该产品,铺货的阻力就会大大降低。先启动消费者再铺货的策略需要在消费者身上做足文章,千方百计地调动消费者的热情。

铺货的标准化、流程化、规范化,可使铺货工作有章可循,有"法"可依,减少铺货差错,从而达到铺货效果的最大化。

6.2.3　铺货渠道应注意的 5 个细节

6.2.3.1　细节 1:　找准铺货的最佳陈列点

什么是最佳陈列点呢?在便利店、杂货铺等传统小店与超市中,因具体情况不同,受关注的最佳陈列点也有所不同。表 2-6-1 仅将这些陈列要点分别列出,以方便营销总监鉴别和利用。

表 2-6-1　各主要卖场最佳陈列点一览表

各类卖场	最佳陈列点分布
传统小店	1. 柜台后面与视线等高之处 2. 中间靠左的货架位置 3. 靠收银台很近的位置 4. 离老板最近的距离 5. 柜台上展示区的位置
超市	1. 与目标消费者视线基本一致的货架 2. 人流量最大的通道,尤其是多人流通道的左边货架位置,因为人们习惯先左后右的扫视 3. 货架两端或靠墙货架的转角处 4. 有出入通道的入口与出口处 5. 靠近大牌、名牌的位置 6. 纵向陈列的货架,因为人的纵向视野较横向视野更大
专卖店	1. 堆到一起比较突兀的出入口位置 2. 畅销产品的旁边位置

随着终端促销货架位置争夺的白热化,企业稍不留意,就会被竞争对手挤走。不过在市场日益复杂的今天,要想抢个好位置并不是那么简单的。作为营销总监,应该开动脑筋,用创意来取胜,才有可能抢尽风头。当然,营销总监要根据自身产品来施展策略,而不能一味去效仿。要赢在铺头,就必须让产品有个好位置,以便在成堆的商品中脱颖而出,这样,消

费者才有可能由"心动"变"行动"。营销总监不但要自己制定策略,更重要的是要帮助一线销售人员学会制定、使用这些策略,从而让本企业产品占尽天时、地利。

6.2.3.2 细节2: 调动终端零售商的积极性

(1) 制定高效的激励政策　在产品铺货阶段,经销商投入了大量人力、物力、财力对终端市场进行开发。营销总监应制定高效的激励政策对终端零售商施以奖励和控制,以调动经销商铺货的积极性。

(2) 商品要有差价　利润空间的大小直接影响着经销商尤其是小型零售商经销商品的积极性,这是影响他们积极性的首要因素。小型零售商在决定是否销售某种商品、是否准备努力推销某种商品时,首先考虑的不是商品是否是名牌、质量如何、生产企业信誉怎样,而是商品能否赚钱。因此,在给销售渠道各环节定价时,不仅要考虑对最终消费者的零售价格,同时也要认真考虑经销商进价、售价的高低,使它们能够有足够的利润空间。此外,在给小型零售商留下令他们心动的利润空间的同时,必须加强销售渠道的管理,让小型零售商能真正长期享受到一定的利润。

在定价决策一项中,一般情况下,知名度较低的商品或新产品的利润率应相对高一些,名牌商品也应该接近平均利润率。

(3) 免除小型零售商后顾之忧,降低风险　每个生产企业都有一套销售折扣方案,这套方案主要是为各级经销商、大型零售商设计的,门槛高,小型零售商很难享受到这样的销售折扣。小零售商由于资金较少,预测市场变化的能力不足,经营作风谨慎,多采取少量多次的进货方式。对新上市的商品,或本店未曾销售过的商品往往持观望态度。

在采取措施增加小型零售商进货信心的同时,生产企业的市场代表应注意回访间隔时间不宜过长,补货应及时。

6.2.3.3 细节3: 做好对终端铺货的监督

很多企业在铺货时都面临着这样的问题:铺货人员根本不顾及产品是否摆放在货架上,或者虽然摆放得合理,但售货员却将产品放在消费者根本看不到的地方,降低了产品销售率。由此可见,注意做好终端铺货的监督是十分重要的。

企业应加强对铺货人员的管理,可通过如下两种方法进行。

(1) 激励管理　对铺货人员的奖励可以从多方面入手,对根据铺货量、铺货率、铺货完成时间等制定相关的奖励制度,奖项设立要体现公平、公正、公开的原则。关于回款,企业在制定激励政策时可设立专门的奖项,这样不仅可以调动大家的积极性,还可以解决货款回收难的问题。

(2) 培训　在对铺货人员培训时,一方面要加强岗前、岗中培训,增强终端铺货人员的责任感和成就感,使其大胆放手工作;另一方面,营销总监应身体力行,必要时与终端铺货人员协同拜访,并给予其理论和实践上的指导,发现问题及时解决,不断提高铺货人员的业务水平,以适应更高的工作要求。同时,这些做法可以增进营销总监对终端人员各方面工作情况的了解,提高培训计划的有效性并增加团队的稳定性。

6.2.3.4 细节4: 掌控终端

对消费品行业而言,最常用的一个办法就是直接掌控终端,即直接掌控经销商的下家。有一些营销总监是顺着做市场,即先在当地找到合适的经销商,然后在帮助经销商做业务的过程中,逐步掌握经销商的下家和当地零售店;也有一些营销总监是倒着做市场,即营销总监没有直接找到合适的经销商,或者是根本没找经销商,而是先做市场再做渠道。营销总监通过让销售人员直接和当地零售店发生业务关系,在零售店进行促销炒热整个市场,使产品在当地热销。当主动权掌握在营销总监的手上时,再通过招商方式选择合适的经销商来管理市场,这样渠道的建设也就完成了。

不过上述两种方法并无根本不同。无论前一种方法还是后一种方法,都以掌控零售店为最根本目的。营销总监希望让零售店认同产品、认同品牌、认同生产企业,而不是认同经销商。这样做的好处,就是营销总监在觉得经销商做得不好或者与自己出现经营矛盾时,可以把零售店切换到新的渠道而不影响销量。

6.2.3.5 细节5: 规避终端铺货的4大误区

渠道的终端是柜台,务必要占领,但很多企业占领了柜台,却没占领市场。铺货是销售的一个过程,而不是全过程。当柜台占领之后,还需让消费者对该产品和品牌产生认同。但很多营销总监却犯了错误,赢得了中间商却失去了消费者。这些都是终端铺货的误区造成的。最常见的终端铺货误区有4大类。

(1) 铺货战略误区——赢得了点,却丢掉了面;赢得了局部利益,却丢掉了长远利益

有些营销总监过多地注重营销战略的某一点,如促销策略、产品策略、价格策略,却忽视了营销组合;有些营销总监只注重眼前利益,却忽视或弱化了对市场营销的核心——品牌的塑造,以致造成了对品牌形象的伤害。

(2) 铺货执行误区——有效铺货少,无效铺货多

① 产品的匹配性误区。什么样的产品进什么样的店,是营销总监应该事先进行研究的内容。比如,中高价位的产品如果在便民店铺货,那就会投资大见效小,因为这里极少有合适的消费者,购买和消费过程几乎不会在这里发生。

② 铺货的执行力误区。铺货铺不到位的情况在很多企业都存在。哪怕营销总监的终端策略再完美,可如果铺货人员执行不到位,也会出现货"铺上了,但是POP下面是别人的产品"这样的窘况;或者是货物被终端商放在了仓库里,而没有摆到门面和柜架上。

③ 培训成本误区。多数营销总监讲究的只是"支付上架",即愿意为了产品摆上货架而支付一定费用,却不愿意支付终端促销人员和零售商的培训费用。如果促销人员对产品知识和消费者心理一点不知,就会导致产品个性和核心卖点不突出。这样,只有"价格高"而没有"产品优"的无效促销行为,便自然地发生了。

(3) 铺货成本误区——提高了市场占有率,却降低了利润率

这种误区的具体表现及后果见表2-6-2。

表 2-6-2　表现及后果一览表

铺货成本误区表现	导致的结果
铺货成本过高	价格与价值的背离,导致了产品定位的偏离和价格竞争上的劣势,恶化了终端竞争秩序,最终使自己的利润空间被吞食
拼抢终端投入过大	加大企业销售投资和流动资金的占压,使资金运动效能降低,逼着企业向亏损方向发展,最终拖垮了企业
只计流通成本,不计消费成本	提高了市场占有率,却降低了利润率

(4) 渠道关系误区——赢得了零售商，却失去了为企业带来长远利益的消费者

① 以自我为中心的促销，忽略了消费者利益为卖点的营销，注意到了对经销商利益的保障，却忽视了消费者的利益。

② 占有"柜台"加强终端促销力度，但导致消费者支付的成本过高。如果营销总监在终端铺货时只是占有柜台，而没有获得消费者的认同感，那也是无效的。

③ 促销过度，使消费者产生逆反心理。如果营销总监对终端的促销力度过度，忽略了消费者的心理成本，那就可能引起消费者排斥购买，反而得不偿失。

总之，消费者已从愚昧消费时代走到了消费时代。他们消费某产品，一是依赖以往的消费经验，二是根植于他们对某产品或品牌的知名度、美誉度和心理感受。所以在现今的市场上，营销总监进行终端促销时，要能打动消费者并给其更多的利益，否则促销必然是劳而无功的，因为消费者越来越多地注意到消费某产品所应支付的品牌价值个性和产品所形成的成本。

D玩具生产企业赠品铺货的失误

为了促进产品销售，D玩具生产企业的公关部门策划将带有企业标志的塑料熊作为企业的公关宣传品随产品赠送。他们认为，一方面这样可以宣传企业形象，另一方面会促进产品销售。

令企业大感意外的是，塑料熊分发给经销商后遭到了经销商的冷遇。原因是他们在向零售商进行赠品发放时，零售商不知何故不愿接受此类赠品。结果可想而知，分发到各个销售终端的塑料熊被大量退回企业库房。无奈之下，企业只得自己去廉价处理这些二手塑料熊。结果，不但促销效果全无，还必须承担不必要的经济损失。

提示：赠品应尽可能选择企业自身生产的产品，也就是铺货的产品本身。如果选择其他产品，也尽可能是与铺货产品有关联性的产品。不管最终选择了哪类产品做赠品，首先要考虑制作和购买赠品是否符合渠道需求。如果渠道成员不接接受，赠品就等于一堆废物。

问题：

分析一下赠品遭拒可能会导致的铺货结果。

终端铺货市场的分类

终端铺货市场分为3类：批发市场、店铺货场、便利店市场。其中批发市场主要指城市的中心批发市场和周边批发市场及国有二、三级批发门市部；店铺货场主要指城市及近郊的商场、百货店、超级市场、量贩店、专业店等；便利店主要指在城市市区和小街道旁的小商店。

6.3 良好终端关系的维护

良好的终端关系是产品分销的基石,建立和维护良好的终端客情关系也就成为了终端工作的基础内容。面对企业复杂多样的终端客户,如何保持良好的客情关系呢?做终端工作就是做人的工作,在与终端打交道的过程中要清晰了解终端的基本情况和基本需求。因此,扎实开展以客户资料建立为基础的终端工作就成为了终端工作的必须。

6.3.1 终端客户的有效分析

6.3.1.1 终端客户资料的收集

终端客户资料的收集是对潜在客户和现实客户的情况、信息进行收集与分析。客户资料收集的目的是为企业的市场推销和客户管理提供可靠的信息资料,它主要侧重于企业现在的客户和潜在客户的基本情况,具有专门性、全面性和隐秘性。

(1) 终端客户资料收集的基本内容

终端客户资料收集的基本内容包括以下内容。

① 客户的基本资料:个体资料(姓名、身份证号码、职称、QQ 等);教育情况(高中、大学、研究生、最高学历、主修专业等);家庭情况(婚否、配偶姓名、有无子女等);人际情况(亲戚情况、朋友情况等);生活情况(医疗病史、健康情况、生活态度等)。

② 终端客户的经营资料:事业情况(以往就业情况、目前公司职位、对事业的态度、长期事业目标等);终端的物理条件(单位名称、企业性质、规模、卖场硬件等);与本公司的关系情况;终端经营业绩;终端信誉情况。

③ 其他可供参考的资料:客户对本公司或竞争对手的看法;是否愿意接受他人建议,改变自己;是否重视别人的意见;待人处事风格等。

了解以上资料相当重要。举例来说,你可以根据这些资料,在某个客户的纪念日前,送他两张电影票,让他惊喜;还可以利用客户的业余爱好,与他进行沟通,比如陪他去看他所喜爱球队的比赛。企业要以待朋友之心去运用这些资料,而不能刻意去笼络客户,功利性地讨好,不要只在他购买成交时才去拜访或送礼,平时则音讯全无。所以在资料收集的过程中要尽可能地详尽,以便企业可以从多个角度来建立与终端客户的良好关系。

(2) 终端客户资料收的来源

熟悉资料的来源及检索方法是终端客户资料工作成败的关键。相关人员在收集资料的过程中,不但要有丰富的学识和实践经验,还要有孜孜不倦的求知欲望和毅力,以及见微知著、善于发现新知识的洞察能力。

① 内部资料来源:本企业的内部资料是调查人员可以最先获取的资料。内部来源有两种。一种是本人自有资料(调查人员归类好的本人的专用档案),一种是公司档案(公司内部的客户名单、销售记录等)。

② 外部资料来源:外部途径是指企业将搜集资料的角度转向外部,主动走入市场或相关机构去获取相关的终端客户资料。具体的方法有以下几种。行业协会来源(行业协会刊物、内部资料等);政府机关来源(政府机构的相关统计部门);现有客户提供(现有客户往往掌握了行业内的众多资源,可以充分利用其掌握的人际关系进行准客户的寻找和开发);广告征询(这种方法尤其适用于新企业,比如利用报纸、电视、网络等发布招商信息);展会征询(利用行业内专业性会议,向业内人士展示自己企业和产品及相关市场操作政策,吸

引客户，获取相关客户资料）；专业中介机构提供（利用专门为其他企业或个人提供专业化信息的中间机构，通过购买或者合作的方式获取相应资料）。

(3) 终端客户资料收集的主要步骤

① 明确资料收集的目的和要求。终端客户资料收集的目的不外乎是加强终端的管理，但从每次具体的资料收集行为来看又会有不同的目的。比如对于新进入市场的企业，其收集终端客户资料的目的一般是希望寻找终端商以构建销售通路；对于已经具有一定通路网络的企业的收集行为，其目的可能在于提升终端商的素质，加强对终端商的管理、促进市场的健康有序发展。因此，对于终端客户资料的收集一定要首先确定目的，并要明确一个基本的时间、区域范围要求。

② 设计资料收集的方案。实施终端客户的资料收集需要有一套完整的调查方案。调查方案设计主要涉及的内容有：客户调查类型的确定，即需要什么类型的信息；资料收集方法和渠道的选择，即通过电话访问、个人访谈、邮寄问卷等；组建客户调查队伍；样本计划的选择；调查预算和时间安排；提出调查建议书等。

③ 展开实际的收集行动。通常情况下收集资料的第一步就是对所有的现有资料来源做一个全面的搜寻，一旦找到这些现存的资料并经过分析，研究者就确定是否要获得原始资料，以及需要什么样的原始资料、原始资料的收集使用方案设计中所选的方法等。

6.3.1.2 终端客户资料的整理

通过客户调查和营销业务的开展，企业获得了大量的客户信息。为了最大限度地获得并维护客户资源，企业必须推出科学的客户信息管理。对客户进行科学的信息管理是掌握客户需求、获得并维护客户资源的重要方法。客户信息管理的方法一般包括建立客户资料卡、设计客户数据库、树立以客户为中心的理念、完善互动式客户数据库等内容。

(1) 建立客户资料卡

进行客户管理，必须建立客户档案资料，实行建档管理。建档管理是将客户的各项资料加以记录、保存，并分析、整理、应用，借此巩固厂商关系，从而提升经营业绩的管理方法。其中，客户资料卡是一种常用工具。建立客户资料卡是客户管理的基础。除了客户的基本资料，关于客户需求、经营状况等方面的调研资料也是客户资料卡的重要内容。

① 客户资料卡的内容。基本资料（即客户原始资料，包括客户名称、地址、电话、企业所有者、经营管理者、性格、爱好、学历、年龄、起始交易时间等）；客户特征（服务区域、销售能力、发展潜力、经营观念、企业规模等）；业务状况（销售实绩、经营管理者和业务员的素质、与其他竞争对手之间的关系等）；交易状况（客户信誉、信用状况和交易条件）。

② 客户资料卡的填写和管理。销售人员第一次拜访客户后即开始整理并填写客户资料卡，填写时应注意下列事项：a. 要在访问客户后立即填写此卡；b. 卡上的各项内容要填写完整；c. 要充分利用客户资料并保持其准确性；d. 主管应指导业务员尽善尽美地填写客户资料卡；e. 最好在办公室设立专门档案柜放置客户资料卡并委派专人保管；f. 主管或业务员每次访问客户前，先查看该客户的资料卡；g. 应分析客户资料卡中的资料，并作为拟订销售计划的参考。

③ 主管善用客户资料卡。以下是主管利用客户资料卡增加业绩的一些工作：a. 每周至少检查每位业务员的客户资料卡一次；b. 提醒业务员在访问客户前按规定参考资料卡中的

内容；c. 要求业务员出去访问时，只携带当天访问的客户资料卡；d. 要求业务员访问回来时交回客户资料卡；e. 在每月或每季终了时，主管应分析客户交易卡，作为调整业务员销售路线的参考；f. 应参考客户资料卡的实际业绩，从而拟定年度区域销售计划；g. 将填写客户交易卡视为评估该业务员绩效的一个重要项目；h. 主管更应提醒自己要经常与业务员讨论前一天（或数天前）与客户交易的成果；i. 检查销售、收款是否平衡，有无逾期未收的货款。

④ 利用客户资料卡进行客户管理的原则。a. 动态管理。客户的情况总是在不断地发生变化，所以客户的资料也应随之不断地进行调整。b. 突出重点。从众多的客户资料中找出重点客户，重点客户不仅包括现有客户，还包括未来客户和潜在客户。c. 灵活运用。企业不能将建立好的客户资料束之高阁，应以灵活的方式及时提供给销售人员及相关人员，从而提高客户管理效率。d. 专人负责。许多客户资料是不能外流的，只能供内部使用，所以客户管理应制定具体的规定和办法，由专人负责管理，严格控制、管理客户情报资料的利用和借阅。

（2）建立完整的客户数据库

在客户资料卡信息数据搜集之后，接下来要面对的就是构建客户资料数据库，储存和管理这些来之不易的"宝贝"。在建立数据库之前，企业应明确其业务需要，即所设计的数据库要包括哪些功能，即数据库能帮助营销人员做什么。只有知道这个问题，企业才能请专业人员设计相应的运作数据库软件。

通常，一个合格的客户数据库要具有如下功能：能够回答有关现有客户或准客户的特征和行为的特定问题；能够在特定标准、营销经验的基础上挑选将来促销的对象；能够跟踪促销结果并对反馈者和非反馈者进行客户轮廓分析。

一般来说，企业在设计客户数据库时要考虑到以下问题。

① 需要储存何种资料？要储存多少？企业能负担多少收集资料的费用？信息系统能处理多少资料？速度有多快？

② 数据库的资料能做些什么？它有哪些分析方法？有哪些决策会以资料为主？企业员工是否会直接使用数据库来准备报告书？

③ 数据库有谁来管理？是由营销部还是信息系统管理部来负责？

④ 谁可以查阅数据库？这个系统操作难易度如何？

⑤ 数据库的安全性有多高？

⑥ 使用者多久会使用一次数据库？是需要随时使用，还是每天、每星期或者每个月使用一次数据库？

⑦ 数据库的正确性如何？

⑧ 资料更新周期需要多长时间？

以上这些因素，都是在设计客户数据库时必须仔细考虑的。

采集到足够多的数据，并设计好一个客户数据库，这在运用数据库管理重点客户的行动中还仅是第一步。因为，数据只是数据，信息就是信息，那些数字不会主动告诉我们什么。要想让它们"说话"，我们就必须赋予它们客户管理的内涵和意义。

6.3.1.3　如何辨析客户类型

（1）基本客户类型

现代企业约60%的销售额是来自12%的重要客户，而其余88%中的大部分客户对企业是微利的,甚至是无利可图的。因此,企业要想获得最大程度的利润,就必须对不同客户才采取不同的策略。许多企业也已经通过价值区别来对客户进行分类管理,以便获得更多的利润。

客户管理的对象就是客户,从管理的角度来看,客户可划分为 4 个类型,如表 6-3 所示。

表 6-3 客户层次分类表

客户类型	比率/%	利润/%	目标性	档次
关键客户	5	80	财务利益	高
潜力客户	15	15	客户价值	中
常规客户	75	5	客户满意度	低
临时客户	5	0	临时消费	低

① 常规客户。又称一般客户,企业主要通过让渡财务利益给客户,从而增加客户的满意度,而客户也希望从企业那里获得直接好处,获得满意的客户价值。一般客户是经济性客户,消费具有随机性,讲究实惠,看重价格优惠,是企业客户数量的最主要部分,可以直接决定企业短期的现实收益。

② 潜力客户。又称合适客户,他们希望从与企业的关系中增加价值,从而获得附加的财务利益和社会利益。这类客户通常与企业建立一种伙伴关系或者"战略联盟",他们是企业与客户关系的核心,是合适客户中的关键部分。

③ 关键客户。又称头顶客户,他们除了希望从企业那里获得直接的客户的价值外,还希望从企业那里得到社会利益,如成为客户俱乐部的成员等,从而体现一定的精神满足。他们是企业比较稳定的客户,虽然人数不多,但对企业的贡献却高达 75%左右。

④ 临时客户。又称一次性客户,他们是从常规客户中分化出来的。这些客户在一年中可能会跟企业订货一两次或购买一两次,并不能为企业带来大量收入。实际上,当本企业考虑到以下因素时,甚至会觉得他们在花企业的钱:将他们列入客户记录所花费的管理费,寄邮件的费用,以及库存一些只有他们可能购买的商品的费用。这些客户可能最令人头疼。

(2) 客户的 ABC 分类管理

客户 ABC 分类是以销售收入或利润等重要客户行为为基准确定的,它把客户群分为顶尖客户(A 类客户)、主要客户(B 类客户)、普通客户(C 类客户)与小客户(D 类客户)4 个类别。实际业务操作中,客户的 ABC 分类一般根据以下 3 个指标:客户规模(回款额)、客户贡献(毛利额)、企业品牌在客户经营链中的利润分析。

① 顶尖客户。也叫 VIP 客户,是客户金字塔中最上层的金牌客户。即过去特定的时间内,购买金额最多的前 5%~10%的客户。顶尖客户是非常有利可图并值得企业花费大量的时间来服务的。他们往往订单数量大,信誉较好,并且能很快付款。A 级客户进货额占企业总销售额的 70%~80%,影响相当大,因此应密切注意其经营状况、财务状况、人事状况的异常动向等,以避免倒账(无法收回的欠账)的风险。要指派专门的销售人员经常去拜访这类客户,定期派人走访,提供销售折扣,并且熟悉客户的经营动态。此外,业务主管也应定期去拜访他们,应优先处理这类客户的投诉案件。

② 主要客户。在特定时间内,消费金额最多的前 15%~20%的客户中,扣除 VIP 客户

后的客户。B级客户的进货额只占企业销售总额的10%～20%，略具影响力，平常由业务员拜访即可。这类客户往往比较容易变为企业的忠诚客户，因此，是值得企业花些时间和金钱来建立忠诚度的。如果这类客户的订单频率和数量没有上升或者如果他们向竞争对手订更多的产品，那就要给他们提供更多的服务。

③ 普通客户。购买金额最多的30%的客户中，扣除VIP客户与主要客户之外的客户。其进货额只占企业销售总额的10%以下，每个客户的进货量很少。对此类客户，企业若没有战略性的促销策略，在人员、财力、物力等限制条件下，可减少推销努力，或找出将来有前途的"明日之星"，将其培养为B级客户。对这类客户，企业可将对其服务的时间削减一半，但一定要和这些客户保持联系，并让他们知道当他们需要帮助的时候，公司总是会伸出援手。

④ 小客户。除了上述3种客户外，剩下的70%客户。在与小客户打交道的过程中，他们往往锱铢必较，忠诚度较低，不及时付款，订单不多但要求很多，对这些客户企业应提供较少的服务。

业务员拥有许多客户，然而能为他带来较大销售额和利润的客户却非常少。对那些重要的客户，业务员要为他们花费更多的时间，否则就意味着对自己重点客户的忽略。业务员要提高效率，就必须按照与客户的成交量来规划自己的推销、拜访次数。总之，业务员要记住，时间是有限的，应当把时间用在"刀刃"上。

经过ABC分析后，发现有60%的业务员把时间用在了C级客户上，换句话说业务员犯了"不管有无交易，也不考虑订购数量多少，只要出去跑就是开发客户"的错误观念。业务员必须将宝贵的时间用在重要的客户上。

6.3.2 实施有效的终端秩序

取得订单需要拜访客户，维持与终端的关系更需要进行客户拜访，拜访终端客户是每一个终端营销员必须熟练操作的工作内容。业务员要针对不同的客户类型制定有效的客户拜访计划，给出不同的拜访策略，这就需要业务员掌握一定的拜访策略和相应的技巧。

6.3.2.1 如何做好拜访的基本工作

有些工作与拜访有关，但又并非是直接的终端拜访工作，我们称之为非拜访性工作。做好非拜访性工作是保证拜访有效的基础性条件。

(1) 非拜访性的日常工作　①对照当日拜访的目标评价获得的结果，总结成功经验和失败教训；②完成各类报表和记录；③向上一级业务主管汇报当日的工作，计划次日的工作；④落实各种订单和终端客户提出的服务要求；⑤若拜访的是批发商，则应就库存的合理性和客户关系的维护进行分析总结；⑥除终端拜访之外的其他工作，如积极完成零星的送货、服务和各项终端促销活动；⑦及时做好售后服务，做好维护正常市场秩序、执行公司价格政策、杜绝窜货等工作；⑧及时反馈市场信息，并提出良好的操作建议。

(2) 通过非拜访性的工作开拓准客户：①通过各种相关人员或已经建立良好客情关系的客户介绍新客户；②接收前任终端业务员的客户资料；③销售信函、电话；④展示会、促销会；⑤扩大你的人际关系。

(3) 设计拜访路线　可以制作一份销售地图使销售活动视觉化，提高目标的清晰性。另外还应设计拜访路线，从远点开始向中心方向拜访，即由远到近，而不是顺向拜访。这样做可使业务员越往后走，越有信心。

6.3.2.2 如何实施终端拜访工作

(1) 终端拜访出发前的工作安排

终端业务员每天的第一件事就是检查当天的行动计划，如该计划没有预先制定好，则花一点时间来制定日程和目标。

第一步，要绘制跑单员的区域地图，明确区域范围和拜访路线。

第二步，完成必要的书面准备工作（如订货单）。

第三步，检查终端订货及送达情况。

第四步，利用《每日访问报告》，确定每日访问的目标。（每日拜访终端客户数，拜访目的；确定目标销售数量；明确各类终端的不同拜访特点；对货架陈列、POP 张贴的改进计划等）。

(2) 终端拜访的步骤

① 事前计划。a. 明确拜访目的。本次拜访是收货款、理货、终端 POP 的维护、向终端宣传政策还是联络感情。b. 设计拜访路线。根据当地零售店分布和交通路线设计本次拜访的路线，先拜访哪家店，每家店停留的时间，要把每次拜访路线记下来，作为工作记录。c. 携带资料。即携带客户和当地市场的一些基本资料，包括：零售店资料表、市场容量分布表、竞争对手情况表、市场动态记录表和携带一些相关的 POP、礼品等。d. 要了解终端商店老板的工作规律。老板的空闲时间可能是在 9：00～9：30 这个区间，或者是下午 5：00～6：00 这个区间，其他时间可能需要处理进货、内部管理、销售等事务。

② 掌握政策。即掌握销售政策和促销政策。新的促销活动用什么方式，什么时候开始等内容。

③ 观察店面。做终端拜访时，在进入一家店后首先要观察店面，而不是找老板"谈业务"。观察店面可以了解到自己和竞争对手的情况。掌握第一手市场信息的业务员要做零售店的顾问，观察店面往往能帮店老板发现问题，提出建议，解决问题，从而赢得老板的信任。业务员在零售店之间传递经验的时候，就是当地销售增加的时候。对终端零售店的观察应包括以下内容：a. 销售情况。记下货架上你的各产品品牌及规格的销售情况，注意哪些品牌和规格该店没有存货。b. 货架摆设情况。按照公司的零售标准，评估本公司产品在货架上的位置、空间和陈列情况。c. 定价。将该店所标售价与本公司零售价相对照，维护正常的价格秩序。d. 售点促销情况。观察该店的售点促销活动和陈列，找出可以用来建立与本公司产品可能有逻辑联系的售点促销机会。留意更多的陈列位置和张贴宣传画的位置。e. 竞争情况。记下竞争对手产品在货架上所占的空间；要警惕竞争性陈列或任何特殊的竞争活动。f. 存货和脱销情况。检查存货时，要寻找库内有存货但货架上已脱销的产品，如发现有，就必须安排把它放在货架上，或者自己亲自来放。

④ 解决问题。解决的问题包括：零售店在促销活动中遇到的问题；促销的礼品是否能及时到位；售后服务的情况；销售的压力在什么地方；需要什么方面的培训和支持。通过解决问题，达到如下目的：让零售店重点销售你的产品；让零售店老板和你的理念相同销售会持续上升；让零售店店员主要推荐你的产品。

⑤ 催促订货。在检查终端零售店、解决问题的基础上，对终端的销售、库存等有了完整的了解，结合拜访终端零售店的初始目标，调整并制定出新的计划报给该店老板，并要求签字认可。

⑥ 现场培训。销售的大小就是你在该店老板头脑中占地方的大小，店员更倾向于销售自己最熟悉的产品。业务员应主要培训：产品知识；经营理念；促销活动的操作办法；介绍其他店的销售技巧等。

⑦ 做好记录。在做记录的时候要贯彻 5W1H 的原则，要记住：什么事情（what）；什么时候（when）；和谁有关（who）；在哪里发生的（where）；为什么这样（why）；零售店老板建议怎样解决（how）。除了就这次访问的细节做好记录外，终端业务员在离开商店时还应就以下两个方面的问题做好记录：在访问本上要写入下次拜访的目的、内容、终端的新资料等；在《每日访问报告》上对照你的目标记录下你获得的结果。

⑧ 售后跟踪。跟踪是处理客户拒绝的最重要方法。有一个著名的生意方程式：由生人变熟人，由熟人变关系，由关系变生意。美国专业营销协会和国家销售执行协会对销售跟踪工作进行统计后得到的数据如下。

2%的销售是在第一次接洽后完成；

3%的销售是在第一次跟踪后完成；

5%的销售是在第二次跟踪后完成；

10%的销售是在第三次跟踪后完成；

80%的销售是在第四至第十一次跟踪后完成。

形成鲜明对比的是，在日常工作中，80%的销售人员在跟踪一次后，就不再进行第二次、第三次跟踪，不到 2%的销售人员会坚持到第四次跟踪。

6.3.2.3 终端拜访的基本策略

在营销过程中，拜访客户是基础的日常工作，市场调查、新品推广、销售促进及客情维护等环节都要拜访客户。很多营销人员都有同感，只要客户拜访成功，其他相关工作也会随之水到渠成。然而有些被访者每日要面对众多营销人员的频繁拜访，心态烦躁或者觉得被人求有高高在上的心态，所以有时对来拜访的营销人员爱理不理，甚至直接端出闭门羹的情况也很多，很多营销人员因此而觉得客户拜访工作无从下手。其实只要找准切入点，用好方法和技巧，拜访客户就不会那样棘手了。有效拜访客户可以从以下几方面入手。

(1) 开门见山，直述来意　初次和客户见面时，在对方没有接待其他拜访者的情况下，营销人员可以用简短的话语直接将此次拜访的目的向对方说明。比如向对方介绍自己是哪个产品的制造商或代理商，是来谈供货合作事宜还是促销活动的。

(2) 突出自我，赢得关注　首先，不要吝啬名片。每次去客户那里，除了关键人物外，采购经理、财务人员、销售经理和营业人员等相关人员都可以发放一张名片，以加深对方对自己的印象。其次，在发放产品目录或其他宣传资料时，有必要在显眼的地方标明自己的姓名、联系电话等主要联络信息。再次，用已经操作成功的、销量较大的经营产品的品牌效应引起客户的关注。最后，适时地表现出与对方的上司及领导的"良好关系"，但不要给对方"拿领导来压人"的感觉。

(3) 察言观色，投其所好　当我们拜访客户时常常会碰到对方不耐烦或者不热情地说："我现在没空，我正忙着呢，你下次再来吧！"对方说这话时，一般有几种情况：一是他确实正在忙其他工作或接待其他的客户；二是他正在与其他同事或客户开展娱乐活动；三是他当时什么事也没有，只是因为某种原因心情不好而已。当然，第一种情况下，我们必须耐心等待。在第二种情形下，我们可以加入他们的谈话行列，或者将随身携带的小礼品送给他们做出与之融为一体、打成一片的姿态，在第三种情况下，最好是改日再去拜访，不要自找没趣。

（4）明辨身份，找准对象　如果我们多次拜访同一客户却收效甚微时，我们就要反思是否找对了人，即是否找到了对我们实现拜访目的有帮助的关键人物。这就要求我们在拜访时必须搞清楚对方的真实"身份"，他（她）到底是采购经理、销售经理，还是一般的采购员、销售员。在存有不同拜访目的的情况下，对号入座地去拜访不同职位、职务的人。

（5）宣传优势、诱之以利　利字包含2个含义："公益"和"私利"。简单的理解就是"好处"，只要能给客户带来某一种好处，我们就一定能为客户所接受。"公益"就要求我们必须有较强的介绍技巧，能将公司品种齐全、价格适中、服务周到、质量可靠和经营规范等能给客户带来暂时或长远利益的优势向客户介绍到位，他及他所在的公司感觉到与你做生意既放心又舒心，还有钱赚。我们要尽可能地让对方更多的人知晓这种"公益"，知晓的人越多，我们日后的拜访工作就越顺利。因为没有谁愿意怠慢给他们公司带来利润和商机的人。

（6）以点带面，各个击破　找客户了解同类产品的相关信息时，若客户对产品价格、销量、返利政策、促销力度等情况闪烁其词，或避而不谈，就会让你无法调查到有关竞品的真实信息。这时，就要找到一个重点突破对象，比如年纪稍长或职位稍高、较有威信的人，根据他们的喜好开展相应的公关活动，与之建立"私交"，让他把真相"告密"给你，甚至可以利用这个人的威信、口碑和推介，来感染、说服其他的人已达到进货、收款、促销等其他的拜访目的。

（7）端正心态、永不言败　客户的拜访工作是一场概率战，很少能一次成功，也不可能一蹴而就、一劳永逸。营销人员既要发扬"四千精神"——走千山万水、吃千辛万苦、说千言万语、想千方百计为拜访成功而努力付出，还要培养"客户拒绝是我的错，因为我缺乏推销技巧，预见性不强，无法为客户提供良好的服务……"的最高心态境界，为该次失败总结教训。只要能锻炼出对客户的拒绝"不害怕、不回避、不抱怨、不气馁"的"四不心态"，我们就向成功又迈进了一大步。

6.3.3　有效实施终端激励

见任务2、任务3。

可口可乐的"合作店牌"客户管理

走在大街小巷，我们很容易就能看到一些超市、食杂店，以及餐厅、酒楼自身招牌的两侧或是单侧，往往带有"可口可乐"的中文或英文标志。这些带有"可口可乐"品牌名称的售点招牌就是"合作店牌"。合作店牌是由可口可乐公司出资制作，免费赠送给客户，用来挂在售点，或者作为商店自身装饰的一种行为。合作店牌是可口可乐所独创的一种营销形式，并由于可口可乐的成功运作，使行业内其他一些企业纷纷效仿。合作店牌的出现，可谓是"万千"优点集于一身。

第一，合作店牌可以有效地提升并巩固客情关系。客情关系，是指企业销售人员同客户之间的情感联系。这种情感联系深，业务就比较容易开展，情感联系浅，业务就容易遇到阻碍。所以，建立并巩固良好的客情关系，是企业制胜售点的"法宝"。

第二，合作店牌具有分布广、持续时间长等特点。合作店牌实际上是户外广告的一种形式，它往往随着不同类型的售点而遍布在城市各个地段，因此，展示品牌形象的时间长，长年累月地起着宣传作用。

第三，合作店牌对消费者会产生提示购买的作用。由于合作店牌大多在地理位置好、人流量大的街头店面出现，所以，其店牌上所诉求的品牌信息就会以极高的触达率与暴露频次同消费者接触。由于合作店牌中又有零售客户的信息，因此，消费者会把可口可乐的信息和获得合作店牌的客户联系起来，并会建立：有可口可乐字样的商店内一定会有可口可乐出售的感知。

问题：

"合作店牌"的提出并被效仿的原因是什么？

康师傅终端拜访7步骤

（1）检查户外广告。如果海报、贴纸褪色、脏乱、被贴，要擦拭整理、重贴，好地点制订招牌，好位置贴新招牌。

（2）向客户打招呼。有礼貌地叫出客户的姓名。

（3）检查户内广告。同时检查户外广告。

（4）检查货架、冰箱及整箱陈列。转换、集中、整补、依序排列。

（5）检查存货。进入库房和临时周转库，将整箱产品予以登记。

（6）利用客户卡告诉店老板销售状况及应该订货数量。

上次库存＋上次订货－本次库存＝本期实销量

本期实销量×1.5＝安全库存

（注：1.5为安全系数，畅销品、旺季的安全系数相应调高）

安全库存－本次库存＝应订货数

（7）收款、道谢并告知下次拜访时间。每一客户按1～7步骤重复动作，依客户卡编列顺序逐一完成拜访。

课后小结 ▶▶▶

在任务6分销渠道终端的维护管理中，我们通过3个方面的学习，了解和掌握了以下内容：

思考与分析 ▶▶▶

1. 终端客户的类型有哪些？

2. 建立客户资料卡的用途和好处有哪些？

3. 拜访的主要策略有哪些？

4. 你认为终端激励应注意哪些问题？

实训操作 ▸▸▸

【实训操作名称】

请制定终端开发及维护手册。

【实训操作目的】

通过学习，让学生自己动手设计适合本企业的终端开发及维护手册。

【实训操作要求】

1. 以先前实训时的组别为依据，每组选组长一人。

2. 在规定的时间内完成该公司终端开发及维护手册。

3. 上述相关内容的呈现以 PPT 形式，并由组员进行具体说明。

4. 上述相关内容资料整理采用 Word 文档形式、汇报呈现以 PPT 形式，并由组员进行详细讲解及说明。

【实训评分标准】

任务 6 实训成绩 100 分

＝操作表现 40 分（第 1 项）＋汇报 20 分（第 2 项）＋内容 40 分（第 3 项）

第 1 项：规定时间内，小组成员讨论表现，协调分工任务分配是否合理（40%）；

第 2 项：组员 PPT 汇报情况（20%）；

第 3 项：PPT 内容的完整及合理性（40%）。

【实训评分方式】

采用组内成员互评与教师打分相结合的方式，学生互评与教师打分分值所占比例分别为 30%、70%。

【可展示成果】

1. 整理完整的 Word 文档。

2. 内容合理完整的 PPT。

参考文献

[1] 易森清. 销售渠道与终端管理. 北京：北京交通大学出版社，2009.
[2] 郑锐洪，赵志江. 营销渠道管理. 北京：机械工业出版社，2012.
[3] 影响力中央研究院教材专家组. 渠道为王：销售渠道建设 3 部曲. 北京：电子工业出版社，2009.
[4] 尚阳. 营销渠道设计、管理与创新. 北京：中国物资出版社，2011.
[5] 吴宪和. 分销渠道管理. 上海：上海财经大学出版社，2008.
[6] 彭建仿. 分销渠道管理学. 广州：中山大学出版社，2009.
[7] 张广玲. 分销渠道管理. 武汉：武汉大学出版社，2005.
[8] 雷培莉，李五四，孟繁荣. 分销渠道管理学. 北京：经济管理出版社，2003.
[9] 李小红. 分销渠道设计与管理. 重庆：重庆大学出版社，2006.